ケニアのストリート言語、シェン語

若者言葉から国民統合の言語へ

小馬　徹　著

御茶の水書房

まえがき

言葉は心を通わせる手だてであるとともに、分け隔てる部厚い壁でもある。一九七九年夏、最初のアフリカ調査のためにケニアの首都、ナイロビのジョモ・ケニヤッタ国際空港に初めて降り立って程なく文化ショックを経験し、あらためてその事実を思い知らされることになった。

到着の数日後、地形図の提供を求めて政府の測量局に出掛けた時のことだ。ケニアは初めてという若い日本人がスワヒリ語を話すのに皆驚いて、大歓迎してくれた。そこの責任者も親切で、難なく願いが叶った。

何よりも印象深かったのは、彼が部下にも対しても私に対しても、終始流暢なクイーンズ・イングリッシュで話し通したことだった。礼を言って辞そうとすると、彼は是非にと庁舎の玄関口までエスコートしてくれ、両手で私の両手を包み込むようにして握手し、初めてスワヒリ語を使ってこう言った。「ありがとう。貴方のような外国人は初めてだ。嬉しかった。白人たちはこの国に何十年住んでいたって、単語一つ覚えようって気がないんだ」。

彼は、部下には（植民地時代の）「召使の言語」スワヒリ語ではなく、丹精な英語を自在に操るエリートとして対しながらも、スワヒリ語を解する私にはどうしても一言、ケニア人としての内心をスワヒリ語で打ち明けておきたかったのだ。半世紀余り英国の植民地支配を受けたケニアのエリートたちの屈折した心情と、この国の社会的な言語環境の複雑さを痛感させられた。

スワヒリ語との間合いの取り方の難しさや複雑さは、何もケニアの個人だけには止まらない。東アフリカ三国のそれぞれに別々の対応が興味深い。古く七世紀頃、アラビア商人が交易を求め、インド洋を渡ってアフリカ大陸東海岸（スワヒリ）の島嶼部に進出して来ると、バントゥ語系の諸言語にアラビア語の豊富な文化的・宗教的な語彙が溶け込み、各地で似よりの地域的な混成言語が次々と生まれた。その総称がスワヒリ語（*[lugha ya] Kiswahili*）である。

英国植民地政府は、統治に資する東アフリカの共通語の建設を目指して精力的にスワヒリ語の研究を推し進め、ザンジバル方言を基にして規則性が著しい人工的な「標準スワヒリ語」（Standard Swahili）を作り出し、急速な普及に努めた（小馬 2013）。

タンザニアは、旧宗主国である英国の植民地時代の言語政策を敢えて踏襲して、スワヒリ語の現代語化を強力に推進し、それによって、アフリカでは他にほぼ例をみない程高度な国民統合を達成した。

ウガンダでは逆に、この地でイスラム教と覇を競い合ったキリスト教の宣教団が、アラブに一半の出自をもつスワヒリ語を酷く毛嫌いした。そして、伝統的に強大だった地元のブガンダ王国の言語（*Luganda*）をスワヒリ語に優先させることを強く主張したのだった。その結果、スワヒリ語は軍隊と警察以外では容易に普及しなかったのである。

他方、何事にも現実的なケニアは、英語を公用語としたものの、草の根次元の実際的な共通語であったスワヒリ語を温存し、形の上でも、一応国語の地位を与えた。

*

＊

ケニア国内でも、地域や民族ごとにスワヒリ語への対応の仕方が随分異なる（Whiteley 1974）。スワヒリ語は、内陸部ではもちろん、海岸部でも多くの民族にとっては母語ではなく、小学校で習う第二言語なのだ。スワヒリ語が属するバントゥ諸語の著しい特徴は、名詞の多数のクラスと、その各クラスに応じた各品詞の一致（concordance）にある。だから、規則性を貫徹させて人工的に整備した標準スワヒリ語は、最初に厄介な一致規則さえ何とか呑み込んでしまえば、アフリカ大陸の東部と南部に広く分布するバントゥ諸語の話者には比較的易しい言語であり、それゆえに広域的な浸透が期待されていた。

首都ナイロビでは、商人の活動を通じて広がった実用本位の混成的な内陸スワヒリ語（Upcountry Swahili）が専ら使われた。この方言は、クラスの一致が実際上不分明で、一致を丸ごと無視して意に介さない話者も少なくない。そして一九六〇年代末、（一説ではストリート・チルドレンの生き残り戦略として）母体（Donor）である内陸スワヒリ語に英語とケニアの諸民族語（固有語）の語彙を幾分加味した、さらに新しい都市混成語であるシェン語が生み出されたのである。

スワヒリ語の旺盛な生命力を示すこの新言語シェンは、やがて都市生まれの生徒の愛用言語として全国の寄宿学校に爆発的に波及し、シェン語を知らない片田舎出身の生徒が苛めに遇う状況が広く一般化した（小馬 2018a）。

この田舎嫌いの若者言葉には、確かにこのようにいびつな姿の言語外現実のまん延という厄介な問題が付随している。しかしながら、目の前でみるみる内に次々と変成して発展し続けるシェン語の息吹に一旦触れてみると、俄に心を奪われ、すっかり魅了されてしまうことになるのである。

＊

ナイロビ到着直後は、スワヒリ語で不自由なく過ごせることに満足していた筆者だが、やがて自分のスワヒリ語がかなりブッキシュで、且つ「古い」のではないかと感じて、反省を迫られることにもなった。

筆者は、スワヒリ語を一通り自学した後、大学院博士課程在学中に運良く東京外国語大学アジア・アフリカ言語文化研究所（ＡＡ研）の夏期語学集中研修で、スワヒリ語を学び直す機会を得ることができた。講師は、ＡＡ研の守野庸雄教授と、英語で書かれたタンザニア憲法をスワヒリ語に翻訳したスワヒリ語の権威、サイード・アブダラ・ワズィール氏だった。

毎日朝から夕方まで続く守野教授の熱を帯びた指導は、夢の中でもスワヒリ語でうわ言を言うはめになる程の濃密で厳しいものだったが、お陰で最初のケニア訪問時には、右の通り、ケニアの人々に優しく親しい感情を抱いて貰える程度には、スワヒリ語が使えるようになっていた。

二人の恩師から学んだスワヒリ語は、厳密に言えば標準スワヒリ語というよりも、その母体となったザンジバル方言、ないしはザンジバル・スワヒリ語（*Kiunguja*）だった。オマーン＝ザンジ帝国の首都ザンジバル（のストーン・タウン）があったザンジバル島（*Unguja*）の長い歴史に育まれた自然言語であるザンジバル・スワヒリ語は、政策的な人工の言語である標準スワヒリ語とは異なり、「不規則」な側面や慣用表現も多くて、繊細なニュアンスに富んでいる。それゆえに、伝統的なスワヒリ文化を学ぶには最適の言語であり、（現代の推理小説も含む）スワヒリ文学を楽しむのにも役立った。

*

しかし、ザンジバル・スワヒリ語は、ケニアの庶民が口にする内陸スワヒリ語とは随分趣が違っていた。内陸スワヒリ語は、庶民の生存を托した実践本位の達意の言葉であり、極端に言えば「通じればいいスワヒリ語」（Survival Swahili）なのである。（バントゥ語の一つとしての）スワヒリ語の特徴である名詞の多数のクラスと、そのクラスに応じた各品詞の一致（concordance）だって、（初学者時代に筆者があれだけ苦労して覚えたと言うのに）頭から無視したって大したことはない、という風情だった。それでも、十分に通じ合えるのだから。

ごく分かりやすい一例を示してみよう。ザンジバル・スワヒリ語では、最も簡単な挨拶は、相手が一人なら、“*Hujambo* ?”（お元気?）―“*Sijambo.*”（元気です）となる。相手が二人以上では、“*Hamjambo* ?”―“*Hatujambo.*”に変わる。ところが、内陸スワヒリ語では、全ての状況で、いずれも *jambo* の一言で済んでしまう。つまり、“*Jambo* ?”―“*Jambo* !”でいいのだ。むしろ、なるほどこうでもなければ、生きて働くリンガ・フランカたりえないのだと気付かされて愉快だった。思ってみれば、現代日本語だって、日常会話で使われる語彙数は意外に限られたものだと指摘する、外国人研究者の実証的な研究がある。

また、よく泊まったウエストランズのホテルの周囲の家々の門柱には、軒並み“*Mbwa Kali* !”（猛犬注意!）と大書された札が掛かっていた。ちっとも「一致」していない!。正しくは、“*Mbwa Mkali* !”でなければならない。余りにも初歩的な誤用が奇異に思えて、最初は大いに驚いたものだった。これは、白人やインド人入植者が話すキセトラ（*Kisetla*）、つまり入植者（settler）のスワヒリ語と呼ばれるピジン・スワヒリ語の一種に特徴的な表現の一つだと、後に学んだ。してみれば、複雑な「一致」が苦手なのは、何もスワヒリ語を母語とする海岸部の一部のケニア人以外のケニア人に限らないということなのだろうと思えた。

＊

その内に、繊細なニュアンスに富んでいるのは何もザンジバル・スワヒリ語に限られたことではなく、雑多な庶民の生活言語でいかにも単純明快な内陸スワヒリ語だって、負けず劣らず十分に繊細で表情豊かであると気付かされた。そして、大いに魅了されるようになった。

例えば、こんな経験をした。何かの催しで、ナイロビの日本人学校を訪ねた時のことである。記帳の列に並んでいると、すぐ前の中年のケニア人女性の傍にもう一人の同じ年格好の女性が近寄って来て、親しげにスワヒリ語で挨拶を始めた。彼らは、その挨拶中の「もう随分何日も会わなかったね」という語句の中の「随分何日も」を"*masiku mengi*"と表現した。すると、私の直ぐ後ろに並んでいた二人の星野学校（当時ナイロビにあった日本人経営のスワヒリ語学校）の学生の一人が、「"*siku nyingi*"が正しいのにね。」と苦笑いをし、もう一人が「n-n クラスの名詞"*siku*"の一致を、わざわざ難しい意 ji-ma クラスの一致と混同しているって、何か変だね」と笑い返した。

筆者には、そうじゃないとすぐに分かった。恐らく、ナイロビのどこかの小学校か中学校の教員であろう二人のケニア人女性が、そんな簡単な間違いをするはずがない。二人がわざわざ n-n クラスの単複同形の名詞"*siku*"（日）を ji-ma クラスの複数形のごとく"*masiku*"に変え、それに形容詞"*-ingi*"（多い）を一致させて"*mengi*"としたのには、恐らくちゃんと、そうしなければならない理由があったに違いないと感じたのだ。

ji-ma クラスは、偉大なもののクラスである。例えば、家は n-n クラスの単複同形の名詞で *"nyumba"* と言うが、ビル等の巨大な建築物は *"jumba"*（複数形は *"majumba"*）となる。人は m-wa クラスの名詞で *"mtu"*（複数は *"watu"*）だが、巨人は *"jitu"*（複数形は *"majitu"*）なのである。そうであれば、二人の女性の意図は明白だ。会わなかった日数の多さを、敢えて *"masiku mengi"* という破格の表現で、情緒的に誇張したかったのである。

このようして、筆者は諸々の会話の現場に立ち会いながら、内陸スワヒリ語の繊細な語感とそれを生かした表現のあり方に徐々に目覚めて行き、やがて内陸スワヒリ語が、シェン語というナイロビの若者たちの「まぜこぜ言葉」である都市混成語へとなだらかなグラデーションを見せて溶け入っていることにも気付いたのであった。

*

その後、西ケニアの農牧民であるキプシギスの人々の間にいよいよ住み込んでフィールドワークを始めてみると、彼らの社会的な言語環境がナイロビとは余程異なったものであることを、即座に悟った。彼らの話す南ナイル語系のキプシギス語は、あらゆる点でバントゥ語系のスワヒリ語に似ていない。いわば、英語と日本語程も違う。だから、一言で言えば、キプシギスの人々は誰もがスワヒリ語が苦手だった。女性、特に年配の女性の場合、英語もスワヒリ語も話せず、専ら母語であるキプシギス語だけで生きていた。小学校や中学校の全国一斉卒業試験のスワヒリ語の成績は、バントゥ語系の農耕民に比べて、キプシギス人は常にかなり見劣りがしたのである。

キプシギス人の土地には、「コスモポリタンな」とケニア人が表現する、多民族混住の都市的な環境が乏しく、それゆえに小学生たちがシェン語に触れる機会が、当時ほぼ存在しなかった。小学校の全国一斉卒業試験で優秀な成績を収めた田舎の生徒は、先進的な他県の寄宿制の中学校への入学資格を与えられ、年若くして地元を離れて行く。すると、シェン語を全く知らない彼らは、入学後間もなく、それを理由に上級生からとかく苛めを受けるようになり、少なからぬ一年生（「モノ」）が脱落するという時代が暫く続いた。

＊

ところが、キプシギスの土地の全寮制中学校も含めて、今や全国の寄宿制中学校や大学で、シェン語が生徒や学生の第一言語（first language）だと言う時代を迎えている。このような思いがけない状況を生んだ背景として、政治キャンペーンや商品拡販キャンペーンでシェン語が圧倒的な威力を発揮したこと、また性的な活性の著しく高い若年層をターゲットとして行われた大々的なＡＩＤＳ撲滅キャンペーンが、主にシェン語で展開されたこと等を挙げることができる。

＊

そして、キプシギスよりもずっと首都ナイロビに近い（バントゥ語系の言語の話者である）カンバ人の土地では、今やさらに劇的で、強く刮目に値する言語現象が進行中である。それは、「シェン語化されたカンバ語」（Shengnized Kamba）とでも呼べる都市混成言語が既に形成されていて、日々発展し続けていることだ。

「シェン語化されたカンバ語」は、シェン語の文法構造を単純にそのまま取り入れているのではない。それは、シェン語が操作に用いている戦略そのものを採用して、英語やスワヒリ語由来の単語のみならず、ナイロビで見られるシェン語の各種の変異態由来の単語も直接組み入れているのである。この状況では、英語もスワヒリ語も解さないカンバ語の若い話者は、それらのどの言語由来の単語であろうと、新たに出会った語を何の疑問も持たずにカンバ語だと解して滑らかに受容するであろう。これは、ナイロビ下町の幼児が、スワヒリ語や英語由来の語をそうであると意識することなく、シェン語を日々学んで行く過程に等しいものである。

するとここに、正書法なき言語であるシェン語が、自然言語のままで全国に波及し、国民の統合や形成に資することになる可能性と、その仮説的な道筋を垣間見ることができるのではないだろうか。

しかも、カンバ人は、今日のシェン語の発展に寄与する重要な人物を次々に輩出していて、この点では他の民族を断然圧倒している。その一人が、つい二、三年前まで、（二〇一〇年に成立した新憲法によって創設された）最高裁判所の初代長官であった人物であり、彼は若者たちに向かって盛んにシェン語でツイートして、法は庶民のためにあり、心安く対すべきものであることを判り易く述べて啓蒙し続けている。その彼は、或る日、退官後の仕事としてシェン語を教える学校を作りたいのだと公言してケニア国民を驚かせた——彼は恐らく、庶民に最も近い生きた言語であるシェン語で法が書かれることを夢見ているのだろう。

もしそのシェン語学校の建設が実現すれば、それがシェン語が国民語へと変身するための具体的な第一歩となってくれるのではないだろうか。そのように思えてならない。

＊

本書は、これまでに述べてきたようなシェン語の多彩な魅力を探りつつ、この言語が、①政治、②ＡＩＤＳ撲滅、③商品拡販のための各キャンペーンの手だてとなりながら、相次いで、徐々に変成を遂げて行く歴史過程を追った。そして、さらに「シェン語化されたカンバ語」の生成を見た今日の状況を洞察して、シェン語がついにケニアの国民形成の鍵を握る社会・文化的な要因にまで今まさに発展しようとしていることを、筆者自らのフィールドワークを中心にして、六つの章に亘って論じている。

＊

本書は、管見の限り、シェン語について書かれた（少なくとも日本では）恐らく最初の本だと思われる。その意味で、本書の執筆は、文化人類学徒としては長い経歴をもつ私にとっても、一つの思い切った冒険だった。その大いなる冒険からどうにかうまく生還できたとすれば誠に嬉しい。

ケニアのストリート言語、シェン語

目次

目次

ケニアのストリート言語、シェン語

——若者言葉から国民統合の言語へ

第1章　ケニアの勃興する都市混成言語、シェン語
――仲間言葉から国民的アイデンティティ・マーカーへ

はじめに

東アフリカの地域大国ケニアでは、首都ナイロビ[1]で生まれた新たな混合言語であるシェン語（Sheng）が、近年ナイロビばかりでなく、地方でも大きな都市部を中心に若者の間で急速に普及し、文化的な発信力と社会的な影響力を急速に高めている。

本書のこの第1章は、そのシェン語の社会階層的な諸相、ないしは諸変異の考察を基に、元来都市的な年齢・社会階層のアイデンティティ・マーカーとして生まれたシェン語が、今やケニア国民全体のアイデンティティ・マーカーへと成長を遂げようとしていることを明らかにする[2]。

写真1　ナイロビの街角（1）
市庁舎の時計塔や初代大統領ケニヤッタの座像が見える

一、シェン語の現況とその研究の意味

シェン語は、古くから東アフリカのインド洋沿岸部各地で土地の種々の言葉とアラビア語とが混成して成立した一種のピジン言語として形成され、やがてクレオール化して内陸部を含む東アフリカ地域全体の混合共通語(lingua franca)にまで発展した、スワヒリ語をベースとして近年成立した新しい言語である。

この若い言語は、英語の単語や文法だけでなく、ギクユ語やルオ語を初め、ケニアの幾つかの有力な民族語からも諸々の単語を適宜取り込みながら、ここ五〇〜六〇年ほどの間にナイロビの幾つかの「居住エステート」で自生的に形成され、一九九〇年代半ばから、ケニアの若者の間で急速に全国的な普及を見たのであった。

シェン語は、現在もなおストリートで刻々変成を繰り返しながら発展し続けていて、ケニアの農村地域の商業センターや寄宿学校にも力強く浸透しつつあるばかりか、さらには都市の若者層を中心に、タンザニアやウガンダ等、スワヒリ語圏である東アフリカの近隣諸国にも徐々に影響を及ぼしつつあると言える。

1. 混合言語とシェン語

さて、早くはフーゴ・シューハルトが適切に論じたように、いわゆる混合言語（混成言語）を「できそこないの言語」と見なして蔑み、研究対象として顧みようとしないというのは、著しく不当な研究態度である。そうした尊大な研究態度の由来は、ヨーロッパの自文化中心主義が、社会進化論の巨大で時代的な影響力の下で生み出した、19世紀の印欧比較言語学（歴史言語学）の「純粋言語」概念にあったと見ることができる（田中 1981: 148-152）。

しかしながら、その「純粋言語」という概念こそが、歴史の現実を無視して19世紀のヨーロッパで意図的に選択された、一つのきわめて政治的で理念的な仮構だったのである。むしろ若々しい生命力溢れる言語現象を眼前で旺盛に展開してみせてくれる、世界各地の混合言語こそが、あらゆる言語が実際に経験してきた生々しい生成過程の普遍的な容態を、個別の歴史的な特殊性において再現しているものだと言えるのである。

その混合言語の研究は、いわば言語の誕生と成長の過程を目の辺りにして実際につぶさに観察できるという点で、かけがえのない利点、すなわち「現場性」を確かにもっている。この意味で、混合言語は、生きた言語とその使い手である人間そのもの、さらには言語共同体や社会についての経験的な考察とその理解にまたとない様々な資料を提供してくれる貴重な研究対象として、やがて考えられるようになっていった（田中 1981: 152-168）。

むろん、本書が考察の対象とするシェン語も、その例に漏れない。それどころか、社会言語学（あるいは言語人類学・言語社会学）の立場からは、シェン語は、そうした生きた混合言語の一つである以上に、きわめて大きな独特の魅力と意味をもっているとさえ言えるのである。

2．国家の論理とストリートの論理

右のように述べたのは、言語を国民統合の最重要の要素の一つと見る近代国民国家（国家の論理）と、日々生きて行くうえで自前の言葉を創り出さざるを得ない庶民の生活上の切実な要求（ストリートの論理）とが対抗し合って織りなす、現代アフリカの諸問題を私のような（アフリカをフィールドとする）人類学徒が考察する場合に、恰好の糸口を具体的な形で幾つも与えてくれるからである。

さらにシェン語は、スワヒリ語を公用語として強力に育成する政策をとってきたタンザニアと、シェン語を（国民のコミュニケーション手段として）仕方なく容認しているケニアとの間の対照的な言語政策のあり方（小馬 2013）を考察するうえでも、重大な鍵を握っている。実際、新たな二つの現代スワヒリ語ともいえる、タンザニアの国家主導下の「造成スワヒリ語」、ないしは（意訳して）「現代版標準スワヒリ語」とでも呼べるキスワヒリ・サニフ（*Kiswahili sanifu*）と、ケニア庶民のサバイバル・スワヒリ語であるシェン語を対比してみると、一国の言語政策の有り方が国民生活の万端にいかに決定的な違いをもたらすことになるか、強い実感をもって理解することができるのである。

タンザニア政府は、現代科学技術の目ざましい革新と発展に堪え得るだけの、十分な語彙力と表現力を備えた現代語として、「現代版標準スワヒリ語」（以下では便宜上、新標準スワヒリ語と表記する）を人為的に練り上げる国家政策を、独立以来弛まず、強力に推進し続けてきた。その結果、新標準スワヒリ語は短期間に目ざましい発展を遂げて、今や東アフリカの共通言語としての権威を確立した。ケニアでも、またウガンダなど他の近隣諸国でも、一億人を優に超える話者を持つスワヒリ語の教育は、新標準スワヒリ語を出来る限り忠実になぞる形で実施されてきたのである。

そればかりか、近年AU（African Union、アフリカ連合）[3]は英語、仏語、ポルトガル語、アラビア語に続く五番目の作業言語として、スワヒリ語、すなわち新標準スワヒリ語を採用した。しかも、ノーベル文学賞受賞者であるナイジェリアのウォレ・ショインカを初めとして、アフリカの知識人や政治家の間には、将来スワヒリ語をアフリカ全体の統一言語として採用すべきだという意見が根強く存在している。スワヒリ語がアフリカで抜群の広がりをもつバントゥ諸語の文法を土台として、アラビア語の文化的な語彙を大量に受け入れて東アフリカの海岸部で形成されたアフリカ独自の言語であるがゆえに、アフリカの東部・南部および西部（一部）の広大な諸地域に跨がって広がるバントゥ語圏はもとより、どの地域であれアフリカ人一般に学習がかなり容易だというのが、その主たる理由である。

ところで、ヒップ・ホップ音楽を核とする若者のサブカルチュアを梃子に、TVや新聞・雑誌などのマスメディアやCDなどの電子媒体を通じて、シェン語（またはそれに近い形のスワヒリ語）が首都ダル・エス・サラーム（すなわち、新標準スワヒリ語の排他的な発信拠点）など、タンザニア諸都市の若者の間にも徐々に浸透し始めている。そのきっかけとなったのは、ケニアにおける複数政党制の復活などの政治の自由化や、構造調整プログラムの進展に伴う経済の自由化など、グローバリゼーションとも呼応する、一九九〇年代初頭からの一連の自由化政策であり(4)、それに大きく資することになったシェン語の若者言葉としての溌剌とした実際的な魅力であった。

そして、今やシェン語は、新標準スワヒリ語の展開やタンザニアの言語政策そのものにさえも――特に造語法の実用的な簡便さの面で――いささかの影響を与えつつあり、新標準スワヒリ語の覇権に対する予期せぬ脅威とさえなり得る情勢が、タンザニアのスワヒリ語専門家たちにもそれなりに感じ取られるまでになっている。

3．文字を持たないと言語の問題

シェン語は、アフリカの他の多くの言語と同じく正書法をもたず、基本的に「文字無き口語」である。しかし、文字社会にあっても、人々が言語活動を全面的に文字に依存してきたわけでもなければ、全ての人々が自在な文字使用能力をもち得たわけでもない――そのような完全な文字社会は、これまでどこにも存在しなかったし、厳密には今も存在せず、将来現れるはずも恐らくない。（自らの日常を振り返ってみれば容易に想像がつく通り）現代の知識人であっても、日頃の言語活動の大部分を話し言葉に頼っている。C．レヴィ＝ストロースの炯眼が鋭く見抜いた通り、文字はどこでも最初は人々を結び付ける知的なコミュニケーションの手だてとしてではなく、むしろ人々を（支配する者と支配される者とに）大きく切り離し、分断して管理する、統治や支配の技術、或いは社会の階層化の手段として登場したとも言えるのである（レヴィ＝ストロース、2001: 193-212）。

話言葉が本質である文字なき言語は、もとより一元的な「体系化」に馴染まない。それは、庶民の旺盛で不定形な生活のエネルギーの発露と横溢の所産として融通無碍であって、その痕跡の残存は、しばしば意図せざる結果なのである。ことに庶民生活の領域では、その傾向が著しいだろう。

それを「体系化」することは、直接の目的が仮りに何であるにせよ、或る種の規格化や標準化を招き寄せて、その溌剌と躍動する生命力を削ぎ兼ねない一面をもってしまう。たとえば、（物や情報を）収集するとは、対象を自らの視点から分断するとともに、新たな形に再構成して随意に意味付けすることである。それゆえに、或る意味では、意識に明示的な意図の有無を問わず、対象を支配することにもなることを免れ得ない。

本章が目的とする、自生的なシェン語と、大々的な国家プロジェクトによる新標準スワヒリ語という、いわば「二つのスワヒリ語」が生きて対抗する姿の諸相についての考察は、こうした重大でありながらも、とかく失念されがちな問題をあらためて考えるうえでも、様々な示唆を与えて触発し、深い洞察に導いてくれることになるだろう。

本章で最終的に示したいのは、最初はストリート・チルドレンや下層市民の言葉として蔑まれ、気まぐれな一時的現象として程なく消滅するに違いないとケニアの知識人、とくに教育者たちが考えてきたシェン語の野太いまでに健康な活力と、今日それが結果的に育んでいる革新的な影響力の社会的意味である。

正書法をもたず、刻々姿を変えて止まない、浮雲のように不定形な話言葉であるシェン語。それが、今や各々がケニアの数多い民族に帰属し、また様々な出自をもっている若者世代を一つの横断的な国民階層として確実に結びつけて連帯させつつある。そしてその連帯感は、植民地支配の結果として原型が出来、今もその枠組みが持続している人工的な国家であるケニアにおいて、長年の宿痾であった深刻な民族対立とそれによる亀裂をたくまずして乗り越える、またとない力動的な手掛かりとさえなりつつあると言える。

二、「居住エステート」に生成するシェン語

ここで、シェン語とは何かについて、その形成の歴史過程や属性とその変異にさらにもう少し立ち入って、解題しておく必要があるだろう。

1．発生と社会・言語環境

シェン語は、ケニアの独立（1963）以来農村部から急激に人々が流入して、著しく膨張し続けた首都ナイロビの多言語・多文化状況の中で、一九六〇年代の終わり（Moga 1995）、ないしは一九七〇年代の初め頃（Mbaabu & Ireri 2003:i）に生まれてきたとされている。

この言語の発生源をさらに特定すれば、それはナイロビ都心の東側に広がるイーストランズ（Eastlands）のカロレ

ニ地区（Kaloleni estate）だったと言われることが多い。カロレニ地区は、イーストランズ中「真のイーストランズ」（Real Eastlands）と呼ばれる一帯に含まれる。「真のイーストランズ」は、比較的所得の高い中級公務員などが住む、やや上層の一帯でも、また貧窮に喘ぐスラム地帯でもない、ごく平均的な庶民的の住んでいる地区（estate）の総称である。

今日のイーストランズには、事実上、ケニアのあらゆる民族の出身者が住んでいるといってよい。カロレニ地区には、西ナイル語系のルオ語の話者（ルオ人）が、また他の「真のイーストランズ」地区には、いずれもバントゥ語系の大きな民族語であるギクユ語、カンバ語、ルイヤ語の話者たち（ギクユ人、カンバ人、ルイア人）が比較的多く住んでいる。

ギクユ人（キクユ人）は、ケニア最大の民族で、その伝統的な居住地はナイロビに近接している。ルオ人は、西ケニアのヴィクトリア湖沿岸部の広い地域に住み、ケニア第四の人口を誇る民族で、伝統的にギクユ人と共に国家政治を大きく左右する一大勢力を形成してきた。(5) ことに、学術分野には質量ともに圧倒的な人材を送り出してきた。またルイア人はルオ人に隣接してケニア西部に、カンバ人はギクユ人のすぐ東側に当る、ケニア東部の半乾燥地に住み、それぞれ、ケニア第二と第五の人口をもつ大民族である。そしてこれらの農耕民族は、今日、国内第三の人口を誇るリフトバレー州のカレンジン人とは異なり、早くからナイロビに数多くの人々が出稼ぎに出た歴史をもっている。

シェン語発生の要因として、まず第一に、居住エステート（residencial estate）と総称される、植民地期にアフリカ人庶民に割り当てられていた居住区の、密集した貧しい住環境が挙げられる。ごく簡便な作りの粗末な建物の一室に多数の人々が同居していて、郊外や田舎でのようなプライバシーの確保は、きわめて難しい。雑多な背景をもつ人々のそこでの濃密な対面的接触関係の中で、まずピジン的な内陸スワヒリ語（Upcountry Swahili）が主要な言語手

写真２　1990年代半に２号まで出た小パンフレット Sheng 誌

段として成立した。ただし、農村からの新たな人口の流入はその後も止まらず、現在でもスワヒリ語、諸固有語（民族語）、英語が入り交じりながら思い思いに用いられていて、会話では二言語使用（diaglossia）や、その重なり合いによる三言語使用（triglossia）も少しも珍しくはない。

すなわち、ランダムな言語混用やコードの切り替え（code switching）は、ナイロビでは至る所の暮らしの常態であり続けてきたのであった。それが、内陸スワヒリ語とは別の存在理由（後述）をもつ、新たな言語であるシェン語の自ずからなる生成に、さらに繋がったといえるだろう。

シェン語は、当初はストリート・チルドレンの仲間言葉だったという根強い見方が、庶民の間にある（Moga 1995a, 1995b）。[6] シェン語が一九六〇年代の終わりから一九七〇年代の初め頃に生まれたとされる（Moga & Fee 1995: preface）事実は、それに従えばイーストランズ生まれの最初の子供たちの言語獲得期とシェン語の草創期がかなりよく符合することになり、確かにこの見方に有力な裏付けを与えていると言えよう。

すると、先に触れた多言語状況（multiglossia）の中で、子供たちの中でもことに逸脱的な境遇にあった者たちが、大人や同世代の子供たちから自分たちに固有の秘密を守ろうとして仲間内の符牒を創り出すことになったのは、蓋し自然なりゆきだったと言えるだろう。

写真３　Sheng 誌に先立つ同じ出版社の小パンフレット誌 Radar も、シェン語の単語を紹介していた

2．シェン語発展の背景としてのスラムの歴史

前節までに見たようなシェン語の発展の経過をさらに一層深く理解するためには、その背景をなしているナイロビの町の建設、ならびにその首都としての速やかな発展、さらにはそれと不可分に結び付いた郊外のスラムの形成史を、ごく簡単にではあれ、眺めておく必要がある。

ナイロビは、南北の季節風を利用したダウ船（dhow）による環インド洋交易で栄えた古くからの港町モンバサと、内陸部の大湖、ヴィクトリア湖の北岸に位置するブガンダ王国を結ぶウガンダ鉄道の中間地点に、英国植民地政府の手で建設された町である。その起源は、一八九九年六月、鉄道建設のための野営地と資材置場が牛牧民族マサイ人の広大な放牧地の真っ只中に設置されたことにある。その後、同年八月までには、ウガンダ鉄道本部と英国東アフリカ属領のウカンバ州行政府が（モンバサに程近いカンバ人の土地に位置する）マチャコスの町からナイロビに移された。ただし、この時に想定されていたナイロビの将来人口は僅か二〇万であり、現在の実際の人口の約一五分の一弱に過ぎない。後述のごとく、この二つの数字の懸隔のとてつもない巨大さにこそ、スラムの急激な膨張と、シェン語が現在の隆盛を迎えるに到る秘密が隠されているのである。

ウガンダ鉄道建設は、一九世紀半ばから沸騰した欧米のアフリカ奥地探検熱とミッショナリーの布教熱、および英国の植民地政策推進の複合的な所産だった。当時、欧州諸国を巻き込んでナイル川源流発見競争に血道をあげる探検家たちが、東アフリカ内陸部へ、北側と東側から我先に殺到し、ヴィクトリア湖などの巨大な湖を次々と「発見」する。東アフリカの内陸部は、古くから東西の文明圏に開かれていた西アフリカや東アフリカの海岸部とは対照的に、この時代もまだ未知の「暗黒大陸」の内奥の未開の地であった。

探検家が発見したのは、ナイル源流やヴィクトリア湖等の幾つもの巨大な湖沼、キリマンジャロ山やケニア山等の万年雪を頂く赤道直下の高峰だけではなかった。一八六二年、グラントとスピークは、由緒が古く、且つ良く整った官僚機構を持つブガンダ王国がヴィクトリア湖岸にあるという報告をもたらして、欧米を驚かせ、熱狂させた。

さらに、スタンレーによる同様の報告が続くと、キリスト教の布教を熱心に求める彼の手になる新聞記事に呼応して、一八七〇年代にミッショナリーが欧州から陸続とブガンダ王国に到来した。一八九四年、英国は、ブガンダとその周辺地域を保護領にする（ウガンダ）。ブガンダでは、首長層が英国植民地政府の絶大な援助の下に結束して、土地制度の近代化（私有化）を断行した。こうしてブガンダは、隣接するニョロ王国やトロ王国に対して優位な立場を確保し、英国は専らブガンダを排他的な交渉相手とした。この事実が、その後のウガンダの国家的発展の方向を大きく支配することになったのである。

当時、ウガンダの住民は、キリスト教の布教を熱心に求めた。福音伝導と結びついた反奴隷貿易運動が著しい高まりを見せていた当時の英国で、政府は、一八九五年、ついに世論に押し切られてウガンダ鉄道の建設を決定する。そして、一九〇〇年、英国はブガンダ王国とブガンダ協定を結び、ブガンダはウガンダの優越する一州となった。この時期に鉄路は、モンバサを起点とし、ウガンダを目指して西へと延びて行き、一九〇二年、ヴィクトリア湖北東岸の

「花の港」ポートフローレンス（現ケニアのキスム）に達した。

現在のケニアは、このように、英国がウガンダに寄せた布教の熱情の副産物として（ついでに）植民地化されたとも言える。ただし、ウガンダ鉄道の建設に必要な五五〇万ポンドの国庫負担は、議会の激しい追求を招いた。その結果、英国政府は採算重視の事業へと政策転換し、赤道直下でも冷涼な、（当時の）東ウガンダの高原への白人入植者を募集した。それに先立って王領地条例を制定し、「原住民が専有する」土地以外の全ての土地を王領地（Crown Land）と定めてその売買を許可したうえで、一九〇二年、ウガンダ東部を東アフリカ（ケニア）保護領に編入したのである。

そして、いわゆる白人入植者たちの楽園「ホワイトハイランズ」が、一九三〇年代終盤、ウガンダ鉄道沿いのケニア西部地域（旧ウガンダ東部）に創られる。一方、沿線に住む諸民族はかなり高い割合で土地を奪われ、狭い原住民保留地へと押し込められた。なお、ナクルから分岐して直接ウガンダ（エンテベ駅）に達する本線が完成するのは、一九二四年のことであった。

こうしてウガンダ鉄道が達する以前のナイロビの町は、マサイ語で *enkare nairobi* とか *ewaso nairobi*、つまり「冷たい水場」と呼ばれる低湿地帯で、豊かな水と草を求めるマサイ人が、牛群を追って頻々と訪れた所であった。その無人の湿地帯に築かれたナイロビは、純粋に植民地支配に起源を持つ都市であり、且つ独立への移行期に都市としての輪郭と行政形態の基盤を確立した、典型的なアフリカ植民都市であって、その原型を今もなお留めている。

例えば、初期の発展段階で行われた都市空間の人種差別的な地域割りの明らかな痕跡が、いまだによく残っているのだ。すなわち、地味の肥えた火山性の赤土地帯であるウガンダ鉄道の西側と北側の山手には、白人が住んだが、ここは今もなお白人や、少数の上層のアフリカ人富豪が住む街区のままである。

同鉄道の東側と南側は、一段低くて水はけの悪い、玄武岩由来の黒い草原土壌の湿地帯だった。ナイロビとケニアの開発を推し進める植民地政府は、鉄道建設の労働と末端の行政サーヴィスの必要上、それを担わせる非白人（アフリカ人と、ウガンダ鉄道建設のための労働者として呼び寄せられた主にインド西部、グジャラティからやって来た人々）を短期契約で、マラリアが猖獗していて、ゴミの回収などの行政サービスも行き届かないこの低湿地帯へ呼び入れた。

だが、それも暫く後に停止され、一九二二年制定の「浮浪者条令」によってアフリカ人の移動が厳しく統制された。それが一九四〇年頃まで続く。すると、アフリカの人々は、ナイロビの都心の南西部に位置する標高の低い通称キベラ（正確にはキブラ）地域に大挙して流れ込んで、一斉に間借り人となる。ここに、この地区がその後アフリカ最大規模のスラムの一つにまで急激に拡大し続けることになる端緒があった。キベラ地区は、最初期の英国小銃隊（King's African Rifles, KAR）隊員として英国軍に忠誠を尽くした、いわゆる「ヌビア兵」に限って特典として贈られた、例外的な土地である。そして、その特典のゆえに「ヌビア人」が、労働者の一大受け皿としてここに、アフリカ人たちに粗末な住居を提供できたのであった。

その後、アフリカ人労働者はやはり低湿地帯に設定された「居住エステート」（residencial estate）に住むことを許される。なお、その個々の居住エステートも、さらにはそこに作られた個々の建物も、各々がその周囲を城壁の如く聳え立つコンクリート壁で囲い込まれていた。しかも、治安問題が生じる度に、その障壁は益々高く、いよいよ頑丈になって行った。ナイロビの街は、現在もこうした植民地的都市構造の遺制を根強く残している。『スタンダード』紙の記事"Nairobi designed like a jail"（2016年8月18日）は、ケニアの或る都市プランナーが「ナイロビは都市というよりも（その基礎構造のゆえに）まるで監獄である」と言っていると書いている。

このよう歴史的な背景の下、ナイロビの多数の居住エステートに流れ込んできたケニア各地の諸農耕民族出身の労働者は、それぞれの居住エステート内で思い思いにピジン的な内陸スワヒリ語の片言を操り、時には必要に応じて民族語も動員したりして――つまり、コードを頼りに切り換えて成否を試しつつ――互いになんとか意思疎通を図らざるをえなかったのである。

一般に、先にも述べたように、シェン語の淵源は（二五のエステートに別れる）イーストランズ地区の内のカヨレ・エステートにあるとされてきた。だが、今日、ナイロビの各地区、各居住エステート毎にシェン語のごく狭い地域方言的な変異が見られる事実は、上に述べたようなナイロビの植民地遺制であり、あたかも牢獄を思わせる強く分断的な都市構造に起因するのである。だから、各々のシェン語の「地域方言」には「同時独立発生」的な要因があったという見方も、決して簡単には捨てられないと思われる。

いずれにせよ、現在ではそうしたスラムや「ゲットー」住まいの人口が、ナイロビ市の人口の優に過半を占めるのであって、ナイロビ市民とは今や誰よりも先ず彼らのことであり、シェン語こそがいわばナイロビのリンガ・フランカだという事実は、誠に重いのである。

3．対抗する二つのシェン語

シェン語は、スワヒリ語の文法をかなり忠実に踏襲しているが、語順や造語法など、一部では英語の文法もかなりの程度援用している。語彙は、スワヒリ語と、それに次いで英語からの大量の借用語が中心となっている。他に、（アフリカの言語であるかどうかを問わず）ケニアで用いられている多くの言語からも語彙を借用しており、特にイーストランズの主要な住人の母語であるルオ語、ギクユ語（キクユ語）、カンバ語、ルイア語からの借用例と影響が大きく、目立っている。

シェン語は、現在でもまだ盛んに形成中の言語であり、内的な変異の幅と流動性の大きさを著しい特徴とする。ただし、実はシェン語には、地域方言でも社会方言でもあるといえる、もう一つの重要なバージョンがある。これは、一般にはエンシュ語（Engsh: Abdulazis & Osinde 1997: 46-62）、一部ではイングリッシュ語（English; Mbaabu & Ireri 2003:ii-iii, *et al.*）と呼ばれるものであるが、本書では大勢に従ってエンシュ語としておきたい。

エンシュ語は、英語の文法を根幹に据えつつスワヒリ語の文法も援用する点で、一般的なシェン語の鏡像的な言語であるといえるだろうか。ともかくも、こうして一般的なシェン語から一応の差異化が図られているのだ。このバージョンが話されるのは、主にナイロビ都心部を挟んでイーストランズの反対側に広がる、ウエストランズ（Westlands）と呼ばれる一帯である。

写真４　ケニアの首都ナイロビの街角（2）
宝クジも盛んだ

　ナイロビ都心の西側の山手に当たるこの一帯は、前項でも触れたように、元々（ケニアの独立以前）は白人入植者用の住宅地帯であった——使用人以外のアフリカ人はナイロビに住めなかった。現在では、アフリカ人エリートたちの広壮な邸宅が展開しており、その一角には、現代的で高級なショッピング・モール、レストラン、私立学校、病院、スポーツクラブなどが立ち並んでいる。住民には白人や（主にインド系）アジア人も混じり、ケニア人住民の民族構成には特に偏りがない。

ウエストランズの住民たちは生活の万端に自家用車を頻用し、意思疎通は主に英語で行われているが、住民同士の対面的な相互接触は稀である。ただし、邸宅内の付設宿舎に住むか近隣地区（のシェン語地帯）から通ってくる（家政婦、庭師、運転手、夜警など）使用人たちの間の会話は、出身民族が同じならその固有語（民族語）で、異なっていればスワヒリ語かシェン語で行われている。子供たちは、（両親が同民族出身の場合でも、彼らの母語ではなく）大概最初から英語のみで育てられる。一方、民族語や（小学校に入学してから学ぶ）スワヒリ語は、最初は興味本位に使用人との会話で幾らか覚える程度である。

エンシュ語は、シェン語の形成に触発されて、しかもシェン語への強い対抗意識から形成された混成語のバージョンだと考えられる。その背景にあるのは、ウエストランズ住民に通有のエリート意識と、（主に米国の）最新の流行現象を追い求める若者たちの、一種の「見せびらかし文化」である。彼らがいかにも得意気に乗り回す高級車や、出入りする高級なレストランや酒場などに纏わる語彙の多さが、エンシュ語の特徴として際立っている。ナイロビのエリートたちは、初対面の相手にどの地区（estate）に住んでいるのかと尋ねるのが常だが、これは彼らの強烈なエリート意識のなせる業なのだ。

つまりエンシュ語は、シェン語の話者を蔑んで自他を差異化する、階層的な自己同定の標識（identity marker）としての機能を強く担っているのだ。それゆえ、エンシュ語もまた、スワヒリ語と英語の構成比重を逆転した、シェン語の社会階層的な一変異と解するのが、やはり妥当であろう。実際、話者のスワヒリ語と英語への傾斜の度合いは相対的で、且つ遷移的であって、構造上の論理に本質的な違いはない。(7)

ところで、シェン語（Sheng）という名称には、英語という名称から eng、またスワヒリ語（Ki-Swahili）という名称から s と h を得たとする説（Mbaabu & Ireri 2003: i）がある。だが、その裏付けは示されていない。シェン語は——それは、他の類似の言語でもやはり一つの定法となっているのだが——借用語への音の加除や逆転、あるいは音位転移（metathesis）によって、単語のシェン語化を図っている。シェン（Sheng）とは、この仕方に則って、English から li の音を省いて、前半部と後半部を入れ換えた造語だと考えるのが妥当だと思われる。そこには、スワヒリ語でも英語でもない、自分たちの第三の新言語という含意があるだろう。一方（イングリッシュ語とも呼ばれる）エンシュ語（Engsh）は、シェン語への対抗意識から、Sheng の音の前半部と後半部をあえて再度入れ換えて、元々の English に近づけた名称だと考えられるのである。

実際、こうした複雑で手のこんだ心理の綾や言語効果を自在に表出できる点にこそ、（ケニア人にとっては）学校のスワヒリ語である新標準スワヒリ語では完全に抑圧されてしまっている、シェン語の自由で伸びやかな生命力の神髄がある。シェン語は、何よりもまず、血の通った若者たちの自前の言葉なのだ。両言語の名称は、相俟って、都市の混成的な若者言葉であるシェン語の活力をよく象徴していると言えるだろう。

三、都市階層の同一性の標識

シェン語を社会的に考察する場合の要点の一つは、それが典型的なピジン語（pidgin）でも、また典型的なクレオール語（creole）でもないということだ。ピジンとは、二つ以上の大きく隔絶した言語の話者が出会った時に、コミュニケーションを成り立たせようと、双方が止むを得ず歩み寄って創られる混合語一般を指す。一方クレオールは、それを母語とする話者を獲得した段階に至った、ピジンの新たなあり方を指す術語である。

だが、ケニア独立直後のナイロビは、そうした切迫した言語状況にはなかった。公用語（国家の三権を実施するための言語）としての英語と国家語（国民の意思疎通の手段）としてのスワヒリ語が、共に広く教育の言語として採用されていた。また庶民にも、既に内陸スワヒリ語（Upcountry Swahili）またはナイロビ・スワヒリ語と呼ばれる、ピジン・スワヒリ語があった。ナイロビ住民は、それら三つの言語を必要に応じて選択して、通常のコミュニケーションをそれなりに達成していたのである。

また、イーストランズを中心にシェン語の第一言語（first language）化が進んでいる現在でも、今のところ、まだシェン語を母語（mother tongue）とする子供たちの存在は十分に確認されていない[(8)]。

シェン語は、やはり先に見たように、特定の社会階層に属する小集団の「自己同一性の標識」（identity marker）という機能に、その形成の契機を求めるべきであろう。公用語（英語）や国家語（スワヒリ語）に対して、42の公認された土着語（vernacular）は、民族集団の文化と同一性を保証する言語として、憲法に位置づけられている。一方シェン語は、本来、各土地土地の風土に根ざした民族集団ではなく、首都ナイロビ（や他の大都市）の社会階層、ことに若者世代が自らの同一性を確保する必要に迫られて、自生的に形成した言語と見るのが最も相応しい。本章の論点の一つもそこにある。

そこで、階層的なアイデンティティ・マーカーたるシェン語が、その各々の階層のどのような希求に応えてきたのか、もう少し仔細に見ていこう。

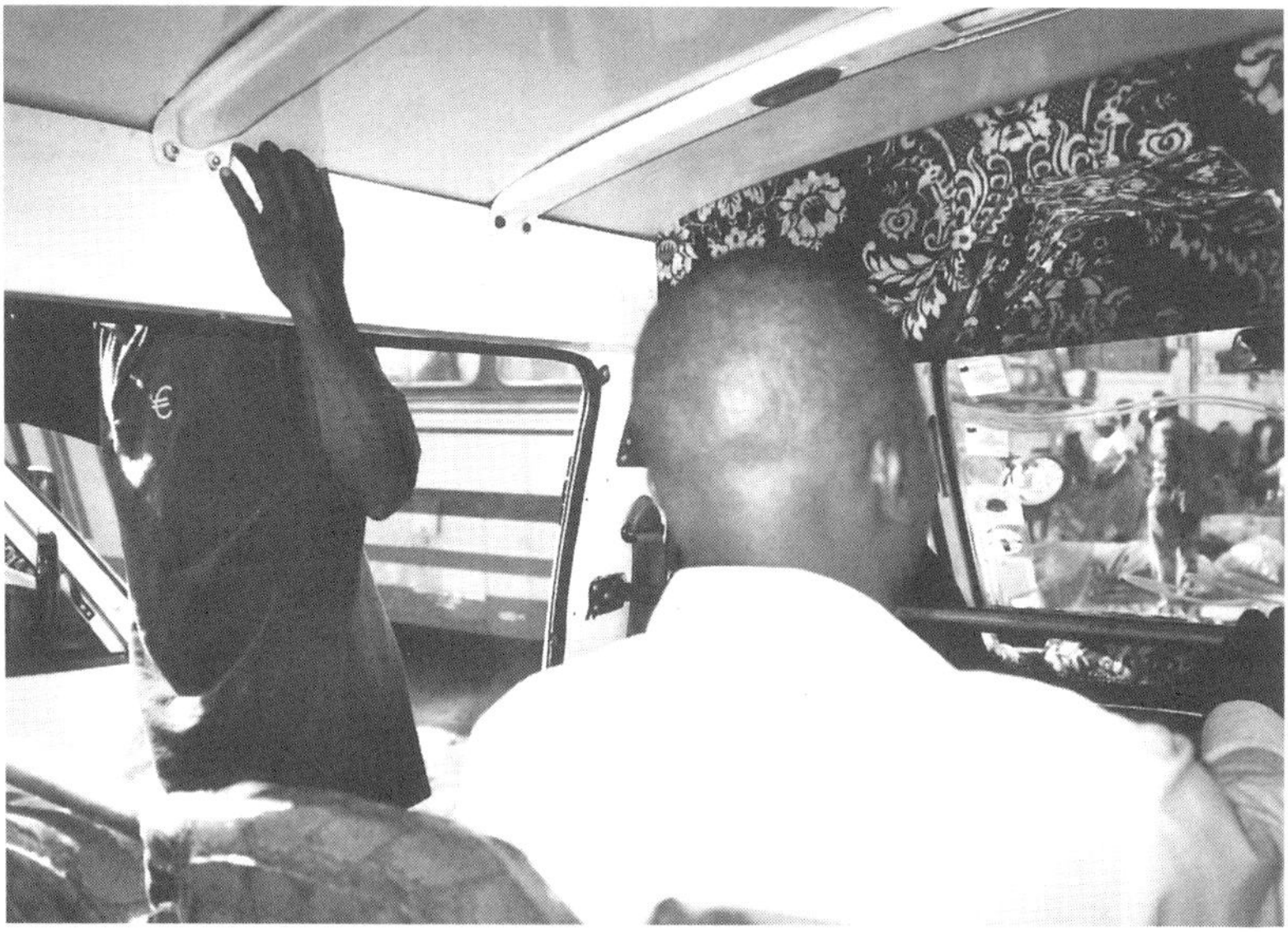

写真５　乗り合い自動車（*matatu*）の車内とそこからの眺め

1．職業階層のアイデンティティ・マーカー

少し前にエンシュ語を、シェン語に反発を感じていたエリート層が専ら居住する、ウエストランズの若者たちのアイデンティティ・マーカーとして捉え、シェン語に対抗しようとする、シェン語の社会方言と見るべきだと論じた。その時に既に本項のテーマに言及していることになるのは、言を俟たない。

これと合わせて重要なのは、狭義のシェン語が、まさしくエリート層の対極に位置する職業階層において、アイデンティティ・マーカーともなっていることである。その一つの典型的な例が、庶民の暮らしに欠かせない乗合自動車（*matatu*）の乗組員の場合である。

ケニア国内ではまだ鉄道路線や航空路線は未発達で、運輸・交通のほとんどを、マタトゥ（*matatu*）と呼ばれる小型の乗合自動車（多くは日本製のワゴン車を使用）と大型バスが担っている。そして、都市部の無学歴層や低学歴層の若者たちを最も大量に雇用・吸収している産業部門が、ごく小さな資本で運営できる、このマタトゥ産業なのである。

低料金で乗れて、且つ数多い路線をもつマタトゥは、今や庶民の足としてなくてはならない存在である。ことに、郊外から大都会ナイロビの都心部に通勤する大衆にとっては、まさしく命綱である。全ての路線が不定時運行で、（ターミナルで）客を一席も余さず一杯にしてから動き出すマタトゥは、運転手と車掌の他に、客引きや（即時出発を意味する指標となる）満員を装うためのサクラ（員数）を務める若者たちをも必要としている。

これらの若者は、いわば自分勝手に押しかけて来て運転手や車掌を手伝い、何がしかの僅かな見返りをせびりとって、日々どうにか糊口を凌いでいる。彼らは、いわば宵越しの銭をもたない、派手で見栄っ張りで無鉄砲な若い消費者でもある。だが、やがて（見よう見まねで）運転を覚えたら、運転手や車掌に取り立てて貰えるかも知れない。

彼らは「数」（複数）、または員数を意味するマナンバ（*mamamba*）の語で呼ばれるが、これもスワヒリ語起源のシェン語の単語である。シェン語の別の表現では、英語で客引きを意味する tout にマタトゥを冠して *matatu* tout ともいう。

彼らマナンバや運転手や車掌の多くは、英語もスワヒリ語も満足に解せず、口語であるシェン語が彼らの第一言語（first language）になっている。マタトゥ産業の従事者たちは、必要に応じて幾つもの新語を次々に編み出して、シェン語の形成発展に独特の仕方で寄与し続けてきた。それは、あるジャンルの隠語（argot）を創り出し、その語彙を次々と取り替えるという仕方によってである。

マナンバに最も近い語感をもつ日本語の単語は、（やや古めかしいが）雲助だろう。各路線の始点と終点以外には定まった停留所がなく、何時何処でも適当に客を拾い、適当に降ろすのだから、料金体系は大雑把なもので、いわば客との駆け引きで決まることになる。また、過剰に客を詰め込んだり、猛烈なスピードでぶっ飛ばすなどの乱暴な営業形態は、交通警察官の目の仇になると共に、警官たちが不法に賄賂を強要する口実ともなってきた(9)。

だから、運転手・車掌・マナンバは、客や警察官にはわからない、金額（またはその額の硬貨・紙幣）を指す独特の符牒を常に用意している。まず、それらの幾つかを挙げてみよう。貨幣：*chapaa*、*mnago*、*nyandu*、1シリング：*chuma*、5シリング：*musebeni*、*king'ori*、*kobore*、10シリング：*ashara*、50シリング：*finje*、百シリング：*soo*、二百シリング：*album*、五百シリング：*jirongo*、千シリング：*ng'iri*。

これらには、語源がわからないものもあれば、誰もが風刺やウイットを感じて思わず頬を緩める命名もある。例えば、5シリングをムセベニ（*musebeni*）と呼ぶのは、ウガンダの現職大統領ムセベニ（Yoweri Museveni）の頭のてっぺんが将棋の駒のようにとんがっているのと、（現在の前の型の）五シリング硬貨が肉厚の大振りな七角形の形状であることを対比しているのだ。五百シリングがジロンゴ（*jirongo*）と呼ばれるのは、同名の政治家が或る選挙戦で、（モイ大統領の意を受けて）当時の最高額の紙幣だった5百シリング札を至る所でばら撒いて、忽ち「令名」を馳せたからであった。

差し迫った危険を警告するために、マナンバが彼らの「敵」である警官を呼ぶ語は優に二〇に余る。その一部を示せば、*ako*、*flik*、*itina*、*kachero*、*kahio*（*kahiu*）、*karai*、*karao*（*karau*）、*mabai*、*mahindra*、*pai*、*ponyi*、*sonyi*、*wahia*などとなる。仲間のマナンバは*makanga*、車掌は*konde*（<Eng. conductor）などと呼ぶ。

造語が新しい内は、警官や客をうまく出し抜くことができるが、一旦彼らの知る所となると、ＦＭラジオのディスクジョッキーやアナウンサーが使い始め、やがて主流シェン語の語彙に徐々に繰り入れられる。するとマナンバたちは、またいつの間にか新たな符牒となる別の語を創りだして対抗するのである。

ストリート・チルドレンの最も真っ当な生活の道は、食い残しの食べ物をごみ箱から拾って食料を確保する一方、ゴミの山から紙屑やプラスチック屑などを回収してきて問屋に売ることだ。しかし、一九九〇年代初めからの経済の自由化以来、南アフリカからトイレット・ロールなど安い再生紙製品が大量に輸入されて、ケニアの同業者の業績は振るわず、ストリート・チルドレンの「生業」は一層苦しくなった。そこで、通行人へのたかりや盗みも、生きていくためには厭わない。彼らが使うシェン語の特徴は、何よりも、「盗む」の同意語が一〇を超えることである。その一つは、スワヒリ語で「集める」を意味する *sanya* をそのままの形で転用した *sanya* であるが、ここにもシェン語の特徴がちゃんと顔を覗かせている。

また、食べることや食べ物を意味する言葉も多い。例えば、肉：*nyamham*、*nyaki*、*nyame*、ポテトチップス：*chipo*、*chibas*、「旨い」：*yamii*。これらの語彙は、普通の子供のシェン語彙とも部分的に重なりあっている。また、パン半斤：*nitja*（<Sw. *nusu*：半分）、パン四分の一斤：*kwotidhe*（<Eg. quarter）などは、居住エステート（residencial estate）と通称される庶民地区の生活の厳しさを物語る大人のシェン語だが、ストリート・チルドレンのシェン語の語彙には、既にこれらが加わっている。

2．年齢階層のアイデンティティ・マーカー

上のように、シェン語は特定の社会階層に属する小集団のアイデンティティ・マーカーである以上に、むしろ特定の年齢階層（あるいは世代階層）に属する小集団のアイデンティティ・マーカーとなっているといえる側面がある。小学生、中学生、専門学校生、大学生には、それぞれの世代層に特有の、しかもそれぞれの学校で変異して、個々に独自の特徴をもつシェン語が話されている。

都会では、小学生にして既にシェン語を話し始めるが、田舎では、田舎町の寄宿制中学校に入学すると同時に俄に

シェン語の洗礼を受けるのが通例である。しかも、それは都会から来ている同級生や上級生による、シェン語の無知に対する侮蔑から来るイジメという形での洗礼であり、新入生（シェン語では *mono*）がこうして大きなカルチュア・ショックを受けるのが普通である（小馬 2009c: 57）。

中学校段階で一般的に使われるシェン語の単語については、次のような例を挙げることができる。先生：*tije*（<Eng. teacher）、牛乳：*milo*（<Eng. milk）、教室：*daro*（<Sw. *darasa*）、停学：*saspi*（<Eng. suspension）、半期：*hafta*（<Eng. half term）、規則に違反して捕まる：*bambua*。

もう一つの語群は、他の中学校の名称を独特の仕方で変形した呼び名である。例えば、Alliance Boys' High School: *Bush Boys*、The Kenya Girls' High School: *Bomas*、Pangani Girls' High School: *Pango*、という調子で命名している。

これらの例に共通するのは、長たらしい語を舌に乗りやすい簡略な表現で置き換えていること、またアフリカ人である自分たちが発音し易い音形に改め、表記も発音に忠実なものにしていることである。一例を挙げれば「半期」を表す hafta は英語の half と term を繋ぎ併せた造語で、二つ（以上複数）の単語を連結してその一部を省いて作られる混成語（fusion, amalgam）、あるいは「かばん語」と呼ばれる典型的な形をとっている。その意味で、シェン語の造語法は決して独創的ではなく、むしろ一般的でさえある。だが、これこそが、シェン語の基本的な特徴であり、それが庶民的な馴染みやすい生命力の源泉となっていると言える。

大学に入学すると、生活環境が複雑になり、当然それに対応する次のようなシェン語の単語が加わる。学生会館：*styudi*（<Eng. student centre）、図書館：*liabu*、*lib*（<Eng. library）、管理部門：*admin*（<Eng. administration centre）、購買部：*shoppi*（<Eng. shopping centre）、学期手当：*boom*（<Eng. boom）。ただし、これらの例でも、造語法の基

本は、先に挙げた諸例と異ならない。

　大学生のシェン語の大きな特徴は、スワヒリ語や民族語（固有語）を積極的に取り入れていることである。例えば、「誘惑する」を意味する *kukatia* は、スワヒリ語の不定詞化接辞“*ku-*”と、同じくスワヒリ語で「切る」を表す動詞“*kata*”の前置詞形“*katia*”（〜のために〔に向かって、を用いて〕切る）を結合した造語である。また、「（異性を）ハントする」を意味する *kuhanya* は、ギクユ語で同じ意味を表す語に似た音を借りて、それに“*ku-*”を付けたものである。こうした例は数多く、枚挙に暇がない。

　無論、衒学的な気分を映す造語例も見られる。例えば、インド人が伝えて一般化したチャパティ（種なしの平たいパン）を dialogue（<Eng.）と言ったり、警官隊と実力で渡り合う時に投げる石を air-to-air missile と呼ぶのが、それである。しかし、ウエストランズの若者たちのバージョン（エンシュ語）が作為的に英語との類似性を強調するのに対して、通例、大学生のバージョンはもっと屈託がない。真のエリートとしての寛いだ矜持があり、一般に、独創性のかけらもない「猿まね」だとして、むしろ気取りのあるエンシュ語バージョンを軽蔑する傾きが強い。

　このような大学生バージョンに絶大な影響を及ぼしているのが、ケニアのヒップ・ホップ音楽である。ヒップ・ホップのスターたちの大部分は、元ストリート・チルドレンであり、彼らの曲の歌詞から、次々と新しいシェン語の単語が生まれ、あっという間に学生バージョンに受け入れられて定着していく。

　そうした例を幾つか挙げておこう。*kujizi*（恋に落ちる）は Nameless の“Juju”から、*mossmoss*（ゆっくり）は Ann Wakesho の同じタイトルの歌から、*juala*（コンドーム）はポリエチレンを意味するルオ語を Circute & Joel が同名の曲でコンドームの意味で用いたことから、また *watoi*（子供 [<Sw. *watoto* [sg. *mtoto*]]）も同じ曲から一般化した語である。こうした事からも分かるように、今や大学生バージョンは、若者一般のシェン語と盛んに交流して交じり

合い、両者の境目はもう判然としないと言うべきであろう。

若者たち、ことに大学生たちが、シェン語を彼らの第一言語として受けとめている理由として口々に訴えるのは、親の世代が若者たちの「コスモポリタン」なライフスタイルに、いかにも無理解だということだ。「親の世代に対する絶望がシェン語に向かわせるのだ」と、幾人もの大学生が語った。彼らのシェン語には、親たちに知られたくない自分たちの秘密を守る世代的な隠語という要素が、確かに強く見られる。

例えば、「女の子」を意味する語は、*nanana*、*chikii*、*kago*、*kipusa*、*kirenge*、*malaika*、*mayanga*、*mkuki* など、三〇を超える。また、「密造酒」を指す語も、African dry gin, *chang'aa*、Nubian gin 等の日常語の流用の他に、*machozi ya simba*（ライオンの涙）、*spiri*（<Eng. spirit）、*vepa*（<Eng. vapor）、など二〇を軽く超えるだろう。「色恋沙汰」、「大麻」、「売春婦」、「警官」を意味する語や、性的な含みをもつ語も、やはり数多い。さらに、嘲笑を含んだ、「田舎者」を内包とする語が実に幾つもある。それらには、お上りさんを都会生活の邪魔者と見做し、親の世代と同様に彼らをも気の利かない輩として排除する心の趣があからさまに表現されているのだ。

つまり、シェン語からは、都会の若者世代のいかにも硬直的で不寛容なツッパリ気分が色濃く漂ってくる。彼らは、シェン語こそが最も自分たちの心をうまく伝え合える言葉、つまり「第一言語」（fitst language）だという。要するに、英語でもスワヒリ語でもなく、まさにシェン語を使うことによって、大人たちとは異なる社会集団（階層）としての同一世代に属しているのだという、連帯意識を確認しているのである。この意味で、シェン語は都会の若者のアイデンティティ・マーカーとして何よりもよく機能しているのである。

四、国民的アイデンティティ・マーカーへ

しかし、シェン語は、既に単なる若者のアイデティィ・マーカーの域を超えつつある。次に見るように、或る意味で、ケニアの市民にケニア国民としての自覚を与える、国民的なアイデンティティ・マーカーにさえなる可能性を予感させるのである。

1．混合言語の美しさと力強さ

その表現力の豊かさと自在さのゆえに、日常耳にし、あるいは目にするシェン語に美しささえ感じることが、ままある。

例えば、或る新聞記事で見つけた、“*Hizo motii (morenga) huenda kama zina* fly. *Na huendeshwa na mi guys bodii bodii.*” などがその一例である。全体の意味は、「これらの（*Hizo*）自動車（*motii* または *morenga*）は、飛ぶように（*kama zina* fry）いつも走っている（*huenda*）。しかも（*na*）、すっげー身体の奴ら（*na miguys bodii bodii*）に（*na*）転がされて（*huendeshwa*）」とでもなろう。*miguys bodii bodii* のリズム感とスピード感などは、どうだろう。well-built people とか tough guys などの英語では、遠く及ぶまい。（母語である）海岸スワヒリ語の典雅な表現なら、*watu wameojenga wakajengekwa* とでもなるのだろうが、こんな複雑でモッタリしたスワヒリ語は、端から埒外であろう。

また、英単語の guy（guys）に、人の複数を示すスワヒリ語の第二クラス接頭辞 *wa-* ではなく、長い物の複数を示す第四クラス接頭辞 *mi-* を付けて（miguys として）やや突き放すという語感が堪らない。例えば、正式のスワヒリ語なら子供（*mtoto*）の複数形は *watoto* となる。ところが、（母語である）海岸スワヒリ語の俗語には、*mitoto* という表

現もある。この変則的な語形で「餓鬼ども」という語感をうまく出しているのだ。また、*bodii bodii*（<Eng. body）のいかにも体感的な写実力もかえって説得的である。

シェン語には、タンザニア生まれの新標準スワヒリ語の教育へのケニア人特有の「反乱」という側面もある。新標準スワヒリ語は、いわば箸のあげ下ろしに至るまで、完全にタンザニアの国家政策によって決定され、支配されている。元々、母語としての種々のスワヒリ語は、タンザニアだけではなく、東アフリカ海岸部に広く分布している。ところが、新標準スワヒリ語の形成過程を通じて、タンザニアの権威は、この言葉とその教育の隅々にまで浸透してしまった。ケニア国民だけでなく、ケニア政府にもほぼ何一つ発言権がなく、ケニア人は、タンザニアが創りだした新しい表現を一語一句、細心の注意を払って模倣しなければならないのだ。もはや、（母語としてのスワヒリ語以外の）スワヒリ語は、遠くケニア人の手の届かない所に奪い去られてしまったのである。

だが、シェン語はまだ、何時もケニアの庶民自らの掌中に確かにあり、自由自在に創造の才を発揮して活かせる、融通無碍な言語であり続けている。今や、大人世代にも、シェン語に親和的な態度を示す者は少なくない。教師は、シェン語を交えて若者の理解者であることをアッピールして、人気を買う。新聞各紙は、週に幾度も競ってマガジーン（pullout）を付けているが、その人気コラム、ユーモア欄、漫画には、シェン語が溢れていて、絶大な人気を誇っている。一九九〇年代半ばから簇生したＦＭラジオ各局のディスクジョッキーたちは、英語とスワヒリ語の他にシェン語が使えないと、今や仕事にならないほどだ。

２．シェン語と政治

政治家も、シェン語に熱い視線を送っている。二〇〇二年の総選挙の折りに、野党ＮＡＲＣ（National Alliance of

Rainbow Coalition: 虹の連立国民連盟）から立候補したカロンゾ（Stephen Kalonzo Musyoka）[10]は、自分の名前に“*Tosha* !”を続けて“Kalonzo *Tosha* !”と声を張り上げ、この句をキャンペーンのキャッチフレーズにして成功した。*tosha* は、元々スワヒリ語で「十分な」を意味する。だがシェン語では、「最高」とか、「言うことなし」を意味している。“Radio Citizen *Tosha* !”と、ＦＭ曲の宣伝文句にも使われていた。

　また、シェン語が英語教育やスワヒリ語教育への悪影響を言い募る政治家、役人、学者が極めて多いなかで、当時副大統領であった故ワマルワ・キジャナ[11]は、二〇〇三年の国会で、ケニア人の肌にあった言葉であるシェン語を将来国会での論議に使うべきであると、大胆に演説した。彼のこの発言は、多くの知識人には衝撃的なものとして受けとめられ、賛否両論が戦わされた。ただ、今日のケニアで最も有力な政治家の一人であるライラ・オディンガ[12]は、はっきりとワマルワ・キジャナに賛意を表した。

　実は、彼らが属していたＮＡＲＣ（虹の連立国民連盟）は、二〇〇二年の総選挙で、“*unbwogable*”をキャッチフレーズに用いて、広範な支持を集めた。この言葉の語幹はルオ語で「打ち破る」を意味する“*bwogo*”で、その前後に英語の接辞“un-”と“-able”が付けられている。全体としては、英語の invisible に当たるだろうか。

　無論、“*unbwogable*”は、彼らが独創したものではない。この表現は、やはりケニアのヒップ・ホップ音楽の人気ラップ・デュオである GidiGidi & MajiMaji が作った曲のタイトルだったのである。ＮＡＲＣは、この曲を公式のキャンペーン・ソングに用いた。つまり、その候補者たちは、演説の最後にこの曲のコーラス部分である、“Who can *bwogo* me?”を歌って聴衆（ことに若者たち）の心を掴もうとしたのだった。そして、まさに狙い通りに成功を収めたのである。

　ところで、大衆の心に届くのは何と言っても日々の暮らしの言葉だから、政治的な呼びかけや商品拡販競争には、庶民が日常用いている内陸スワヒリ語の惹句が頻繁に案出される。それらは、活力と精彩に満ちていて、実に楽しい。ここで、そうした実例を幾つか引いてみよう。

電気料金支払いを、従来、自社の誠に数少ない支店の店頭でしか認めてこなかったケニア電力会社は、二〇〇〇年代半ばになると、ソーラー・パネルの普及に危機意識を抱いたか、郵便局、及びバークレイズ銀行と提携して、その各々の二百余の支店でも料金を払える“easy pay”キャンペーンを大々的に展開した。そのバークレイズ銀行版の惹句は、“You can now/ pay your/ electricity bill/ at any Barclays/ branch”という英文で、誠に素っ気ない。

一方、“easy pay”制度を、内陸スワヒリ語では、MALIPO PAPO HAPO（その場で即支払い）と呼んだ。ポコポコと弾むようなリズムと語感が面白い。その郵便局版の惹句は、“*Malizakulipa/ malipopapo/ hapokokote/ ulipomalipo/ papohapo.*”（払おう／即金で／どこでも／その料金／そこで即）と、まことに口調の面白い、一種の早口言葉になっている。厄介を極めた料金支払いが一挙に楽になるのだというメッセージが、心地よく軽快に伝わってくる巧みさに、舌をまく思いがする。

ただし、民衆一般の有卦に入るこうした内陸スワヒリ語も、人口の六〇％を占める若者世代の心を鷲掴みにするシェン語の威力には、やはり遠く及ばないのである（小馬 2008: 91-92）。

おわりに

以上、細部にわたるやや雑駁な論述に終始することになってしまった。それでも、「はじめに」に掲げておいた目標は、それなりに達成できたように思う。

独立後のタンザニアは、国家スワヒリ語委員会（National Kiswahili Council; BAKITA）、ならびにスワヒリ語研究所（Institute of Kiswahili Research）という二つの強力な普及推進機関を創設して、現代語としての新標準スワヒリ語（*Kiswahili sanifu*）を精力的に作り上げてきた。タンザニアが、スワヒリ語を公用語として、確かな国民統合をなし遂げたことは、アフリカの国民国家の例外的な成功例として、よく知られている（小馬 2013: 263-265）。

他方、ケニアの庶民の間から育ってきた野放図な混成言語であり、「もう一つのスワヒリ語」とも呼べるシェン語は、まだそれほど広く世に知られていない。だが、言語学の研究対象として、この言葉には、以上に見てきたように大きな魅力がある。そして、言語人類学、ないしは社会言語学の立場からは、もっと大きな研究意義を見出すことができる。そう力説してきたこの章のささやかな論述が、せめてその一端を伝えられたとすれば幸いである。

注

（1）二〇〇九年現在、人口三、一三八、三六九の大都会である（Kenya National Bureau of Statistics 2010: 31）。

（2）文献資料も可能な限り参照したが、主として用いたのは、一九七九年以来三八次に渡って実施した、社会人類学的な現地参与調査の資料である。また、煩瑣になることを避けて一々引用していないが、この期間にケニアの主要紙に折々に掲載された数多くの記事も、併せて参考にした。

（3）ＯＡＵ（アフリカ統一機構）の発展・後継機関で、アフリカの五四の国家で構成されている。

（4）中でも重要なのは、一九九〇年代半ばの電波の自由化、ことにＦＭ波の自由化だった——この辺りの事情は、第二章以下で詳しく論じている。

（5）一九八九年の国勢調査の集計では、これらの民族集団の人口は、ギクユ人：四、四五五、八六五、ルイア人：三、〇八三、一七三、ルオ人：二、六五三、九三二、カンバ人：二、四四八、三〇二である（Republic of Kenya 1994）。なお、一九九九年の国勢調査の集計（Republic of Kenya 二〇〇一）からは、tribes の項が削除されていて、民族ごとの人口を知ることはできない。ただし、その後カレンジン人が第三位に躍り出たのは確実視されている。

（6）興味深いのは、シェン（Sheng）というタイトルをもつ手帳大の小雑誌が、かつて二号まで出ていて、そこには二回で完結する「チョコラ」（"Chokora"）と題する小説が載せられていた（Moga 1995a, 1995b）。チョコラとは「紙屑拾いをして露命を繋ぐ者」、つまりストリート・チルドレンを意味するシェン語の単語である。その作者名は、どこにも明記されていないが、掌中サイズの小さくて薄い Sheng Dictionary を時折出し続けている Ginseng Publishers 社主、ジャコ・モガの手になる作品である――直接本人に会って確かめた。モガは、シェン語の起源がストリート・チルドレンの仲間言葉であると信じていて、彼らの悲惨な人生を小説にしてシェン誌に掲載したのである。

（7）この点で、次の事実が興味深い。寄宿制の中学校（secondary school）に入学してシェン語に直に接したばかりの一年生（*mono*）たちのシェン語は、英語の文法と語彙にきわめて強く依存していて、エンシュ語にかなりよく似ている。習熟するとともに彼らのシェン語は、スワヒリ語的な構文やニュアンスを徐々に強めていく。

（8）ただし、きちんとした調査が行われて来なかったことは指摘しなければならない。この点は、今後のシェン語研究で強く注目されるべきであろう。

（9）ただし、二〇〇二年末の総選挙で、当時の与党 KANU（ケニア・アフリカ人国民連合）が破れて政権を NARC（虹の連立国民連盟）に譲った後、二〇〇三年からマタトゥ産業の統制が一気に強められ、速度調整機と座席ベルトの装着、けばけばしい絵を描いた車体外装の禁止と単色化、公共交通機関を示すオレンジ色の一本の横線描出、大音響の室内音楽の禁止などが義務付けられた。その後、何時何処でも客を拾い、何時何処でも下ろす運行法も、特に都市部では強く規制されるようになった。もっとも、やがて車体の装飾規制は大幅に緩和された。

(10) 彼は、NARC政権(キバキ政権)で環境大臣を務めた。なお、その時に副大臣だったのが二〇〇四年度のノーベル平和賞を受賞したマータイ(Prof. Wangari Maathai)である。二人は、森林地域に通って耕作をしつつ植林する「シャンバ・システム」(*shamba* system)の温存の可否をめぐって、二〇〇四年夏以降鋭く対立した——カロンゾが宥和派——が、マータイの受賞がこの件の帰趨に大きな影響を与えた。

(11) 俗称。ルイア人(より正確にはその中のブクス人)の政治家で、自由民主党(LDP)所属。正式の名前は Michael Christopher Kijana Wamalwa。二〇〇三年八月に死去。

(12) Raila Omollo Odinga。ルオ人の間で絶大な支持を得ている、ルオ人の大物政治家。

第2章　グローバル化の中のシェン語
――ストリート・スワヒリ語とケニアの国民統合

はじめに

近年ケニアでは、「ストリートのスワヒリ語」と言い表すのが相応しい属性をもっているシェン語（Sheng）が、その発祥地である首都ナイロビの若者だけでなく、地方の若者たちの間にも急速に普及してきた（本書第一章）。この第二章は、シェン語がケニアの国民統合、ならびにその根幹に位置する国家的な言語政策と言語教育に大きな影響を及ぼしつつある諸事実を記述して詳しい分析を加え、さらにこの事態の行方を展望しようとするものである。

一、問題の所在

一九八九年一一月のベルリンの壁の崩壊とそれに続く冷戦構造の終焉は、冷戦期にそれなりの均衡を見せていたアフリカ大陸の政治状況をも一変させた。たとえ独裁的であれ、東西どちらかの陣営に与していれば、それだけで「正統性」を主張して体制維持が可能だったと言えるアフリカ諸国も、急速な政治の自由化を迫られたのである。ケニアでも、一九九一年末に、独立直後から長らく途絶えていた複数政党制が復活し、それが突破口となってやがては二〇〇二年末の政権交代、[1]ならびに一層の自由化とグローバル化の受け入れに繋がって行った。

本章の文脈でことに注目されるのは、こうした国内外の政治状況全般の急激な変化と連動して、一九九〇年代から、ケニアの多言語・多文化状況に根源的な変化の兆しが、はっきりと読み取れるようになったことだ。その中核に位置するのは、シェン語と呼ばれる新しい都市混合言語が、若年層の間で爆発的に普及した事実である。

1．グローバル化の中の言語と文化

巷間でシェンと呼ばれる言語は、東アフリカの混合共通語（リンガ・フランカ、lingua franca）であり、またケニアの国語でもあるスワヒリ語を母体（donor）として、英語（ケニアの公用語）からは大量の、またケニアの有力な幾つかの固有語（部族語）からもなにがしかの語彙や造語上の特徴を取り入れて形成された、都市的な新しい混合言語（mixed language）である。[2]

シェン語は、一九六〇－七〇年頃に、首都ナイロビの庶民、分けても低所得層の若年たちを中心に形成され、やがて各地の大きな都市に波及して独自の異版（あるいは「方言」）を生み出した。この連鎖的とも言える生成過程で、その動きの中継拠点ともなり、また発展の温床ともなったのは、いずれも「名門」とされてきた全国各地の寄宿制の中学校群である。そして、一九九〇年代以来、シェン語は辺鄙な地方の学校にさえもかなりよく浸透して行き、この動きは一つの「現象」ともいえるほどの、盛んな勢いを示したのである。

重大なのは、この「現象」が独立以来ケニアが採り続けてきた国家的な――すなわち、国民形成（nation building）と国民統合（national unity）を目的とする――言語政策、ことに学校教育に関する言語政策の根幹を大きく揺さぶっているることである。そう言えるのは、何よりも、全国の中学生以上の学生たちや都市の若年層の間では、今や母語ではなく、シェン語が、既に第一言語（first language）化しつつあるからである。

そのシェン語は、スワヒリ語や英語と相互に干渉し合って混合する過程を反復しながら、絶えず変成し、発展し続けている。その結果として、小中学校[3]の必須教科である英語やスワヒリ語の（国家試験の）成績が一九九〇年代から著しく低下して、教育関係者を大いに震撼させた。わけても、スワヒリ語能力の陰りは大きい。そして、若年層の言語生活では、（標準）スワヒリ語が周縁化されて急速に衰微しつつあると言ってもよい。

この事態に危機感を募らせた政府や教育関係者、あるいは（保守的な）政治家たちが、再三再四厳しい警告を発してきた。しかし、深刻な事態は「改善」されるどころか、ますます「悪化」する趨勢を辿った。

ケニアでは、世代間の断絶は深刻な言語・文化的な亀裂として表面化していているが、その影響は、さらに深く社会的な次元にまで及んでいる――ただし、この亀裂は、従来の複雑な部族的亀裂を横断する包括的なものであって、或る意味では、逆に国民統合の新たな可能性を秘めたものでもある事実を看過してはならない。

加えてシェン語は、既に国民統合の手段として目ざましい成果を挙げた、隣国タンザニアの現代スワヒリ語、すなわちキスワヒリ・サニフ（Kiswahili sanifu）にすら影響力を及ぼし始めている――「造成スワヒリ語」とでも訳せるが、以下では第一章と同様に、「新標準スワヒリ語」と意訳しておきたい。というのも、シェン語は、その文法構造が大枠でスワヒリ語の属性を踏襲していて、新しいスワヒリ語の一変異（あるいは新たなピジン・スワヒリ語）ともいえる、ごく近縁の言語であるからだ。この事態には、東アフリカの混合共通語（リンガ・フランカ）であるのみならず、アフリカ連合（African Union:AU）の第五番目の公用語で、広域的なアフリカ地域形成実現の鍵を握る最有力の言語と目されているスワヒリ語の将来にも微妙に絡む、重大で複雑な問題が潜んでいる。我々は、この事実も見逃さずに、きちんと注視しておかなければならない。

2．シェン語研究の現状と本章の論述の方向性

本章の論述の大枠は、現代ケニアの都市混合言語であるシェン語が、グローバル化の進展過程で俄かにその勢いを増して、ケニア内外の社会情勢に大きな影を落とし始めた事実に着目することにある。そこで、特に「シェン現象」（Sheng phenomenon）とケニアの国民統合との相互関係に焦点を当てて、それをこれから多面的に考察してゆきたい。

シェン語が、英語やスワヒリ語（すなわち英国植民地政府が確立して普及させた標準スワヒリ語［Standard Swahili］や、それを基にタンザニア政府が現代語へと発展させた「新標準スワヒリ語」）に優越して流通する原因としては、ケニアの学生や若者たちにとっては、後二者が教育ないしは試験（合格）を目的に唯々大人しく甘受するべき、いわば押し着せの言語である一方、前者が話者の自由な表現と自然で主体的な形成に大きく開かれた闊達な言語であるという事実が指摘されている（Mbaabu & Nzunga 2003a: ii、小馬 2005: 8-9）。

くわえて、ケニアにおける一九九〇年代後半からのＦＭ波の自由化に伴うポップ・カルチュア、ことにヒップ・ホップ音楽の勃興にシェン語の歌詞が決定的な貢献をしたことも、極めて重要な要因と見ることができよう（小馬 2005: 9-10）。それらの歌詞こそが、何よりも具体的な言語の自由の表現態であったからである。

また、シェン語が政府や教育関係者、ならびにエリートたちから、ずっと「ストリート・チルドレンの言語」と蔑まれてきたにも関わらず、今やタンザニアなど近隣諸国にも徐々にその影響が及びつつある理由については、ケニア

の首都ナイロビが東アフリカにおける「首座都市」(primate city) として、経済・社会・文化的に圧倒的な優位性と影響力をもっていることが挙げられている (Mbaabu and Nzunga 2003a: xiii-xiv)。この面でも、電波の自由化後にナイロビでヒップ・ホップ音楽を核とするポップ文化が一気に開花して近隣諸国に波及した事情が、一つの重大な要因になっている。

しかしながら、以上の諸要因は必要条件ではありえても、同時に十分条件であるとまでは言えないだろう。その(必要) 十分条件を求めて、本章は、シェン語の担い手である若者たち、なかでも生徒や学生たちの言語環境の社会心理的な側面に密着しながら、人類学の参与観察の方法を用いてそれに肉薄する。ここで求められるのは、内面から彼らを突き動かしてシェン語へと向かわせる、何らかのメカニズムの解明である。そして、ここで採用すべき理論仮説は、先に挙げた諸要因を動態的に統合し得る、原理的な力をもつものでなければならない。

というのも、言語は、それ自体が自律的な力として、社会を超越して法則的に変化するのではないからである。実際には、言語を用いる個々の人々の日々の言語活動が累積して、言語を意図的に変えてゆくのである。このような言語社会学的な立場では、変化のメカニズムは、諸々の行為と観念を記述して分析することによって、抽象的な言語内現実の次元においてではなく、むしろ心理作用を介して感覚にまで深く透過している言語外現実の次元において、つまり社会・文化的に把握される必要がある[4]。

筆者は、その条件を満たす要因として、今日の生徒・学生文化形成の背景となってその実現を用意した、ケニアに於ける国家的な規模での均一な学校教育の成功と普及を第一に挙げたい。そして、第二には、ストリート・チルドレンをストリートから一気にスターダム (ケニアなりの「セレブ」) に押し上げた、一九九〇年代半ばからのグローバルなポップ・カルチュアの勃興と、それによる若者たちの価値観の大変換を指摘しておかなければならない。

二、ケニアの言語政策とシェン語

右のような構想と梗概に沿ってこれから論述を綿密に展開するに当たって、まず理解しておかなければならないのは、その背景としての、アフリカにおける国民統合と言語政策の相互関係全般に関する歴史状況である。

1. アフリカにおける国民統合と言語

一九六〇年は、アフリカで一七の植民地が独立した、まさに「アフリカの年」だった。(南アを除くサハラ以南のアフリカでは) 一九五七年のガーナを嚆矢として、この一九六〇年を頂点に、数多くのアフリカの若々しい独立国が歴史の舞台に一斉に躍り出た。当時、全大陸に沸き上がる(多幸症的なまでの)歓喜と期待感の中で高らかに鼓吹されたパンアフリカニズム (Pan-Africanism) は、(植民地主義の惨禍をもたらした、西欧的な) 国家の枠組みを超克しようとする理念として、確かに高邁であった。各々の独立国の誕生は、紛れもなく、西欧列強の全く恣意的な植民地化がもたらした地域分割の意図せざる帰結だった。それゆえ、各国の地理的な枠組みは、現実的な妥協策として当面それを維持するというばかりであって、歴史的にも必然性の乏しいものだった。

しかしながら、遠い将来を見据えた理想は理想として、他方、各国の独立とそれに伴う国家的統合を経ずにアフリカの政治的統一を実現するような具体的な方途は、実際には、どこにもあり得なかった。アフリカの若い国民国家のそれぞれが先ず第一に直視するべきは、国内の複雑な多言語・多文化状況を不可避の前提として国民の統合をいかに達成するかという、即座に対応を迫って来る、実に重い現実の課題だったのである。

ほとんどすべての国々が、結局、旧宗主国の言語を、独立後も引き続き公用語(ないしは国家語)として受け入れ、それを公教育のための言語としても自動的に採用した。西欧近代的な国民国家（nation state）[5]は、植民地化以前にはアフリカ大陸のどこにも存在せず、それは在来の部族の規模を遙かに凌駕する巨大な政治単位となった。

多種多様な人々をその枠組で国民（nation）へと統合するためには、特定の部族の言語を公用語として採用することは、現実には余りにも問題が多過ぎた。なによりも、その選択の当否の如何が、国民国家という新体制に付随して新たに生まれる圧倒的な権力をめぐる地位関係や利害関係の、部族的布置に直結しかねない――否、必ず直結する――からである。それどころか、特定の優越する部族群（言語共同体）の言語に基づく新たな国家的な言語の造成ですら、同様の問題を不可避的に引き寄せることになる。また、実際問題として、それを実現するための準備段階で不可欠となるような科学技術的・制度的な蓄積がほとんど存在していなかったのである。

冷静に沈思すれば、アフリカという枠組それ自体もまた、元々は決してアフリカが内発的に形成したものでないことは明らかだ。ヨーロッパがヨーロッパという概念それ自体を自他の差別化を固定することによって定立したという（サイード的な意味での）「オリエンタリズム」的事実に照らせば、アフリカという概念は（オクシデントに対する）オリエントやアジアという、外部から押しつけられた概念と少しも異ならない質のものだと考えなければならない。

この意味で、アフリカとは、オリエンタリズムの産物の一つであった。アフリカどころか、実は、タンザニアやコンゴなど、アフリカの現在の国家的な地域単位のどれ一つをとってみても、それはオリエンタリズムの原理によってヨーロッパが行った恣意的な植民地の線引き（差異化）以前には、どこにも存在しなかったものなのだ。つまり、タンザニアやコンゴなどという、現実の歴史を超越する巨大な（国民国家的）政治単位は、アフリカを見るヨーロッパの眼差しの直中で、アフリカとともに（さらにはヨーロッパの諸国民国家と相互補完的に）作られたものなのである。

パンアフリカニズムの逆説は（その一面での有効性と共に）、ヨーロッパの視線とそのアフリカ概念をあえて自ら主体的に引き受けることによって、ヨーロッパに対抗しようとしたところにある。したがって、パンアフリカニズムの動きは、まさしく優れて抽象的で、飽くまでも理念的なものであった。だからこそ、アフリカ統合の現実の第一歩たる国内統合のそのまた第一歩となる言語政策策定の段階で、各々の未成の「国民国家」は即座にその現実的な逆説に鷲掴みにされて息を呑み、立ち竦まざるを得なかったのである。

実体としては、未成の統一アフリカは、一旦植民地の枠組みを現実として認知して敢えて受容すると共に、その現実の国家的な諸制度にも立ち返って、そこからまずそれぞれの「国民国家」を構想して追求するしかなかった。アフリカ（の統一）とは、実体というよりは、むしろ目路の霞む遙かな向こう側に高く掲げられている、蜃気楼のごとき理念だったのだ。

2. 思想、文学、言語

アフリカの言語と国家をめぐるこのような矛盾と逆説は、アフリカ文学の理想と足元の現実に向けられた、アフリカ人作家たち自身による、容易に妥協を許さない論争の先鋭な内容に端的に現れている。アパルトヘイトが一応解消された今日でもなお、「三百年の奴隷貿易と百年の植民地支配を経験したアフリカ」（チヌア・アチェベ）の文学は、概して、強く社会・政治的な色彩を帯びていると言える。

ケニアのグギ・ワ・ジオンゴは、文学とは共同体の歴史的な経験全体を反映するものであるがゆえに、政治（闘争）という要素も必然的に作品に投影されるのだと述べている。また、ナイジェリアのチヌア・アチェベが価値転換に苦悩するナイジェリア人（ないしはイボ人）の歴史経験を描いた『部族崩壊』は、現代アフリカ文学の「古典」と讃えられ、アフリカ全土の数多くの中学校のカリキュラムにも組み入れられて、広く愛読されてきた。(6) そのアチェベは、ビアフラ戦争（一九六七〜一九七一）が勃発すると、躊躇わずにすぐに筆を折って眼前の政治状況と直に向き合い、そしてその現実に深く関わった。このように、アフリカ文学は、表現と行動とが不可分な一つの社会的な実践だという性格を色濃くもっているのである。

その二人が、どの言語で書くべきかという実践的な問題について、鋭く舌鋒を交えて論争している。アチェベが一貫して英語で書いているのに対して、グギは一九七七年以来英語を捨てて、母語であるギクユ（キクユ）語で創作していて、文学活動の実践的な側面では、彼らの言語観には著しい対照性が際立つ。

ところで、一九八六年ノーベル文学賞は、最後まで、二人のアフリカ人作家である候補者、つまりグギとナイジェリアのウォレ・ショインカの間で競われたのだが、結局アフリカ人として（のみならずアフリカ系アメリカ人を含めても）最初に同賞受賞の栄に浴したのは、ショインカであった。そのショインカが、受賞直後のインタビューの席で、わざわざ名指しで、グギの母語への転換を批判して人々を大いに驚かせた。グギの母語での創作は、単なる話題作りと人気取りのポーズに過ぎないというのだ。

同じナイジェリア人のアチェベもまた、一貫してグギには厳しかった。例えば、宮本正興によると、一九八六年夏に、ロンドンの現代芸術研究所で、開かれた「政治と文学」をテーマとする集会にアフリカやカリブの黒人作家たちが集った際に、「英語を追放しろ、と英語で声高に叫んでいる作家」の「おめでたさ」を、アチェベが槍玉にあげた。全アフリカのカリスマでさえあったこの偉大な作家の発言に、二五〇〇人ほどの参加者を収容した会場は水を打ったように静まり返ったという。アチェベは、グギをこうも批判した。「現実は複雑だ。複雑なものをそのままに把えるのが文学である。現実を単純化して考える例が、たとえば言語の問題だ。教条主義的な考え方では何の役にも立たない」（宮本 1991: 196）。

アチェベ（そしてまた多くのアフリカ人文学者）は、植民者が与えた言葉を敢えて逆手にとって、その言葉を植民者とその思想を打ち返す思想を鍛える武器へと再創造するという、今日のポストコロニアルな言説を先取りする考え方を既にもっていたといえる。宮本によれば、アチェベはこう述べている。「世界語で書くことは、たしかに大きな利点がある。私は英語がアフリカの体験の重みを背負うことは可能だと思っている。しかも、その英語は祖先の土地との接触を十分に保ちながらも、新しいアフリカの環境に見合うように変更された新しい英語となるにちがいない」（宮本 1991: 175）。

アフリカ人作家とは、西洋文明の与え手となった国の言語と文化に対して部族が最先端に位置づけた部分だとするフランツ・ファノンの言葉を受けて、宮本は、それを「アフリカ人作家は、アフリカに新しい国民国家をつくりあげたのと同じ歴史的プロセスの副産物だということである」と、分り易く適切に読み換えている（宮本 1991: 196-197）。さらに、宮本によれば、それは取りも直さず、アフリカ人作家が「植民地的疎外」を経験したことを意味するのだ。そして、彼はグギを強く擁護して、グギは「文学の生産と消費の関係に劇的な変革をもたらそうと」して一石を投じたのだと評している（宮本 1991: 197）。

さて、アフリカ人作家（あるいはアフリカ文学）がアフリカの国民国家と同じ歴史過程の所産であるとするフランツ・ファノンの見解に同意するとしよう。すると、グギの作家活動が母語（ギクユ語）での創作に帰着した時からほぼ四〇年程を経た現在の歴史段階でもなお、母語で思想を表現（すなわち心を非植民地化）すべしという主張を維持する彼の思想は、今はたしてどれだけの確かな妥当性をもちうるのだろうか。これもまた、今日の歴史の事実に即して厳密に再吟味、すなわち歴史化されなければならない課題であろう。

3.「世界語」か母語か

アフリカ諸国は、現実には、ほぼ例外なく旧宗主国の言語を国家の公的な言葉として選ぶことで、国民の統合を達成しようと試みてきた。しかしながら、アチェベらが主張するように、英語（など旧宗主国の言語）がアフリカの体験の重みを背負い、「祖先の土地との接触を十分に保ちながらも、新しいアフリカの環境に見合うように変更された新しい英語」（等の西欧の言語）となり得ると考えるのは、実際には希望的な観測であり、かなり楽観的な見方であるかも知れないのだ。

よく知られているのは、コートジボアールの例である。同国では、フランス語を国家語として育成するために長年の間国家予算の三分の一程度を費やし、しかもその大部分をフランス人教師の雇用に充ててきた。だが、結局ピジン的なフランス語しか根付かず、それは国家語としては不十分なものであると判断された。そして、一九七八年に到ってコートジボアール政府は、その失敗を認め、国家語の育成のためにアフリカ在来の言語へ関心を向け始めるようになった――グギの母語への「回心」（一九七七年）とほぼ同じ時期のことであるのは単なる偶然ではない。

事態の強度の問題を別にすれば、これは何もコートジボアールに限られた、例外的な状況とは言えない。ナイジェリアにおいてはアチェベやショインカのように、あるいはケニアにおいてはグギのように、第一言語、あるいは「それによって思考する言語」といえるまでに英語を自家薬籠中のものとし得た人々は、一体どれだけいるのだろうか。また、仮りにもそうなり得たとしても、それを可能にした（特別の）条件とは一体何だったのかを、しっかりと見極めておく必要がある。

この問題を考える場合に、きわめて説得的な新聞のコラムがある。二〇〇四年、長い亡命の後に久しぶりにアメリカからケニアを訪れて（右に記したような）古くからの自説を繰り返し披露したグギの言動を批評して、ケニアの高名な批評家であるフィリップ・オチエンが書いた記事がそれである。それは、アチェベ的な言語観に水を差してその限界を指し示すと同時に、グギの主張の非現実的な（或いは、ショインカが辛辣に指摘した通り衒学的でさえあり得る）側面をも鋭く突いていて、アフリカにおける言語問題の解決の困難さを強く印象付ける内容になっている。やや長くなるが、ここで、労を厭わずその一部分を引用しておきたい。

グギは、あの二人のポーランド人（ジョセフ・コンラッドとジャコブ・ブロノフスキー、引用者注）と同じように、やはり言語に対する非凡な適性をもっている。それは、植民地の特権的な教育が、英国のものを含めて、最高の機関を彼が余すところなく利用することを可能にしてくれたことの賜物なのだ。

実のところ、私が彼を羨むのは次の点だ。グギの知的・倫理的教育は全てヨーロッパのパラダイムによって授けられたのに、彼はそれでいながらも母語でも同じ位滑らかに考え、また書くことができる。彼は、それが不可能でないことを証明している。だが、それは簡単なことじゃない。仮りに読者を私自身の母語の話者に限ったとしても、私にとってはこのコラムをルオ語で綴ることなど出来ない相談だ。

ブロノフスキーと同様、私は私の部族の坩堝からごく若い頃に根こぎにされ、生粋の文筆家になる地位を得るための訓練に身を投じたのだ。私の倫理的・知的な気質は、その時以来ヨーロッパの三段論法、寓意、それに慣用語法によって形作られてきた。こうして英語を最高水準に到るまで学ぶことが出来たのだから、私もグギも特権的な立場にいたわけだ。

最高の教育を受けた大概のケニア人は、やはり若い頃に離郷を迫られ（て修学した、引用者注）たのだから、本当の意味じゃ決して母語を完全に身につけてはいないし、英語を修得できたわけでもないのだ。

ケニアの「ドットコム世代」は、実用的になら英語も母語も話せはする。我々の子供たちは英語を知っていると胸を張っていて、日頃は英語だけで意思疎通を図るけれども、実のところその英語は何ともひどい代物なのだ。新聞編集者としていうが、博士号を受けた人たちの英語だって同じ位恐れ入ったものだ。それで、都会の「ドットコム世代」の者たちは、母語にしても本当にゃ何もわかっちゃいない。失語症というのは、彼らのためにこそある単語なのだよ。[Ochieng 2004]

頑固・硬骨で鳴る老批評家オチエンの筆は、たじろぐことなく、まっすぐに現実の言語状況を捉えて見据えている。そして、宮本が述べた通り、「アフリカ人作家は、アフリカに新しい国民国家をつくりあげたのと同じ歴史的プロセスの副産物だということ」を、自らの経験を反芻しつつ、それを同時代人であるグギの場合と比較して、今の時点であらためて確認させてくれるのである。

オチエンは、先の引用部分を受けて、次に、ウガンダのブケニャという英語教師が、東アフリカの高学歴層をかつて「イノレート」(inorate) と呼んだことに触れている。inorate とは、ラテン語で唇や口を意味する *“oralis”* という語に否定を示す英語の接頭辞 “in-” を組み合わせた、ブケニャ自身の造語で、illiterate とほぼ同意の語で、いわばその口語版というわけだ。痛烈に過ぎて自虐的でさえあるが、独立したサハラ以南のアフリカ国家では、これが一般的な言語環境の現実の一側面だと考えておく必要があるだろう。

4．スワヒリ語と東アフリカの可能性

しかしながら、独立直後の東アフリカ三国（ケニア、ウガンダ、タンガニーカ〔一九六四年にザンジバルと合邦してタ

ンザニアとなる）〕には、前項で問題としたものとは大きく異なる、（アフリカでは誠に希有な）別の可能性が存在していたと言える。そして、その特異な条件を歴史的に用意したのが、他でもないスワヒリ語なのである。

一九一四年に第一次世界大戦が始まると、東アフリカではドイツも英国もアフリカの人々を徴用し、共にスワヒリ語を軍隊の公用語として採用した。そして英国は、一九一八年に、それまでドイツ領であったタンガニーカを掌中に収めると、既に支配していたウガンダ、ケニア、ザンジバルと合わせて、東アフリカ全域の一体的な地域としての形成、或るいは統合に乗り出した。この時に、英国植民地政府が統合の強力な手段となる共通言語として選ぼうとしたのは英語ではなく、既にスワヒリ人のキャラバンによって各地にもたらされてこの地域の混合共通語（リンガ・フランカ）となっていた、スワヒリ語だった。この時の判断は、総合的な見地から、統治や教育の実質的な効果を最重視したものであった。

後にスワヒリ語と呼ばれるものが、元々、（ニジェール・コンゴ語派ニジェール・コルドファン語群の）バントゥ語系に属する、相互にきわめて親近性の高い多数の言語を母体に、アラビア語の幾つかの音韻と豊かな文化的な語彙が加わって多元的に同時発生した、ピジン的な起源をもつ東アフリカ海岸部の言語群であった。（特定の形容をしない）スワヒリ語とはそのゆるやかな総称であると、まず概念規定しておきたい。

スワヒリ語形成の母体となった言語の話者たちは、西アフリカのベヌエ川がカメルーン・ナイジェリア国境と交差する地帯（今日のガルーアの辺り）を原郷として、紀元前から南東方向へと移住を開始した人間集団（原バントゥ人）の子孫に当たる人々である。この移住者たちは、コンゴ（民主共和国）の熱帯雨林地帯を抜けてコンゴ南部に一旦定着した後、飛躍的に人口を増大させた。そしてその後、幾波もの移住集団をアフリカ大陸の東部から南部方面に逐次的に送り出し続け、一四世紀、ないしは一五世紀には、南アフリカ東側の最南端部（ナタール地方）にまで到達した。

こうして、アフリカ大陸の約三分の一を占める広大な地域に広く深く浸透して、その優越的な集団となった。

海岸部でアラブ人と出会ってスワヒリ語を形成したのは、数次の移住の波が及んだ地域の最北東部に位置する人々、つまり、ソマリアの最南部からケニアを経てタンザニアに到る、海岸部のバントゥ人諸派住民であった。しかしながら、彼らがアラブ人と接触してスワヒリ語を形成する過程を歴史的に厳密に跡づけることは、必ずしも容易ではない。また、本節の最優先の課題でもない。ここでは、以下の事柄を大雑把に確認しておけば足りるだろう。

マホメットの死（六三二年）から第四代カリフ、アリーの死（六六一年）までの三〇年間続いた正統カリフ時代にサラセン帝国を樹立し、さらに大征服へと乗り出して行ったアラビア人であったが、既にこの時代の後半から、イスラム教団内部の対立が表面化して政争が続くようになると、アラビア半島を逃れてアフリカ大陸東海岸やその沿岸島嶼部へと大挙して移住する人々が現れた。その内から黒人奴隷の貿易に手を初めて繁栄する者が現れて、七世紀の終わり頃からは、アラブ人の組織的な入植が島嶼部を中心に繰り返し実施された。

こうした相互交流の結果であろう、一〇世紀のアラブの文学作品には、既にバントゥ語と推定できる語彙が散見されるようになる。一三世紀初頭には、東アフリカ海岸部に三七のイスラム都市が生まれてイスラム化が進み、この世紀の半ばには、この地のイスラム商人がインド洋貿易を支配するようになる。一六世紀に、ポルトガルによる東アフリカへの侵略が始まると、アラビア半島から救援のためにサイード（宗教・教育上の指導者）が移住してきて、この家系が本格的なアラビア文芸をもこの地域にもたらした。やがて、スワヒリ化したアラビア文字による筆記作品（現存する最古の写本は、一七二八年の銘をもつ）が現れ、その後、現在に到るまで、様々なジャンルで活発な文芸が展開されてきた（宮本 1991: 188-195）。

間接統治という現実的な植民地政策をとっていた英国は、このような歴史的な厚みのある文字言語でもあったスワヒリ語を正当に評価し、東アフリカの植民地の統合と、それを下支えするための教育の有効な手段となし得る可能性をきちんと検討した。植民地政府も、また教育の実質的な担い手である諸々のミッショナリーも、植民者の言葉である英語を一方的に押しつけることは必ずしも適切でも得策でもない、と考えていたのである。

5. 標準スワヒリ語という造成語

しかしながら、植民地経営において所期の目的を達成するためには、少なくとも、まず新しい（アルファベットによる）正書法や文法などを整備してスワヒリ語の標準化を図ると共に、新しい時代の要請に応え得る新たな語彙を大量に造成する必要があった。さらには、それらを体系的に集約した辞書の刊行も急務となる。

東アフリカ属領植民地政府は、一九二五年にタンガニーカのダルエスサラームで全体の教育会議（Education Conference）を開いた。この会議で初めて、東アフリカ属領に学芸を興す方策としてスワヒリ語の標準化が推奨され、マダンの（スワヒリ語＝英語、英語＝スワヒリ語）辞書の改訂の必要性、及び新たな辞書の編纂の必要性が論じられた（Jhonson 1939a:vii）。

一九二八年には、（東アフリカ属領）領土間会議（Inter－Territorial Conference）がケニアのモンバサで開催され、標準スワヒリ語の基礎とするべき方言がどれであるべきかが論議された。（クラープフが属した）中央アフリカ大学連合（Universities' Mission to Central Africa）はタンガニーカのザンジバル方言を、一方、英国国教派のチャーチ・ミッショナリー協会（Church Missionary Society、CMS）はケニアのモンバサ方言を推したが[7]、結局、ザンジバル方言を採用することに決した（宮本 1991: 7）。

この決定を受けて、一九三〇年には、いよいよ（東アフリカ属領）領土間委員会（Inter-Territorial Committee）――

別称スワヒリ語委員会（Swahili Committee）――が開催された（Jhonson 1939a:vii）。同委員会は、ケニア、ウガンダ、タンガニーカ、ザンジバルから各々教育長官、他の官僚一名、民間人二名の代表が参加し、それに組織委員長（F・ジョンソン）を加えた総勢一七名で構成された。ここで注意しなければならないのは、当初は委員全員がヨーロッパ人で、アフリカ人が実質的に参画するのは一九四六年以降のことだった事実である（宮本 1991: 7）。

スワヒリ語標準化の主柱となる辞典編纂については、一九三〇年の領土間会議でも具体案の詳細が論じられている。だが、当時の東アフリカ属領で慢性化していた人手不足が災いして、予定されていた実務が開始されたのは一九三三年半ば以降であり、新しい『標準スワヒリ語英語辞典』と『標準英語スワヒリ語辞典』の刊行は、共に一九三九年を待たなければならなかった。その編纂には、クラープフの辞書（Krapf 1969［1882］）、マダンの辞書、それにスティアの著書――*The Handbook of the Kiswahili Language*, 1870 ――が主に参照された（Jhonson 1939a:vii-ix）。『標準英語スワヒリ語辞典』は、この三人に捧げられている。

しかし右の二つの基本的な辞典は、クラープフの三〇頁余の文法概略を付した充実した大冊の辞書が存在していたにもかかわらず、実際にはマダンの辞典を増補改訂する形で編纂されたのである。それは、他の二人のスワヒリ語辞典の編纂者とは異なって、クラープフが（スワヒリ語標準化の基準としてスワヒリ語委員会が採用した）ザンジバル方言ではなく、モンバサ方言に焦点を当てて研究していたからであった。

標準スワヒリ語は、母語としての海岸スワヒリ語（Coastal Swahili, *Kiswahili cha kipwani*）を幾つもの点で質的に変化させた。まず、正書法は、アラビア語を基本として発展した独自のものから、アルファベットへと一変した。音韻や語の意味内容だけでなく、文法にも（単純）現在形と現在進行形の分離、名詞と副詞の分離、名詞クラスの分類に基づく諸品詞の「一致」の貫徹などを初めとして、大きな改変が加えられたのである。

ただし、バントゥ諸語の著しい特徴は、名詞の多数のクラスと、そのクラスに応じた各品詞の一致（concordance）現象であるから、それゆえ一致の貫徹は、スワヒリ語のアフリカ化（非アラブ化）、ないしはバントゥ語化の努力と、一面では言えなくもない。しかしながら、大局的にみると、スワヒリ語委員会がめざしたのは、実際のスワヒリ語の自然言語としての発展の歴史過程に於ける変化に起因する、不規則的な要因の徹底した排除だったのであり、人工的な一致の貫徹の方針もそこに主眼があったと見るべきである。

ここで、ほとんど知られていない興味深い一例を挙げれば、海岸スワヒリ語がもっている——三上章が日本語に見出したものに誠によく似た——提題的な総主構文の排除がある。ここでは、簡単な一例を引いて、わかり易く説明しておきたい。「象は鼻が長い」は、海岸スワヒリ語なら“*Tembo mkonga wake* (*ni*) *mrefu.*”となる。*-refu*（長い）という形容詞は、*tembo*（象）ではなく*mkonga*（象の鼻）に一致して、*mrefu*という形をとっているのである。[8] *tembo*は、「象は」と、文全体の主題をまず提示していて、そこから徐に*mkonga*（〔象の〕鼻）へと話題が絞り込まれる。つまり*tembo*は述語（*ni*）*mrefu*の主語ではなく、文全体の提題的な「総主」だといえる。

しかし、標準スワヒリ語にはこの形の表現法はなく——言い換えれば誤用になってしまうので——似た意味をもつ“*mkono wa tembo ni mrefu.*”（象の鼻は長い）という、いかにも微妙なニュアンスの広がりに欠ける構文を用いるしかない——なお*mkono*は一般的には「腕」だが、ここでは「象の鼻」の意味で拡張的に用いられている。“*Tembo mkonga wake* (*ni*) *mrefu.*”では、*tembo*（象）の後に、俳句でいうような、心理的な「切れ」があって、話者はその効果のゆえにこの構文を選択したのだと考えればわかり易い。すると、一見なんでもないようなこの改変が、実は言語生活や文字に関して相当に深刻な意味をもつ事情が、日本人にもよく腑に落ちるはずだ（小馬 1979, 1980）。

しかしながら、海岸スワヒリ語（中でもザンジバル方言）の内容の簡略化と規則化を旨として人工的に作られている標準スワヒリ語は、一通りの規則さえ飲み込んでしまえば、あとは意外にわかり易い。だから、商業活動と（キリスト教の布教と一体化した）教育を通じて、海岸スワヒリ語を母語としない東アフリカの内陸部の人々の間にも（崩れた形ではあっても）よく浸透して行って、コンゴ南部にまで広がっていったのである。

この拡張過程で、標準スワヒリ語はバントゥ語系の諸言語と混合して行き、内陸スワヒリ語（Upcountry Swahili, Kiswahili cha kibara）と総称される、新たなピジン・スワヒリ語が幾通りも形成された。それらは、（スワヒリ語委員会の意図に反して）クラスの一致が貫徹されず、それどころか一致を丸ごと無視する話者も多いのだが、標準スワヒリ語の判り易さゆえの逆説的な意味での成功と、またその可塑的で強靱な生命力を証明してもいるとも言えよう。

ケニア、ウガンダ、タンガニーカ（一九六四年からはザンジバルと合邦して、タンザニア連邦共和国）の植民地時代、ならびに独立後、その各地域での標準スワヒリ語の扱いとその地位は、決して画一的なものではなく、むしろ三者三様だったといえる。それを――本稿の論旨を脇にそらさないために――思い切って最小限に要約して紹介すれば、ほぼ次のようになろう。

タンガニーカは、スワヒリ語委員会の方針に忠実に従い、独立後（のタンザニア）もその言語政策をすすんで受け継いでスワヒリ語の公用語化を徹底し、アフリカでは他に類をみないほどの国民統合を実現した。逆にウガンダでは、イスラム教と覇を競ったキリスト教ミッションが、ガンダ王国を初めとする四王国と連携して植民地政府の政策に異を唱えた結果、スワヒリ語が結局十分には普及しなかった。そして、ケニアは現実的で、エリートの言葉である英語を公用語として優先する一方、庶民の共通語として普及したスワヒリ語には、国語の地位を与えた（小馬 2004）。

6．ケニアと複数のスワヒリ語

標準スワヒリ語の受容に関して、東アフリカ三国でもタンザニアとウガンダは、その積極性と消極性において対極に位置すると言える。一見複雑に見えるウガンダの事情も、ガンダ王国と言語的にも近縁の近隣の諸王国など多数派の政治的な意図は、自らの伝統の矜持と、奴隷貿易の担い手だったスワヒリ人の言語への反発から、むしろ公用語としての英語を前面に押し出しつつ、ガンダ語（というバントゥ語系の固有語）の地位を高めようとした点で明快だ。他方、ケニアの事情は、その両極の中間に位置して、しかも複雑に屈折した現実主義的なものだった。

そのように一筋縄ではいかない錯綜した状況は、なによりも先づ、スワヒリ語委員会が標準化の基盤として選んだ方言がケニアのモンバサ方言（*Kimvita*）ではなく、タンザニアのザンジバル方言（*Kiunguja*）であったという一事に起因している。先にも述べたように、スワヒリ語委員会は、バントゥ諸語の特徴である名詞の多数のクラスに応じた各品詞の一致（concordance）の貫徹を、標準スワヒリ語に導入した。だが、この要素の導入の意図が、実際にバントゥ語化（アフリカ語化）にあったと単純に見なすことはできない。というのは、もしバントゥ語化がスワヒリ語普及の特に重大な要因だと本当に考えるのであれば、ザンジバル方言ではなく、むしろモンバサ方言を採用する方がずっと好都合だったからである。

東アフリカ海岸部の内でも、アラビア半島から最初に組織的な入植が行われた土地はパテ島（ケニア）で、紀元六八〇年のことだったと言われている。アラブ（＝スワヒリ）口承文芸が長く花開いていたそのパテ方言（*Kipate*）も、スワヒリ語の有力な一方言である。また、ラム、マリンディ、タンガなどの、アフリカ大陸の本土海岸かそれに近接した島嶼部の諸方言、ことにラム方言（*Kiam*）もまた有力で重要な方言として知られていた。これらの諸方言は、皆モンバサ方言に強く近似していて、バントゥ語の特色をよく保っているのである。

一方、ザンジバル方言は、アラブ、ペルシャ、ヒンディ、ポルトガルなどの諸言語からの影響に加えて、ドイツ語からの借用さえも見られた。ザンジバル方言は、この点で先述の諸方言から幾分隔たっていて、それゆえに、「愚かな」や「無知な」を意味する語根 *"-jinga"* をわざわざ強調した形容詞 *"kijingajinga"* を冠されて、先に挙げた諸方言の話者からは *"maneno ya kijingajinga"*（愚者の言葉）と呼ばれていた。「愚者」と呼ばれた人間のカテゴリーは、新たに各地からザンジバルに連れて来られた奴隷たちや、その他諸々の新来者たちである。スワヒリ語委員会がザンジバル方言を標準スワヒリ語の土台として選んだ判断には、この意味でも、やはり疑問が残る。むしろ、モンバサ方言の方がよりアフリカ的で、且つ一般性が高く、こちらの方が選ばれてしかるべきだったと言えるだろう。

こうした疑問は、数多くの著作を発表して、旺盛な文筆活動と言語政策の提言を続けている、ケニアのアリ・マズルイの主張にもよく反映されている。彼の多岐にわたる主張の一つの要点は、知的・科学技術的な従属状態とは主体性を奪われた言語的な従属に根ざすものであるから、英語の使用をやめて、その優位な地位をケニア在来の言語であるスワヒリ語に与えるべきだと言うことである。第二には、その場合のスワヒリ語は、ヨーロッパ人が改変した、しかも元は文芸を持たなかったザンジバル方言（標準スワヒリ語の母体、筆者注）ではなく、豊かな文芸の伝統を備えているモンバサ方言でなければならないと言う点にある。

アリ・マズルイは、モンバサ方言が、スワヒリ語委員会が設立された一九三〇年以前に、それ自体の力で内陸部に浸透してケニアのリンガ・フランカになっていたと強調する。一方ザンジバル方言は、スワヒリ商人とアラブ商人が、奴隷貿易の功利的な手段として内陸部のバントゥ語話者である取引相手との間で作り上げた、商取引用のピジン・スワヒリ語に起源があると述べている（Mazrui & Mazurui 1998、1999、Khalid 1978）。[9]

アリ・マズルイは、こうしたスワヒリ語の豊かな歴史的分岐を踏まえた見解を示して、西欧への従属がまず言語の次元で解消されるべきことを強調すると共に、スワヒリ語がアラブの言葉だとする一部のケニア人の「浅薄な説」に対する説得的な反論を試みている。

彼は、さらにこうも述べている。英語の八割以上の語彙がフランス語、ラテン語、ギリシャ語を初めとする諸外国語に由来しているが、スワヒリ語がアラビア語などから借用している率はずっと低い。だから、英語が英語的であるよりも、スワヒリ語はもっと自生的（ケニア的）である、と。

しかも、様々な借用語を取り入れて現代語に発展した（モンバサ方言に基づく）スワヒリ語も、将来は現在ほど自生的でなくなっていようが、それでも今も英語が英国で確かにそうであるのと同様に、ケニアにおいて自生的な言語たり得るのだ（Khalid 1978）。[10] こうアリ・マズルイは強調するのである。

アリ・マズルイは、現実の錯綜する問題を直視したうえで、複雑に絡まった結び目を柔軟に解きほぐして、実際的な提案をしている。この点で、彼はグギばかりでなく、アチェベたちとも異なる仕方で、国家と言語のあるべき関係という難問に切り込んでいると言える。その独自の特殊アフリカ的な発想を可能にしたのが、スワヒリ語という元々アフリカに自生した言語の確かな存在と、その存在意義の自然で建設的な解釈の仕方であった。

三、ケニアの学校教育と言語政策

もし仮りに、ケニアの独立（1963年12月）直後に言語政策が根本的に見直され、アリ・マズルイのような均衡の取れた具眼の士がそこ現れ、且つその提言が採用されていたとすれば、ケニアの今日の言語状況は大きく異なったものになっていたに違いない。

だが実際には、性急にパンアフリカニズムに呼応しながらも、標準スワヒリ語を墨守する捩じれた普遍主義と、旧宗主国に従属して英語を賞揚する植民地時代由来の現実主義とが、ケニアに残されていた言語的な自立への大切な鍵を見失わせてしまった。

それから十余年後にグギが唱え始める母語への回帰と固着は、一面では確かにアリ・マズルイと同じく、言語的な自立を梃子に知的・科学技術的な自立を達成しようとするものだった。だがそれは、現実には言語をめぐる対立を一層抽象的で、且つ深刻な方向へと引き裂いたのであり、ラディカルであるどころか、言語的なエスノ・ナショナリズムに固着して、むしろ否定的な役割を果たしてしまった一面があると思える。グギは、アチェベや他のアフリカ人作家たちがどんなに切望しても得られない、アフリカに自生したスワヒリ語という宝物の意味を軽視して、何故かその無限の可能性を見逃していて、今も省みようとはしないのだ。

一方、ショインカは、将来スワヒリ語をアフリカ統一のための言語的な基盤にすべきだと繰返し発言してきたが、この時彼の遠くを見るがごとき眼差しの裏には、東アフリカの言語的可能性に対する密かな羨望が、確かに混じっていたことであろう。それを思うと、先に紹介した、ショインカがノーベル文学賞受賞直後の会見でグギをわざわざ論難した出来事は、必ずしも突飛でもなければ、不可解でもない。本章の文脈をここまで辿って来れば、それが決して偏狭なライバル意識のなせる浅薄な所業でなかったことがよくわかるであろう。

本章では、こうした認識を背景にして、その後ケニアの教育現場で言語に何が起こったのかを、学生たちの側から記述しながら論じてゆく。

1. 憲法とスワヒリ語の地位

独立以来、二〇一〇年八月の新憲法公布まで長らく行われてきた旧憲法（the Consitution of Kenya）では、「国会での公用語はスワヒリ語と英語とし、国会の運営はこの二言語のいずれか、またはその双方で行われる」（第三章〔国会〕第一部第三四節第一項）と規定されていた。しかし、次の条文に見る通り、二つの言語の地位は完全に同等ではなかった。「（決議に付帯する覚書を含めて）国会の全ての議案、法令化される全ての決議、国会の決議による他の全ての立法とその提案、一切の財政上の決裁とその関連文書、および以上に関する全ての修正とその提案は、英語で書くものとする」（同第二項）。さらに、「国会の全ての議事録は、（決議に付帯する覚書を含めて）国会の全ての議案、法令化される全ての決議、国会の決議による他の全ての立法とその提案、一切の財政上の決裁とその関連文書、および以上に関する全ての修正とその提案、ならびに必要な場合は問題点の文章化も含めて、すべて英語で書くものとする」（同第三項）とされていた。いかにも混み入って煩瑣な法律の条文だが、要するに、スワヒリ語と英語は共に国会での公用語ではあっても、英語だけがその公用の文字言語になっていたのだ。

国会における地位は、実は、この二つの言語のケニアにおけるあらゆる場面での地位を象徴していた。要するに、ほとんどあらゆる文書が英語で書かれる一方、ケニア国内でいつどこで誰とでも会話するには、スワヒリ語力が不可欠なのが実情だったのである。ケニアでは、社会一般に、公用語（official language）は英語、国家語（ないしは国語、national language）はスワヒリ語という認識が成り立っているのは、このような意味においてである。

しかしながら、両言語はケニアの独立直後からこのような地位関係にあったわけではなかった。すなわち、スワヒリ語はもっと遙に影が薄かったのである。それを今も窺わせるのは、教育のある（特に高齢の）老人たちの多くが中年層よりもずっと英語がうまいのに、その彼らのスワヒリ語が実にぎこちないという事実である。

当時のそうした状況に危機感を抱いたケニアの初代大統領ジョモ・ケニヤッタは、一九六〇年代の終わりに、ケニア国民に向けてスワヒリ語りに誇りを持とうと呼びかけた。すると、社会的な地位の高い内陸部の人々から、アラブ人の所産であるスワヒリ語を学校で子弟に学ばせるのは時間の浪費だという声が上がり、スワヒリ語の地位をめぐる論争が沸き上がったのだった。

業を煮やしたケニヤッタは、一九七四年後半に開かれた政権党KANU（Kenya African National Union、ケニア・アフリカ人国民連合）の運営評議会の席上、全ての国会議員は国会の議論をスワヒリ語ですべしという指令を発した。「まだ機は熟していないとブツブツいう者があろうことは承知の上だ。くたばるがいい。英語抜きでやれそうもない輩は、さっさと荷物を纏めて立ち去ることだ」と言ってのけた、と伝えられている。

こうして、一九七四年一〇月三一日に、憲法第三章〔国会〕第一部第三四節第一項を、「スワヒリ語を国会の公用語とする」と修正する条項が国会を通過した。ただし、同項は一九七五年には、「スワヒリ語と英語を国会の公用語とする」と再度修正された。さらに、ケニヤッタが没し（て大統領ではなくなっ）た直後の一九七九年には、「英語を全文書の公用記録言語とする」という、同項の修正条項が国会で採択されたのである。

「御老体」（*mzee*）と愛称された「ケニア独立の父」、ジョモ・ケニヤッタは、パンアフリカニズムの旗手として高い理想と清廉さを自ら体現して世界から賞揚されたタンザニアのジュリアス・ニエレレ（愛称は「先生」〔*mwalimu*〕）の盟友であり、アフリカ統合の手始めとして、東アフリカを統合する夢を描いていた。ケニヤッタは、こうしてケニアにおけるスワヒリ語の第一の後ろ楯となった。ただし、ここでいうスワヒリ語とは、タンザニアと呼応する標準スワヒリ語だった。アフリカ社会主義を唱えながらも内実は新植民地主義者だと批判された彼の経済政策と同様に、その言語政策でも理想と現実の乖離に起因する奇妙な捩じれが存在することは明白だった。

ケニヤッタはバントゥ語系のギクユ（キクユ）人だったが、彼の跡を襲った二代目大統領ダニエル・アラップ・モイは南ナイル語系のカレンジン人（より厳密にはトゥゲン人）であり、ケニヤッタの死後、即座に「英語を全文書の公用記録言語とする」という、現実的な修正条項を通したのである。

なお、二〇一〇年のケニア新憲法では、ケニアの公用語はスワヒリ語と英語であり、全ての公式文書はその両語で記されなければならないと規定している。つまり、モイの施策を止めて、ケニヤッタが理想とした方式に復したことになる。また新憲法は、ケニア国民の言語的な多様性を尊重すると共に、スワヒリ語と他の土着の言語、手話、点字の使用と発展を促すことを謳っている。

2. 標準スワヒリ語と海岸方言

ケニアで母語として使用されている諸言語の系統を大別すると、話者数の多い方から順に、バントゥ語系、ナイル語系、クシュ語系、その他となる。なお、グリーンバーグの分類では、バントゥ語系の諸語（ギクユ語、ルイア語、カンバ語、メルー語、グシイ語、クリア語など）はニジェール・コルドファン語族ニジェール・コンゴ語派ベヌエ・コンゴ群に、ナイル語系（ルオ語、カレンジン語、マサイ語、トゥルカナ語、テソ語など）はナイル・サハラ語族シャリ・ナイル語派東スーダン語群に、またクシュ語系（ソマリ語、レンディーレ語、オロモ語など）はアフロ・アジア語族クシュ語派に属している（Greenberg 1966）。「その他」に分類される諸言語には、ウガンダ鉄道の建設労務者としてインドからやってきた人々の話す幾つかの母語や、アラビア語などの外国語がある。わかりやすく言えば、これら三つの大きなカテゴリーの内の一言語と、それとは別のカテゴリーに属する任意の言語との間には、少なくとも文法面では、たとえば日本語と英語ほどの隔絶があると言える。

スワヒリ語は、ケニアでは、インド洋岸に住む幾つかの小さな民族の言語以外の上記のどの言語系統の言葉を母語とする話者にとっても母語ではない。それは、小学校で習い始める新しい言語なのである。実は、海岸部でも、この事情はそれほど大きく変わらない。というのも、学校で教えられるのがスワヒリ語委員会が造成した人工的な標準スワヒリ語であって、母語であり自然言語である海岸スワヒリ語諸方言（Kiswahili cha kipwani）とはかなり大きく異なっているからだ。事実、小学校や中学校の全国一斉終了認定試験は、海岸スワヒリ語（諸方言）の話者にとって必ずしも有利な結果を示してはいない。

それどころか、海岸部にはこれら「二つのスワヒリ語」をめぐる、固有の複雑な問題が存在している。まず、それら二つのスワヒリ語の間で自然に起きてしまう混同の結果生じる「誤用」を防ぐことの難しさが挙げられる。ただし、むしろそれ以上に厄介なのは、深刻な心理的な葛藤が価値評価に絡んでくることだ。かなりよく似た二つの言語であるがゆえに、差異の認知は強い違和感をもたらし、えてして、その違和感には恥の感覚や、いわば「近親憎悪」に近い感情が伴いがちだ。そして、その屈折した恥の感覚や憎悪は、母語としての海岸スワヒリ語に向けられる場合もあれば、逆に押しつけられた標準スワヒリ語（諸方言）に向けられる場合もあって両義的だ。

ちなみ、これはあらゆる言語の、標準語と方言の間の、一般的関係にも当てはまる事柄である。日本の標準語と方言の歴史的な関係、ならびに自分自身、あるいは地方出身者の経験に照らしてみれば十分に想像がつくはずである（田中 1978: 31-65、1981: 108-128）。

ケニアの新聞各紙の投稿欄で時々蒸し返されてきた論争の一つのテーマに、小学校や中学校の全国一斉終了認定試験 KCPE（Kenya Cirtificate of Primary Education）の科目である標準スワヒリ語が、海岸スワヒリ語話者にとって有利か不利かというものがある。海岸部の読者からの投稿の多くは、海岸スワヒリ語の話者にはむしろ不利なのが実情であるから、この弊害を取り除くためにも、新標準スワヒリ語に代えて海岸スワヒリ語を試験科目に採用すべきだと主張している。

それをきっかけに白熱する論争は、大概、スワヒリ語の歴史に蘊蓄を傾けた煩瑣な議論、または感情論に陥りがちだ。しかし、事の要点は明快であろう。タンザニア（ことにその都市部）とは違って、ケニアには標準スワヒリ語を母語とする人々はどこに存在しない。したがって、母語でないこの言語の修得は、ケニア人の誰にもかなりの努力を強いる。また、ケニア海岸部のスワヒリ語の諸方言は、部族語として小学校で一年次から三年次まで教えられ、その成績判定は学校内の試験に委ねられる。この点は、他の部族語と事情が異ならない。したがって、海岸方言の話者は、価値評価をめぐる心理的な葛藤を強いられる面はあるにしても、格別不利な立場にいるわけではないのである。

問題の本質は、国民統合のために教えられる必修科目のスワヒリ語が、その生成と発展の鍵を隣国タンザニアの政府が完全に掌握しているスワヒリ語、つまり新標準スワヒリ語のままでいいのかという点にある。もしそれが不適切で、この観点から国内で話されている別のスワヒリ語による代替が求められるべきだとすれば、どの方言が最も適切なのか、またそれをどう標準化して、いかに現代の知的・科学技術的な水準に悖らない言語へと造成してゆけるのかが、より具体的に論議されなければならない、実際の課題なのである。しかし、そのような課題に一貫して真摯に取り組む気配は、微塵もない。

3．学校教育の言語

前項の問題を論じる場合、ケニアでは様々な言語がいかなる範疇に分類され、その各々がどのような取り扱いを受けているのか、まずその四つのあり方を確認しておかなければならない。

教育や立法・行政の次元でいえば、ケニアは公式に、①公用語（英語）、②国家語（スワヒリ語）、③土着語（スワヒリ語以外の土着の言語の中で、部族語として公認された四二の言語――公認されない土着語は方言扱い）、④外国語（①〜③以外の言語）の四つの範疇に言語を区分してきた。

①と②の国会での地位は、既に説明した。それらは、学校教育では、全国一斉に実施される小学校と中学校の修了認定免許試験（それぞれ、Kenya Cirtificate of Primary Education〔ＫＣＰＥ〕と、Kenya Cirtificate of Secondary Education〔ＫＣＳＥ〕）の必須科目に指定されている。③は、人々に文化的アイデンティティを与える言語として一定の地位を与えられ、先に述べたように、小学校の導入教育（三年次まで）にも一括して取り入れられている。

④の外国語の内で、ＫＣＳＥの試験科目に採用されてきた外国語は、フランス語、ドイツ語、ならびにアラビア語の３言語だけである。なお、これら①〜④は公式の分類用語だが、本章の焦点となるシェン語は、無視されていて、そのいずれにも分類されておらず、公式には全くどこにも存在していない（いや、存在してはならない！）未公認の、まさしくストリートの言語ということになる。

公教育における言語政策の根幹を策定して政府に勧告したり答申する任務は、ケニア教育委員会（Kenya Education Commission）が担っている。ケニア独立以来、同委員会は、『オミンデ報告』（1964）、『グチャディ報告』（1972－1973）、『ンデグワ報告』（1976）、『マッケイ報告』（1981－1982）、『カムンゲ報告』（1986）、ならびに『コエッチ報告』（1998－1999）と通称される、六つの『ケニア教育委員会報告』（Kenya Education Commission Report）をこれまでに作製して、政府に提出している。

この中でも、ケニアの言語教育を大きく方向付けたのが、『オミンデ報告』（Ominde Report）である。同報告は、ケニア植民地の経営が万般英語でなされ、文明化とその方途としての英語の読み書き能力の涵養が鼓吹されてきた歴史的な事実を受けて、小学校一年次から、英語を教育言語として一貫して汎用することを勧めている。

その根拠としては、(i)土着言語では不可能な、言語と書記能力の体系的な上達が見込める、(ii)それゆえ、全教科のより迅速な上達が可能になる、(iii)最初の三年間に形作られる基礎学力をこうしてより科学的に言語表現できるようになるので、この学年の教育を土着言語で実施していた植民地時代に比べて、後続の教育全体の一層確かな基礎を築くことができる、(iv)第四年次に、土着語から英語へと教育言語を移行させる際に困難が伴わない、(v)その結果として十分に身につく言語能力のゆえに、初等教育修了後の教育の質を改善できる、という諸点を挙げる。

他方『オミンデ報告』は、スワヒリ語については、国民の統合と平等に資するアフリカ的な補助伝達手段としてのみならず、国際的な意思疎通を滑らかに助長する手段であるという見地からも、その全般的な普及を求めている。ただし、小学校一年次からスワヒリ語を教えるとするものの、英語とは異なり、(ヒンディー語やウルドゥ語など、筆者注)アジアの言語や非バントゥ諸語の盛んな地域では三年次まで導入を延期して、六・七年次になって初めて全国共通のシラバスを用いるとした。その理由として、英語とスワヒリ語という全く新しい言語を二つ同時に修得する重荷を幼い生徒が負うことを回避すべきことを挙げている。

また、ナイロビ単科大学(Nairobi University College、ナイロビ大学の前身)にスワヒリ語学部を置いて、国家語への発展を促すように求めている。しかしながら、無条件の必須科目としてその早期教育の必要を強調する英語との差別化は、それでもなお明白であろう。

また『オミンデ報告』が、土着語による教育を小学校一~三年次に限ったのは、その「土台を突き崩す」ためではない。土着語は「家郷での意思疎通」に不可欠だから、土着語での民話の朗読を小学校一~三年次に導入するとした。

当時のケニア政府は、『オミンデ報告』を受諾して言語教育の基本方針に据えた。

かくして、土着語教育普及のための小学校一～三年次用の、ごくごく薄手の読本である「我等が言葉を読もう」（*Tusome Lugha Yetu*）シリーズが、ケニア教育研究所（Kenya Institute of Education）から一四の部族語で刊行された。しかし、同シリーズ刊行計画は、暫くすると資金不足を理由に挙げて、間もなく頓挫してしまった。こうした英語に特権性を与え、結局スワヒリ語と土着語を軽視するケニアの現実主義は、先に触れておいたように、後にケニヤッタ大統領が猛烈な反撃に出るまで、植民地期と同様に教育現場を強く支配していて、むしろ増幅されてきたのである。

4．シェン語と恥――苛めの論理と心理

ところで、ケニアの中学校には、悪名高い「モノ苛め」がある――モノ（*mono*）はシェン語で一年生の意味。国立、州立、県立など、都市部出身者が多い寄宿制の中学校では、その孤立した独特の孤独な環境と新入生を苛めるケニア全体の学校（生徒）文化の伝統、つまり「モノ苛め」が複合して、シェン語を知らない田舎者の新入生の寮生活は、特別に苛烈なものになりがちである（小馬 2009C：2019）。

さてここで、ボメット県南部の草深い片田舎の（ハランベー）小学校から、キプシギスの土地の古くからの中心地であるケリチョ県の県都ケリチョに程近い州立カビアンガ高校（名称は高校でも、当時高校はケニアの八・四・四制教育では存在せず、実態は中学校）へ進学した、ポール・キルイ（仮名、一九八八年生まれ）の例を引いてみよう。ケリチョ県は、ブルックボンド（後にユニリバーに改称）を初めとする、幾つかの国際資本によって宏壮な茶園が植民地期に開かれ、ケニアの主力輸出産品である茶の同国第一の産地となった豊かな県である。

ケニアの中等学校は、割り当て入学制を採っている。当時、県立中学の場合、生徒の八五パーセントを県内から選

ばなければならなかった。その結果、学生のほとんどが同じ母語話者ということになる。だが、進学が難しい州立中学校の場合は、生徒には様々な母語話者が入り交じる。しかも教育環境の圧倒的な格差のゆえに、都市出身者か都市部の寄宿制小学校卒業者が生徒の大半を占め、彼らは日常生活でシェン語に深く馴染んで育っている。こうした背景から、州立中学校では、生徒たちは、教室外ではシェン語を第一言語として常用する日常生活を送っている。そこで、ポールのような田舎出の新入生は、入学早々、手ひどい文化衝撃を受けることになるのである。

ポールは、シェン語を全く解さないがゆえに、生粋の *ushagoo* または *shaggs*（田舎）育ちで、まだ *chanuka* していない奴だと蔑まれた。後に彼が *chanuka* の語意を尋ねると、ニュアンスは伝え難いと馬鹿にされたが、仲間の一人はスワヒリ語で「光を見ること」（*kuona mwangaza*）、つまり「（文明）開化」だと答えた。

学生食堂では、給食係のシェン語がわからず、副食を貰えなかったばかりか、万座の中で笑い物にされた。ポールは、一学期は、他の何をおいてもまずシェン語を覚えることに全力を集中した。熱心に助けてくれたのは、郷里の近くから来ていたキプシギス人の上級生たちである。覚えたのは、最初が挨拶言葉、次いで学校生活の諸場面や貨幣（＝数）の単位などに関する様々な単語だった。それらは大概、スワヒリ語か英語を崩してシェン語独特の訛りを与えた類の語で、文法は概ねスワヒリ語に則ればよかった。

シェン語がちゃんと話せる生徒は上等な存在だと見做されるので、シェン語は、その話者たちを結び付けて、同胞意識を育んでもいた。そのうえ、シェン語を流暢に話せば、田舎育ちの生い立ちをほぼ隠せる。それゆえに、それに通じるようになると、シェン語は、ポールが入学以来募らせていた孤独感と劣等感を徐々に和らげてくれた。

さらにシェン語の内面化が進んで、シェン語の表現が自ずと発話中に混じり出すと、彼はこの言葉が今や自我の一部だとさえ感じられるようになった。長期休暇中に田舎に帰って、他の都会の中学校に進学した同級生と会うとシェン語で話すようになり、それが往々周囲の人々に疎外感を与える結果になっていることにも気付いた。こうしたポールの経験は、ごく平均的なものだ。中学生活で、このように、シェン語が生徒の内面を一変させるのである。

注目に値するのは、割り当て入学制度は地域を超えた人々の交流を阻害する要因なのだが、一方、この制度が結果的にその普及を促しているシェン語が、図らずも民族（部族）を超えた学生文化を育んでいるという事実である。その力は、県立よりも州立、国立と、生徒の出自が多様な構成を見せる有力校になればなるほど強くなる。その結果として、本来ストリート言語であったシェン語が、皮肉にもエリート性を帯びることにもなったのだ。

大学では、国立中学校と同じく、割り当て入学制度は適用されず、学生は到る所で全国規模で自由に入り交じることになる。すなわち、ベネディクト・アンダーソンがいう「幻想の共同体」が育まれる可能性が、ケニア独立以来のこのような学校制度の発展を通じて用意されていて、その背景をなす学生文化の中核に、学生の共通語としてのシェン語が位置しているのである。

ゲルナーは、工業社会の発展して流動し続ける分業体制が、変化に柔軟に対応できる包括的な訓練ができる規格化された読み書き能力を国家規模の学校教育で築くことを不可避にし、それが国民国家（＝民族国家、nation state）に平等な性格を与えたのだと述べている。そして、職業と地位や役割が相対化され、任意に選択される近代社会では、そうした教育とコミュニケーション能力が鍵となる高次の国家次元の文化が雇用と安全の礎であり、また個人的なアイデンティティの核にもなるという（ゲルナー 2000）。

すると、ケニアでは学生たちの全国的なコミュニケーション・ツールとなっているシェン語には、学校教育のそうした現代的な機能を補完する一側面が存在していることになる。その事実を、ここで冷静に確認し、正しく評価しておかなければならないだろう。

四、スワヒリ語とシェン語の未来

前章で明らかにした、学生たちの全国的な意志疎通手段としてのシェン語の性格を一層に強化して、若年世代に職業や階層を横断して交流する力を与えたのは、一九九〇年代半ばから勃興したサブカルチュア、中でも（レゲエとラップも含めた）ヒップ・ホップ系の音楽だった。その登場は、やがてシェン語話者の内部に存在していた階層的な対立をも止揚する力となって行くのである。

1．ポップ文化とシェン語

スワヒリ語で *mameno ya mtaa*、すなわち「街の言葉」、あるいは「ストリートの言葉」と呼ばれるシェン語は、一九六〇年代末（Moga Fee 1995: preface）、または一九七〇年代初めに（Mbaabu Ireri 2003a: i）、ナイロビのイーストランズ、より正確にはそのカロレニ地区（Kaloleni estate）で生まれたと考えられている。

しかし、シェン語という名称は、恐らく一九八四年までは無かった。例えば、同年一月六日の『日刊ネーション』紙特集記事（Ricard 1984）が、管見の限りでは、シェン語が将来国家語に育ち得る可能性を最初に指摘した記事だが、まだシェン語は「ナイロビ雑種」（Nairobi Mixed）や「ナイロビ型スワヒリ語」（Nairobi form of Swahili）と呼ばれている。同紙の同月三〇日の「特別寄稿者」という匿名の長文の反論記事でも、「スワヒリ語ナイロビ方言」（Nairobi Kiswahili dialect）の語が使われている。そして、これも管見の限りでは、シェン語（Sheng）という語が新聞紙上に初めて登場するのは、シェン語の表現力の豊かさに注目した、同紙一九八四年三月一四日の特集記事（Gicheru Gachuhi 1984）である。

当時、投書の内容は、大方シェン語に批判的なものばかりだった。ところが、一九八〇年代の終わり頃には、スワヒリ語は学校での試験用の言語でしかないから、学校を終えれば皆がシェン語というストリート言語に戻るのだとか(Standard, January 4, 1988)、シェン語は「部族主義を超越するコミュニケーションの媒体だ」(Daily Nation, Feburuary 4, 1988) という、若い世代からの積極的で肯定的な投書が次第に増えている。

最後に掲げた投書には、「今やシェン語を話すのは社会的な落伍者、フーリガン、薬常習者だけではない」という、注目すべき発言もある。というのは、シェン語には、(本書第1章で触れておいたように) 地域方言とも社会方言ともいえる、もう一つのナイロビ内バージョンがあるからだ。それは、エンシュ語 (Engsh) ――またはイングリッシュ語 (Mbaabu Ireri 2003a: ii－iii, *et. al.*) ――と呼ばれている (Abdulazis & Osinde 1997: 62)。これは、ナイロビ都心を挟んで (カヨレ・エステートなどから成る) イーストランズに対峙し、ケニア人エリートや外国人亡命者などが主に住んでいるウエストランズで生まれた言語で、ウエストランズの若者たちの「見せびらかし文化」が生んだ自己同定の標識 (identity marker) だと言える。

その名称がShengの音位転移形であるように、文法は英語に準じていてスワヒリ語から単語を借用するという、シェン語の裏返しか鏡像のごとき構造をもっている。こうしてシェン語から差異化を図っているのだが、シェン語の対抗的な一変異と見るのがむしろ妥当だろう (小馬 2005: 4)。先の投書は、そうしたエンシュ語的価値観がシェン語的価値観の本流へと統合される前兆ともいえるような、実に興味深い内容をもつ点で重要である。

複数政党制への復帰を求める運動は、自由な政治の手段としての放送の自由を求める運動でもあった。一九九一年年末の複数政党制への復帰と軌を一にして、ＦＭ波が民間に開放されると、ＦＭラジオ局がナイロビを中心に俄に簇生して盛んに競い合うようになった。そして間もなく、アメリカのポップ文化の圧倒的な影響の下でケニアの音楽シーンが一変して、タンザニアやウガンダとは明確に異なる伝統を築いて行くのである。

一九六〇年代からケニアの音楽を席捲してきたコンゴのリンガラ音楽、伝統的なケニアのベンガやトゥイスト、それにイスラム音楽の流れの中にある（やはり伝統的な）ターラーブなどが一斉に後景に退いて、ラップ、レゲエ、ヒップホップ（便宜上、以上三つのジャンルを以後ヒップホップと総称する）が電波を独占するようになった——特に、ナイロビに於いては著しく。

このケニアのヒップホップ音楽で活躍をほぼ独占したのが、かつてのストリート・チルドレンたちだった。彼らは、英語もスワヒリ語もよく知らないので、彼ら自身の第一言語であるシェン語で歌った。それが、アフリカン・アメリカンの英語、即ちアメリカのストリート英語のキッチュな感覚といかにもうまく噛み合って、瞬く間に若者たちの心を掴んだ。ラジオやテレビに頻繁に登場する、彼ら元ストリート・チルドレンたちは、一躍有名人（ケニアなりの「セレブ」）となり、各局間の競合関係の中で、かなりの纏まった額の現金も手にするようになった。

この現象を後押ししたのは、英字新聞各紙が週に幾度も付録にする「マガジン」（pullout）であり、それらは音楽情報、アイドルのサクセス・ストーリー、ゴシップを頻繁に取り上げる。そのユーモア・コラムや漫画には新旧のシェン語が溢れていて、田舎の若者にとっての「シェン語の教科書」として広く人気を博している。

『金曜スタンダード』紙の付録マガジン『パルス』は、当時次のように主張した。「『パルス』は、昨年（二〇〇三年）一二月に遡って、我々のセレブたちに全面的に焦点を当てた最初のマガジン」なのだが、「すぐに他三紙が追随するようになった」（Friday Standard. September 10. 2004）と。今や、それらのマガジンは、日本の週刊誌ばりの「有名人文化」を作り上げ、若者たちの間で絶大な人気を誇っている。

さらに、今や各放送局のアナウンサーやディスクジョッキーは、英語とスワヒリ語ばかりでなく、シェン語も話せないと務まらないとされるようになった。そして、政治家たちも、キャンペーンにヒット曲のシェン語フレーズを巧みに取り入れて、若者の心を掴もうと、それ以来工夫を凝らしているのである（小馬 2005: 6）。

このような大きな流れの変化の中で、シェン語話者的な価値観は、エンシュ語話者的な価値観を包摂し、また学生文化とも統合されて、ケニアの現代の若者文化のいわば屋台骨をなすようになったのであった。

2．ケニアのスワヒリ語に未来はあるか

前節で描いたような状況は、一方で、ケニアの言語教育に深刻な問題を生むことにもなった。小中学生の英語とスワヒリ語、ことにスワヒリ語の試験成績が年々目に見えて低落して行ったのである。しかも、都市のエリート校ほど落ち込みが酷く、むしろ田園地帯の名もない小さな学校の方が良い成績を収めるようになった。この統計的な事実は、都市部の若者の第一言語がシェン語化していて、スワヒリ語や英語と入り交じり、その結果、シェン語の話者である学生たちには、スワヒリ語や英語とシェン語を一体どう区別していいのか、よく分からなくなっている状況を如実に表している。先に例示したポール・キルイのカビアンガ高校での経験を参照すれば、有名校でスワヒリ語（や英語）の成績が落ちている事情は、既に明かになっているだろう。

政府や教育者は、こうした国民大の言語の混乱状況を招いた元凶として、マスコミを繰り返し攻撃して止まない。例えば、ナイロビ大学大学院社会文化開発研究学科長のシテミ教授は、二〇〇四年八月にナイロビのフェア・ヴュー・ホテルで開かれた「電子技術二〇〇四」セミナーで、マスコミが正規の言語の犠牲の下にシェン語を賞揚し続けていると非難した。「シェン語はケニアで受け入れられてきたが、英語やスワヒリ語を学ぶ大学生さえも挫折させつつ」ある。「私たちの学生は、公式のスワヒリ語や英語を件の非公式の言語と区別するのに苦労しているが、メ

ディアがこの種の捩じれに貢献しているのだと」（Daily Nation, August 17, 2004）。

この点で興味深いのは、タンザニアのスワヒリ語研究者がシェン語の利点を認めて、シェン語の研究に着手したことである。タンザニアは、ダルエスサラーム大学内に設置されて、英国植民地時代のスワヒリ語委員会（間領土言語委員会）の役割を継承し、発展させたスワヒリ語研究所（Institute of Kiswahili Reserch、*Taasisi ya Uchunguzi wa Kiswahili*、TUKI）、ならびにその活動を支援する国家スワヒリ語評議会（National Kiswahili Council、*Baraza la Kiswahili la Taifa*, BAKITA）という二つの機関を柱とする強力な支援体制で、現代の知的・科学技術的な諸々の要請に堪える言語として、造成スワヒリ語（Kiswahili sanifu、本書では新標準スワヒリ語と意訳）の形成とその普及に邁進してきた。

そして、今やスワヒリ語は、全くタンザニアの言葉であると国際的に受け取られるほど、この両機関のヘゲモニーは圧倒的なものになっている。そのスワヒリ語研究所は、シェン語にも注目して現地研究を進め、その自在な生命力と軽妙な造語力を評価して、新標準スワヒリ語の発展に生かそうとする、積極的で建設的な姿勢を示し始めている（Mbaabu & Ireri 2003a: i-ii, xii-xiv）。

一方、これとは対照的に、ケニアでは国家的な言語政策も今や益々曖昧になっていて、言語学者やスワヒリ語学者、ならびに行政官や教育関係者の間には、シェン語を評価する積極的な姿勢が少しも見られない。

では、先に取り上げた政治学者アリ・マズルイはどうだろうか。彼は二〇〇三年半ばにも、以前の通り、スワヒリ語こそがケニアの全ての部族にアイデンティティを与えて統合できるトゥールとなれる言語だと述べている。そして、（当時策定の準備作業に入っていた）新憲法は（タンザニアのように〔筆者注〕）スワヒリ語訳されるべきだとしている。

だがその一方では、一九七〇年代後半以来スワヒリ語を無視してきたのでケニアのアイデンティティが失われてしまったと嘆き、こうも言っている。「スワヒリ語は、時を追って重要性を減らし続けている。数年の内に誰も彼もスワヒリ語をすっかり忘れ果ててしまうのではないか」（*East African Standard*, August 23, 2001）。残念ながら、彼の眼差しは後を向いて地に伏し、もう前を向いていないように思われる。

おわりに

確かに、ケニア独立直後とは違い、今やモンバサ方言を下敷としてケニア人に親しみ易い独自のスワヒリ語を造成して、ケニアの統合を図る好機は遠く過ぎ去ってしまい、その可能性はすっかり萎んでしまったと言えよう。この点では、マズルイは正しい。

しかしながら、マズルイは、一九七〇年代中盤にグギ・ワ・ディオンゴがスワヒリ語の（まさにマズルイがそのアフリカ的な属性を高く評価する）モンバサ方言の無限の可能性に目を瞑って、母語である民族語（ギクユ語）への回帰に固着したのと同じ過ちを犯そうとしているように見える。一九六〇年前半にモンバサ方言がもっていたのに匹敵する可能性を秘めたもう一つのスワヒリ語が、今まさに彼の眼前に存在し、（本書が指し示して見せたように）しかも若者たちの心を捉えて躍動し、発表し続けているというのに。それは、言うまでもなく、シェン語である。

それにも関わらず、今やモンバサとその周囲の人々の母語へと小さく萎縮したモンバサ・スワヒリ語に固執し続けるのは、英明な社会科学者たるマズルイの取り返しのつかないほどに退嬰的な姿勢ではないだろうか。

ただし、諦めるには及ばない。筆者は、グローバル化の最中にあるケニアの国民統合を考える時、ストリート・スワヒリ語であるシェン語の旺盛な生命力に強く心惹かれ続けている。
仮にもフィールドワークに強い信を置き、先ず眼前の対象を正確に記述することから研究を始めて行く（社会）人類学者であれば、誰もその躍動し続ける姿とそれゆえの可能性から、片時も目が放せないのである。

注

（1）初代ジョモ・ケニヤッタが没した一九七八年末以来大統領の座にあったダニエル・アラップ・モイは、二〇〇二年末の大統領選挙には出馬せず、ジョモの息子ウフルを候補に立てた。しかし、野党国民虹の連合（National Alliance of Rainbow Coalition, NARC）の統一候補であるムワイ・キバキが勝利して、国民の待望久しかった政権交代が漸く実現した。

（2）英語以外では、ギクユ（キクユ）語、ルオ語からの借用語が最も多く、ルイア語とカンバ語がこれに次ぐ。これらの大民族は、いずれも農耕を生業とし、早い時期からナイロビに出稼ぎに出て来ており、その内の多くの者が下町やスラムに住み着いてきた。

（3）ケニアは、独立以来七・四・二・三制を採ってきた。だが、ＩＬＯなどの勧告を受けて、一九八五年度から、職業訓練を組み込んだ各段階完結型の八・四・四制に切り換えた。この思い切った学制改革は、アフリカでも例外的な事例となった（小馬 1992）。

（4）シェン語の言語内現実については、次の資料を参照して欲しい――（Abudulazis & Osinde 1997, Mbaabu & Nzunga 2003a, Ngithi 2002、小馬 2005）。

（5）nationには日本語の一語による定訳がなく、適宜「国民」と「民族」を使い分けてきたが、その対応関係には固有の厄介な問題がある（小馬 2002: 101-107）。

（6）アチェベの『部族崩壊』は、刊行から一〇年間で三〇万部売れたという〔宮本 1991: 230〕。

（7）中央アフリカ大学連合は、ガンダ王国などと手を結んでスワヒリ語をウガンダの公用語とすることに反対した。すると、最初から事の帰趨は既にほぼ見えていたといえよう。

（8）ただし、"*Tembo mkonga wake (ni) mrefu.*" の文では、*-refu* が *mkonga* と一致する場合にも、同じく *mrefu* の形をとるので注意がいる。ここでは、三上章の「象は鼻が長い」に照応させるために、あえて "*Tembo mkonga wake (ni) mrefu.*" を例として選んだ。上の点で混乱を避けるには、むしろ "*Twiga miguu yake ya mbele mirefu zaidi.*"（キリンは前足が長い）などの方が適切な例文だっただろう。この場合、*-refu* は *twiga*（キリン）に一致して *mrefu* とはならず、*miguu*（脚）に一致して *mirefu* となるからである。

（9）アリ・マズルイは、以前はアブドゥラ・ハリドの筆名を使っていた。

（10）注（9）に同じ。

第3章　隠語からプロパガンダ言語へ

――シェン語のストリート性とその発展的変成

はじめに

ケニアでは、首都ナイロビで一九七〇年前後までには成立し、一九八〇年代にはシェン語（Sheng）の名前で一般的に知られるようになり、ここ三〇～四〇年ほどの内に急速に若年層に普及した都市混成言語が益々盛んに話されている。そしてそのシェン語は、今やナイロビのみならず、都市部を中心にケニア全国の若者の間で圧倒的に支持される第一言語に確実に育ちつつある。

しかしながら、ケニア各地の農業地帯から下級の労働者として首都ナイロビに流れ込んできた様々な民族（部族）の出身者たちが、東アフリカのリンガ・フランカ（混成共通語）であるスワヒリ語を軸に、なんとか意思疎通を図ろうとして生まれたシェン語は、絶えず一直線に上昇し続けて今日の隆盛を迎えたわけではない。特に、二〇〇〇年代の後半には、一時その将来性に陰りが見られる、一種のスランプ期を迎えていたのである。

この第3章では、ストリート言語としてのシェン語のその停滞期における質的な変成、ないしは社会機能の変質に焦点を当て、やがて暫くの雌伏から再び新たな発展へと向かう過程を、「隠語からプロパガンダ言語への変成」という見通しの下に論じる。

一、隠語からアイデンティティ・マーカーへ

シェン語は、ケニア独立（一九六三）後間もなく大挙してナイロビに流れ込んできた多くの民族（部族）の雑多な人々が入り交じって住むようになる、ナイロビの庶民の街区（居住エステート）で生まれた。植民地時代以来東アフリカで広く用いられていた内陸スワヒリ語を母胎に、英語ならびにケニア諸民族語の語彙を吸収して形成されたこの言語は、当初、一面ではナイロビの乗合自動車従業員（や、一説ではストリート・チルドレン）のアイデンティティ・マーカーとなり、隠語的な性格を強くもっていたとされている。

1．二〇〇七年という分水嶺

やがてシェン語は、対抗的な社会上層部の方言（エンシュ語）を生み出し、その後、今度は学生たちのアイデンティティ・マーカーとしても独自の発展を見せた。そして、一九九〇年代初めにFM波が自由化されてFM局が次々に開局されるようになると、この言語を「自分自身のアクセント」としてすすんで汎用するアナウンサーやディスクジョッキーが次々に登場し、彼らに若者の人気が集中した。彼らの天衣無縫な、そして機知に富むシェン語が全国の若者たちの心を鷲掴みにしたがゆえに、今度は民主化を目指す政治的なキャンペーンや、エイズ撲滅キャンペーンの

ための、いわば「専用言語」にも選ばれて、二〇〇七年前半までは爆発的とも言うべき勢いで発展を見た。

しかしながら、ケニア政府は、本書第2章で触れたように、シェン語を小中学校における言語教育、特に英語とスワヒリ語の教育上の最大の脅威と見做して、学校での使用の禁止を求めて再三厳しい警告を発しても来たのだった。そして、二〇〇七年後半になると、ついに非公式ながら介入を一気に強め、シェン語の発展を抑止しようと画策したと言われている——ただし、その背景には、シェン語発展の主たる推進力であった学生たちをめぐる社会環境全般のより大きな変化という異なる要因も存在していた。

だがその当時、政府のそうした表裏を問わない執拗な抑圧政策によって、シェン語が発展の命脈を絶たれたわけでは決してなかった。当時、ケニアもグローバリズムの大波に洗われていた。半官半民の公社を含めたケニアの有力企業は、こぞって大々的な拡販キャンペーンに打って出、熾烈な自由競争を繰り広げていたのである。そのPR戦略においては、シェン語のキャッチフレーズがいよいよ多用される傾向が強まり、少なくともこの面では、実用性をむしろ急速に高めていたと言ってよい。

本章では、まずシェン語の「ストリートの言語」としての特性とその生成過程を再度簡単に概観したうえで、新聞広告上のシェン語の諸々のキャッチフレーズの実例を参照しながら、この言語のストリート性の急激な変質とその社会的な意味を、一つの事例分析を通じて、具体的に明らかにして行く。

2．階層的アイデンティティ・マーカーへ

ケニアの人々は、スワヒリ語で、シェン語を「ストリートの言語」(*lugha ya mtaa*) と呼ぶ。この呼び名は、庶民がコミュニケーションの必要に迫られて、日々の暮らしの中でいつの間にか創り出した混成言語という、シェン語の由

来を的確に映している。と言うのも、シェン語は、一九六三年一二月末のケニア独立以来（それまではアフリカ人の居住が厳しく制限されていた）首都ナイロビへと農村部の各地から人々が大挙して流れ込んだ結果として忽ちの内に現出した、沸き返るような多言語・多文化状況の中で、ピジン的な内陸スワヒリ語（Upcountry Swahili）を中核として自然発生的に生まれた、まさしく下町住まいの民衆の暮らしのための言語だからである（小馬 2004b: 127）。

ところで、ナイロビの庶民たちの間では、シェン語はストリート・チルドレンの仲間言葉であって、一種の隠語（argot）として形成されたのだという見方が根強い（Moga 1995a、1995b）。

ケニア独立後、首都ナイロビは農村部から押し寄せる雑多な移民を飲み込んで、年々急激な膨張を遂げ続けた。その活気溢れる混沌たる生活環境の中で、何らかの理由で親の保護を失って顧みられず、生きてゆくために社会規範を逸脱する必要に迫られた子供たちが少なからず生まれた。彼らは、身近な者たちにも隠した意図を気取られにくい、仲間内だけで密かに通用する独特の符牒を創りだすことによって巧妙に独自の秘密を守り、一般市民や警察の追求の手を逃れようとした。こうした目的で、単語内部の音の倒置（inversion）や民族語からの単語の借用などを手始めとする様々な工夫がなされ、やがて仲間同士だけに通じる隠語の形成へと発展した。それが、シェン語の（一つの）有力な源流だというのである。庶民の暮らしに欠かせない卑近な食べ物やその小さな断片を指す単語、あるいはそれらの食べ物を「集める」や「盗む」などの行為をあれこれ巧く言い換えた単語がシェン語に多い事実が、その証左として挙げられている（小馬 2004b: 130）。

このような見方とも部分的にかなりよく重なり合うものの、やや趣を異にする別の起源説がある。それは、本書第2章で述べたように、（ことに都市部で）庶民の足として欠かせない乗合自動車（*matatu*）産業の関係者たちの脱法的な色合いの強い隠語が、シェン語生成の母胎であるとする見方である。

公共交通機関が今でも酷く未整備なケニアの都市では、通勤を初めとする移動・旅行の手段は、大型バスとともに（あるいはそれ以上に大きく）小型の乗合自動車に依存している。庶民の足である乗合自動車の営業関係者、中でも運転手や、自ら買って出た運転手見習いでマナンバ（員数、*mamba*）と呼ばれる、客引き兼ターンボーイ兼車掌役の若者たちは、大概ナイロビ郊外のスラム地区に住み、元はストリート・チルドレンであった者も少なくない。そうでなくとも、マタトゥと呼ばれる乗合自動車は、車体をけばけばしくペンキ絵で飾りたて、所構わず客を拾っては下ろし、大音響のヒップホップ音楽を沿道に垂れ流しながら猛スピードで走り、抜きつ抜かれつしながら客を奪い合う。時には、不当な料金を客に強要することもある。警察は、そうした乗合自動車の関係者たちを、交通規則と公共秩序を攪乱させる或る種のならず者たちと見て、目の仇にしていて、その取締りに日夜精を出してきた。

もっとも、ケニア人には公然の秘密になっている周知の裏事情がある。街角のそこここで見られる乗合自動車の頻繁な検問は、交通警官たちが誰彼となく運転手や車掌から小額の賄賂をせびる恰好の口実にもなってきたのである（小馬 2004b: 129-130）。

そこで、乗合自動車関係者は、（先述のストリートチルドレンとほぼ同じ仕方で）警官にはわからない固有の符牒となる用語を次々に作り出して対抗した。特に、警官や乗客たちが（不当な）料金の請求の意図に勘づかないように腐心して、額面の違うそれぞれの貨幣と料金の額をウイットの効いた符牒で言い換えた。また、警官の接近を感知して警告を仲間に発する際には、それを敵である警官に気取られない旨い言い換えを工夫した。しかも、それらの秘密の用語もそれと気取られないために、新しい表現に次々に切り換え続けてきたのだ。こうして、現在ではそれぞれの貨幣に多彩な呼び名があり、また警官を暗示するシェン語の単語は優に二〇を超えている（小馬 2004b: 129-130）。

もう一つ注目に値するのは、広い意味ではやはりシェン語の社会方言だといえるエンシュ語（Engsh）が、ナイロ

写真6　Standard 紙金曜版の名物の附録 Pulse 誌の人気の欄 “Schen at” で、Smitta Smitten がエンシュ語を駆使している

ビのウエストランズ地区の若者の間でかなり早く生まれたことである（Abdulaziz & Osinde 1997: 46-62）。しかも、この両言語（両方言）の名称と文法構造の対照性は、そのまま、その話者の社会階層の対照性にも通底している。

エンシュ語が話されるウエストランズとは、名前の通り、ナイロビの都心を挟んでイーストランズと対峙する位置にある一地域だ。植民地時代には白人専用の住宅地帯だったのだが、ケニア独立後は、国外からの政治亡命者たちを含むアフリカ人やインド人のエリートたちの豪壮な邸宅が広がり、その後超モダンなショッピング施設が幾つもできて、今や副都心化が著しい地区である。エンシュ語とは、シェン語の形成と流行に対する反感に触発されたエリート層の若者が、その動きに対抗的に形成したシェン語の社会方言である。彼らのシェン話者層への強烈な敵愾心、ならびにシェン語話者たちとの差異化を指向する抑えがたいエリート意識の膨張、さらにはナイロビ特有の「見せびらかし文化」の発露、それらがエンシュ語現象の正体であると見ることができる（小馬

2004b: 128-129)。

無名性・匿名性に媒介される自己拡張の場としてのストリートがもつ、いわば「消極的なストリート性」を草創期に体現していたシェン語は、そのカウンター方言として、「見せびらかし文化」を体現するエンシュ語を生み出した段階で、一つの大きな変質を経た。そのように以上を要約することができるだろう。

つまりシェン語は、エンシュ語を包摂しつつ、しかも自己言及的にそれと一対化することによって、相互に対抗的な内部階層構造をもつ複合社会である大都市、ナイロビの住民全体のアイデンティティ・マーカーとなった。そしてこの時に、過激に自己表出し、プロパガンダの舞台として万人に開かれたストリートの「積極的なストリート性」を獲得する段階にまで達したと解釈することが出来るだろう。

3．シェン語と想像の共同体ケニア

さらにシェン語は、その後、特定の世代階層のアイデンティティ・マーカーとしての社会機能をも速やかに獲得して行った。その特定の世代階層とは、幼い子供から大学生に到る、実社会に出る前の若者（広義の「子供」）という、部厚くして幅広い若年層である。

ナイロビの子供たちは、否応なくその多言語・多文化状況を特徴とする社会環境の中で生を受けて成長する。だから、シェン語は多くの場合必ずしも母語ではないのだが、自ずから彼らの第一言語（first language）、即ち日常的にそれを使って思考する言語となって行った。

ただし農村部では、ナイロビとは言語事情が全く異なる。そこは、圧倒的に母語（mother tongue）の世界である。ナイロビと、ナイロビに近い言語環境をもつ幾つかの大きな地方都市を別にすれば、子供たちがシェン語と出合うの

は、十代半ばから後半の寄宿制の中学校時代になる。しかもそれら寄宿制中学校の生徒たちは、各地、各民族出身のエリート予備軍ともいえる優等生たちであり、概して資力のある給与生活者や農民上層部の子弟なのである。

難関の州立と国立の中学校は広域的に入学者を選抜するので、生徒たちは相対的に高い学力を持ち、シェン語に既に深く馴染んだ（別格の規模をもつナイロビを初めとする）都市の寄宿制小学校卒業者が、大半を占めることになる。その結果、学校生活では、生徒たちが授業中以外の時間帯にはシェン語を常用して意思疎通を図るのが通例だ。

そこで、田舎（の公立の通学制小学校）出身でシェン語を知らない新入生たちは誰も、入学早々、手酷い文化衝撃を受けると共にそれに付随する深刻な疎外感を味わずには済まない。シェン語がわからない生徒は、誰もが頭から田舎者と蔑まれ、仲間による苛めの餌食になりがちなのだ。そこで田舎出身の新入生たちは、（学業さえも含む）何を差し置いてもまずシェン語を習得しようと、死に物狂いにシェン語学習に取り組むことになる。こうして、終日シェン語を使って暮らした中学時代の経験が、田舎出の秀才の内面と価値観を一変させことになるのだ（小馬 2005a: 107, 2009c, 2019）。その結果、シェン語は強くエリート性を帯びることにもなり、社会階層としての大学生と特に強い親和性をもつ、特別の言語に変質して行ったと言えよう。

大学には、国立中学校の場合と同じく、ケニア独特の割り当て入学制度は適用されない。だから、どこの大学でも、学生たちは出身地を横断して全国規模で入り交じる。すなわち大学という環境には、ベネディクト・アンダーソンがいう「幻想の共同体」（アンダーソン 1987）の生成に繋がるナショナルな意識形成の素地が、（ケニア独立以来の学校制度の発展を通じて）用意されていると言えるのである。

またゲルナーは、以前は固定的だった職業と地位や役割が相対化されて、個人が任意に職業を選択する近代社会では、教育とコミュニケーション能力とを鍵とした高文化こそが雇用と安全の礎であり、アイデンティティの核になるのだ、と述べている（ゲルナー 2000）。ケニアでは、学生たちの全国的なコミュニケーション・ツールであり、且つ彼ら自身のアイデンティティ・マーカーであるシェン語が、現代の学校教育がもつそうしたナショナルな政治機能を文化的な形で、しかも非公式（あるいは無自覚的）に補完していると言える。前章で具体的に敷衍しておいたこの事実を、ここでもう一度確認しておきたい（小馬 2005a: 107-108）。

二、シェン語と若者文化、政治運動

前節で論じたような経緯で学生のアイデンティティ・マーカーとなって行ったシェン語。そのシェン語に、さらに若年世代の職業・階層を横断する強い浸透力を与えるきっかけになったのが、一九九〇年代半ばからケニアでも人気が沸騰した、ポップ・ミュージックであった。

1．学校から再びストリートへ

シェン語は、新聞紙上などで、当初「ナイロビ型スワヒリ語」（Nairobi form of Swahili）や「ナイロビ雑種」（Nairobi mixed）という表現で紹介され、一種の好奇心やからかい、または非難の対象になるマイナーな話題に過ぎなかった。したがって、ごく稀に新聞各紙に載る（投書を含む）シェン語関連の記事は、何と言っても否定的な論調のものが多かった。

ところが、一九八〇年代半ばからその柔軟で可塑的な表現力の豊かさに注目したり、若者言葉としての実際の侮り難い発展の実情に言及したり、より積極的には「部族主義を超越するコミュニケーションの媒体」としての可能性を希望的に指摘する、主として若い世代からの好意定的な投書がぼつぼつ登場し始める。これは、シェン語が若者たち、特に大学生らのエリート層のアイデンティティ・マーカーとなって、(上層)階層的なエンシュ語の話者の狭いアイデンティティをも吸収しつつある動きの一環であることを窺わせる、予兆的な現象であったように思われる(小馬2005a: 108)。

シェン語が一九九〇年代半ばからメディア媒体として急激に台頭してきた一つの重大な背景には、ケニアにおける政治・経済の自由化——ならびに、特にそれに連動する電波(殊にFM波)の自由化——を求める戦いがあった。

独立以来続いたKANU(Kenya African National Union、ケニア・アフリカ人国民連合)の独裁体制を覆して複数政党制に改めようとする、FORD(Forum of Reinstallation of Democracy)の政治運動が、一九八九年から一九九〇年代初めに盛んになって行く。そして、一九九〇年から一九九一年末の時期(つまり、ケニアが政治・経済の自由化に大きく舵を切るまさにその前夜)、この運動はさらに一つの偶発的な出来事をきっかけとして、急激な盛り上がりを見せた。

一九九〇年七月七日に、ナイロビ下町の一角であるカムクンジの露店群が警察の急襲を受けて徹底的に破壊され、それに抗議した小商人たちが数人その場で射殺されるという事件が起きた。この事態を伝え聞いて憤激した人々が続々と街頭に繰り出し、市内数カ所で決起して警察と政府に反撃を加えた。すると、さらにその混乱に乗じた略奪も各所で起きて、ナイロビ市内は一時暴動状態に陥ってしまった(「サバサバ蜂起」)。

翌年、一九九一年の七月七日にも、前年同月同日の事件の生々しい記憶に触発されて、カムクンジでは再び激しい抗議行動が展開され、ナイロビがまたもや騒然たる状況を呈した。こうした事態を深く憂慮した西側の先進工業諸国、ならびに国際通貨基金（ＩＭＦ）と世界銀行が一致して、援助や融資の前提条件として複数政党制を（復活）導入するように、ケニア政府（モイ政権）に妥協を排して強く迫った。その結果、一九九一年末に憲法が一部改正され、ついに長らく続いてきた一党制に終止符が打たれたのである（小馬 2005b: 13)。

2．ストリート・チルドレンの言語の進化

一九九一年末の複数政党制への復帰と軌を一にして、ＦＭ波が民間に開放されると、ナイロビを中心にＦＭラジオ局が陸続と開局して行き、やがてその数多いＦＭ局の間の激しい市場獲得競争が起き、それから間もなくケニアの音楽シーンが一変することになった。

一九六〇年代以来人気が高かったコンゴのリンガラ音楽、トゥイスト、ケニアの伝統的なベンガやターラブ系の音楽などが一斉に後景へと退き始め、アメリカのポップ文化の圧倒的な影響を受けたラップ、レゲエ、ヒップホップ系の音楽が、ケニアの電波を日夜独占するようになったのである。

そして、このケニアのヒップホップ的な音楽シーンを席捲したのが、ストリート・チルドレンから這い上がった幾人もの歌手たちだった。英語もスワヒリ語も共に苦手な彼らは、自らの生活と思考のための言語（第一言語）であるシェン語で躊躇いなく歌い、生々しく訴えかけた。その多分に野卑でも、率直で自在で身に近い言語表現が、同時代のアフリカン・アメリカンの言語であるストリート米語のキッチュな感覚ともうまく噛み合って、瞬く間に若者たちの心を捉えて、攫ってしまったのだった。彼らはＦＭラジオやテレビ番組に頻繁に登場して一躍有名人となり、「セレブ」と呼ばれるようになり、若者からはたちまち役割モデル視されて鑽仰されるようになったのである。

二〇〇三年末以来、英字日刊新聞各紙が折り込みの「マガジン」(pullout) を刊行して、最新音楽情報やアイドルの

ゴシップなどを競って取り上げ、シェン語の普及を後押しした。部分的に、シェン語が識字言語化し始めたと言える。そして、それらの「マガジン」は、「シェン語の教科書」として人気を博すようになったのである。

一九九〇年代半ば以来の、このようなシェン語の勃興現象を決定的にした象徴的な存在が、二〇〇四年一一月末のY－FM局の開局だった。この局は、それまでの地域的で影響力も局地的だった小さなFM局のものとは桁違いに強力な電波で発信し始めた。Y－FM局の番組は、ケニア国境を超えたウガンダ東部やタンザニア北部でも受信できた。しかもこの局は、若者世代にターゲットを絞って、ニュース、討論、解説などの番組やCMをシェン語で放送するという、画期的な営業政策を採用したのであった［小馬 2005b: 13］。

Y－FMのYが何の頭文字なのか、局は一度も公式に明らかにしたことがなかった。ただし、人々はyouth の頭文字のYだと当然のごとく信じていた。いずれにせよ、その圧倒的な成功を目の辺りにした他局は、大きな衝撃を受け、間もなく同じような営業政策を俄に前面に打ち出し、シェン語放送を日々多用して、臆面もなくY－FMを追随して競い掛けたのである。

こうして二〇〇四年から二〇〇七年前半の時期には、各FM局のアナウンサーやディスクジョッキーはシェン語を話せないととても務まらない、と言われるまでになった。そして、先に触れた民主化要求運動の過程で、シェン語が人々の心に訴えかける威力の大きさを知った（主に野党の）政治家たちは、益々ヒップ・ポップのヒット曲中のシェン語フレーズに敏感に反応するようになって行った。つまり、それを巧みに政治キャンペーンのキャッチフレーズに組み入れて若者の心を掴もうとする戦略を、政治家がかなり頻繁に巡らすようになったのである（小馬 2004b: 133）。

3．キャンペーンの言語へ

前項で紹介した状況は、さらに、広範な反エイズ・キャンペーンのためにシェン語が繰り返し動員されるという、新たな社会現象をも呼び込んだ。実際、連日連夜ＦＭラジオやテレビで放送され、新聞の一面広告を初めとする大紙面広告にも登場するエイズ撲滅キャンペーン用のシェン語表現を媒介として、それを耳にし、目にする機会のある幼い児童たちの間にもシェン語が確実に浸透し始めた。すると、それに気づいた全国各地の親たちが慌て出し、しきりに気を揉んで憂慮していたものである。やがて、シェン語が子供たちの第一言語化することになってしまい、自分たちの母語が徐々に駆逐され、遠からず衰退してしまうのではないかと。

くわえて二〇〇五年初め、ケニアの二大英字日刊紙であるネーションとスタンダードが、乗用車や家作など、驚くほど豪華な賞品を抽選で貰える拡販競争を、シェン語の惹句を効果的に用いて開始した――前者は *Maisha ni poa*（人生は素敵だ）、後者は One *thao*（一千シリング〔が二週間ごとに百人に当たる〕）と銘打っていた。これも、見逃すことのできない変化の重要な兆候だった。新聞社に続いて、開業以来業勢を爆発的に拡張し続けていた携帯電話サービス会社各社もまた、競い合って、シェン語で大々的な拡販キャンペーンを繰り広げるようになり、その大紙面の宣伝広告が連日のごとく頻繁に新聞紙上を賑わすようになった。

そうでなくとも、既にナイロビの街の到る所には、シェン語の惹句を記した文字が溢れ返っていたのである。例えば、交差点には、*Palipo na kuraudi mob, kuna* firestone（Sw.-Sw.-Shng.-Shng. / SW.-Eng. Where is a big croud, there is Firestone.）という大看板が掲げられ、弱小スーパーである Ukwala の買い物袋にも、“BOB for bob, *utamuua MOB*”（Sw.-Eng.-Sw. Sw.-Shng.、ちょっとづつ〔お得〕ね、買えるよもっと）と上手に韻を踏んだ惹句が刷られている、という具合に（小馬 2005b: 13）。

この雪崩を打ったような多言語状況の変化の流れの中で、シェン語的な価値観はエンシュ語の「見せびらかし文化」的な価値観をも一気に呑み込んでしまった——少なくとも、当時そのように見えた。そして、学生文化とも滑らかに溶け合い、（宗主国である英国の一方的な都合によって設定された）ケニアという領土的枠組みを横断する初めての国民的な若者文化を現出させて、その屋台骨となったと言えるだろう。

こうして、シェン語には確かな飛躍が約束されたと誰もが感じられる、多幸的な状況が生まれた。当時、このストリートのスワヒリ語、あるいは勃興する都市混合言語は、ケニア人の旧世代にとっては宿命であるとさえ思われてきた、民族的アイデンティティの深刻な葛藤と衝突をも乗り超えて、若年世代の間にケニア国民としてのアイデンティティを徐々に形成しつつあるかのように感じられたものである。

三、転機——プロパガンダの言語へ

ところが、二〇〇七年の後半になると、この状況に大きな変化が訪れた。すなわち、シェン語が国民的言語へと発展する胎動の予感が、突如陰ってしまったのである。それには、教育省を初めとする政府機関の意向が大きく関与している。ただし、その「介入」は必ずしも特定の政策ないしは運動として歴然となされたものではなかった。直接的には目に見えない圧力が行使されたのだと、学生など、一部の国民が漠然と感じ、あるいは信じたのである。

しかしながら、それでシェン語の死命が制されたわけでは決してない。この大きな変化の中で、シェン語は商業的・政治的なプロパガンダの言語へと変成して行って、新たな生命と社会的機能を得たのであった。

1．学校教育の脅威としてのシェン語

こうした、ケニア政府の姿勢の背景には、概ね次のような諸事情がある。この項では、まず教育に関する事情を取り上げて論じる。

シェン語の普及がケニアの言語教育に、ひいては教育全般に対して持続的に及ぼす（国家の側から見れば否定的な）影響は、シェン語が形成され出した当初から、少なくともエリート層には一貫して感じ取られてきたものであった。そのようなシェン語の影響に対する反発の民間次元での一つの発露が、「対抗シェン語」（counter Sheng）という性格が色濃い社会方言、エンシュ語の形成だったと見て誤らない。

そして一九九〇年代からは、シェン語に対する反国家語的な脅威となるという批判がいよいよ現実味をもってしきりに語られ始め、二〇〇〇年代に入ると、現実に教育現場に深刻な問題を投げかけるようになった。スワヒリ語と英語（と幾つかの民族語）の混成言語であるシェン語が、もう既に生徒たちの多くの第一言語となって、彼らの内面にまで深く浸透し、学校英語や学校スワヒリ語の学習に対する歴然たる阻害要因として浮上してきたのである。それは、小中学生の英語とスワヒリ語、ことにスワヒリ語の全国一斉修了資格試験の成績が年々目に見えて低落し続けていた事実によって、何よりも明快に可視化され、雄弁に裏書きされたのである。

とりわけケニア政府を震撼させたのは、（学生言葉としてのシェン語現象の発生源であり、流行の最新の波頭でもある）都市の中学校ほど、しかもエリート校であればあるほど、両言語の試験の成績の落ち込みが酷い事態だった。都市部と田舎の成績の逆転現象さえ見られるようになった。

この（政府が退行現象と見た）教育上の一種の逆転現象は、（既に都市部の若者の第一言語となった）シェン語が話者たちの内面でスワヒリ語や英語と不可分に溶け合ってしまっているので、生徒たちがその境界面を感知することも、ま

た意図的に確認することも容易にできなくなっているという「病的な」事態の露頭、ないしは一断面であると解釈された。こうして、政府のみならず、動転した都市エリート層の大人たち、特に生徒の親たちが、シェン語の台頭に深刻な危機感を抱いて抗議の声を上げるようになったのである。

ケニア政府や教育関係者は、シェン語を流行させて国家の言語教育の蹉跌と大混乱を招いた元凶として、新聞各紙やTV局、FM局等のマスコミを名指しで厳しく批判した。さらに、若者文化に戦略的に迎合してシェン語を増長させて「垂れ流し」ていると、以前にも増して声高に攻撃したのだ。

一例を挙げれば、二〇〇四年八月、ナイロビのフェア・ヴュー・ホテルで開かれた「電子技術二〇〇四」セミナーで、ナイロビ大学大学院社会文化開発研究学科長のシテミ教授は、マスコミ各社が正規の言語の犠牲を省みず、無責任にシェン語を賞揚し続けていると非難した。「シェン語はケニアで受け入れられてきたが、今や英語やスワヒリ語を学ぶ大学生さえ挫折させつつ」あると言うのである。「私たちの学生は、公式のスワヒリ語や英語をあの非公式の言語（シェン語）と区別するのに手こずっているのだが、マスメディアこそがこの種の捩じれを助長しているのだ」、と（Daily Nation、二〇〇四年八月一七日）。

2．FM局の変節とラジオ放送事情

シェン語の急激な興隆に対するこうした風向きの急激な変化、あるいは批判的な姿勢の影響を象徴するのが、二〇〇七年八月半ば、Y－FM局が突然HOT－FM局へと名称を変更した出来事であった。それは、（少なくとも若者たちにとっては）確かに一つの事件だった。

既に述べたように、二〇〇四年一一月末にY－FMが開局して桁違いに強力な電波で発信し始めたことこそが、なにしろシェン語の爆発的流行を決定付けた要因だったのだから。つまり、この局の躍進にならって、FM各局の（ケニアではプレゼンテーターと呼ぶ）アナウンサーやディスクジョッキーたちが、間もなく一斉にシェン語で、親しく表情豊かに聴取者に語りかけ始めたのだった。

だからこそ若者たちは、Y－FM局に寄せる深い共感と信頼を隠さず、Y－FMの頭文字Yは我々 youth の頭文字Yだと、誇らしげに語っていたのだ。（アフリカの他の新興国と同様に）ケニアは、年齢が若ければ若いだけ同齢者の人口が累進的に増大する、いわゆる「ピラミッド型」の年齢別人口構成をもつ「若い国」だが、若者たちは「シェン語現象」を自分たちのエンパワーメントの隠れもない象徴として受け止めていたのである。

実は、FM波の自由化によって急激に台頭したのは、シェン語だけではない。それぞれの民族語（固有語）が自前のFM局を得て、民族語（の勿論口語）によるマスメディア情報が草の根へと一気に浸透し始めたのだった。もっとも、それ以前にも民族語によるラジオ放送は存在した。ただし、それは質量ともにごくごく限られたものであり、国有のケニア放送公社（KBC、Kenya Broadcasting Corporation）が、当時完全に電波を独占していた。

ここで、二〇〇七年後半にシェン語FM放送と民族語FM放送が置かれていた状況を正確に理解するために、ケニアの放送事情の歴史をごく簡単に振り返っておこう。

ケニアでは、一九六三年末の独立後も、旧英国植民地政府から引き継いだ国営のVOK（Voice of Kenya）が、英語とスワヒリ語の二言語による全国放送を長らく独占した。その後、民主化要求運動の旺盛な展開を受けて一九八七年に公社化され、VOKはKBCとなった。KBCは、英語地帯（首都ナイロビ）とスワヒリ語地帯（インド洋沿岸部）以外では民族語によるラジオ放送を実施する目的で、ナイロビと共に、ケニア西部の中心都市であるキスムにも地方局を置いている。二〇〇七年当時、ナイロビからはケニアの中央部と東部向けのギクユ語、カンバ語、エンブ語、メルー語、マサイ語の、またキスムからはケニア西部向けのカレンジン語、ルオ語、グシイ語、ルイア語、スバ語、テソ語、ポコット語の放送が行われていた。

しかし、各々の民族語ラジオ放送には、（民族の人口規模に応じて）特定の曜日の特定の、しかも限られた僅かな時間帯が割り当てられているに過ぎない。例えば、二〇〇七年当時、最も有力な民族語の一つであるカレンジン語による放送は、週日の午前九時から一〇時四五分までと、午後六時半から八時一五分まで、土曜日と日曜日は午後五時から八時一五分まで聴取できるに過ぎなかった。この事実から端的に窺われるように、どの民族語による放送も、質量ともにきわめて貧弱なものに止まっていた。

一方、一九九一年のFM波自由化後には、数多くの、しかも多様な業態と営業方針をもつ民営のFM局が、首都ナイロビを中心に開設された。そして、FM波による全国放送の許可を望む民族語局も現れたが、周波数の配分権を握っているケニア通信委員会（Communications Commission of Kenya）は、頑に拒否し続けている。その背景には「政権党地域」にまで野党の政府批判の声が届くことを恐れる大統領や政府の姿勢がある、とする批判的な声が強く聞かれる。

ただしその後、ギクユ語やカレンジン語などの話者人口の大きな民族語には、複数の民間放送局ができた。（広大なリフトバレー州で圧倒的な多数を占める）カレンジン人を例にとれば、既に二局がほぼフルタイムのカレンジン語放送を行っているし、他に宗教放送専門の局などもある。中でも、最初にカレンジン民族（特に、その第二の人口を誇る支民族であるナンディ人）が自らの資本を結集して設立したKASS－FM局は、完全二四時間放送体制を敷いた。同局は、民族性を前面に押し出した番組を編成してカレンジン民族群の人々の絶大な支持を得、今や、カレンジン諸方言（口語）をごく緩やかにではあれ統合に向かわせていると感じさせるほどの、強い影響力を発揮している。一方、当時の（そして現）政権とその支持母体であるギクユ人は、そのＫＡＳＳ－ＦＭ局の影響力の大きさに鋭い危機感を抱いて、その後を追いかけるようにして、すぐに（カレンジン群中最大の民族である）キプシギスの言語で放送するＣＨＡＭＧＥ－ＦＭ局を開いて、大々的に放送し始めた。むろん、ＫＡＳＳ－ＦＭ局の影響力の拡大を幾分なりとも削いでおきたいというのが、その隠然たる意図である。

３．テレビ放送とシェン語

ＴＶ放送も、政府（ＫＢＣ）の独占が解けると、民間放送局が生まれて多様化した。しかし、ＴＶ放送に用いられる言語は、まだ英語とスワヒリ語にほぼ限られている。

特に、ニュースを除くかなり多くの番組は英米の局が制作がした（新旧の）番組の流用である。田舎では、（特に年輩者を中心に）性表現を初め、それらの番組で見聞きする馴染み難い風俗や慣行などの細部への感覚的な反発や拒否感、また倫理的な批判が強い。さらに、地方の庶民は、英語だけでなく、母語としての海岸スワヒリ語（*Kiswahili kipwani*）やタンザニアの国家語としての新標準スワヒリ語（*Kiswahili sanifu*）、つまりピジン的な内陸スワヒリ語とは大きく異なる、権威あるスワヒリ語も難しくてよく理解できないのである。

その結果として、サッカーやプロレスを初めとする、映像自体が言葉抜きで内容を伝え得るスポーツ番組の人気が、飛び抜けて高くなっている。ただし、田舎では、近年その普及が大きく進んだものの、まだ電気も届いていない所も決して少なくなく、従ってケニアのＴＶの普及率はきわめて低い。

このような事情から、ＴＶ放送の番組それ自体については、シェン語の影響はかなり限られたものであって、ＦＭラジオ放送とまだ同列に扱うことはできない。しかしながら、やはり無視できない一面がある。数少ないケニアの自前の番組、中でもバラエティー番組への視聴者の支持は大きく、その登場人物がしばしば無意識の内に、あるいは意図的にシェン語（的な）表現を用いるからである。しかも、シェン語の生成と発信の機軸となってきた首都ナイロビ（を初めとする都市部）では、TVもそれなりに普及しているのだ。

二〇〇七年当時最も影響力のあった芸人の一例は、数人の若者たちが結成したリディキュラス（Redkyulass）というコメディー集団である。彼らは、日曜日の午後七時〜七時半の全国ニュースに続く三〇分間というゴールデンアワーに、NTV（Nation TV）で「レッド・コーナー」と題する自前の番組をもっていた──その後、かつてTVで放送された版に加えて、創作版をCD化して売り出して、これも絶大な人気を得た。

リディキュラスは、政治家たちや時の人に扮して、その外見、所作、表情、声色、発言内容などを誠に巧みにパロディー化した滑稽なコントの形で、強烈な風刺劇を展開して、瞬く間に国民的な人気者となった。そして彼らは、しばしば米国に招かれて公演を行った。国民の熱狂に恐れをなした懐柔策なのか、いつもカモにされている側の当の大物政治家や役人たち自身もまた、重要な儀式や行事の賓客として招くなど、彼らへの破格な厚遇を忘れなかった。

リディキュラスは、ギクユ人のキアリエ・ジョン（Kiarie John）が、ケニヤッタ大学の仲間であったトニー・ンジュグナ（Tony Njuguna、ギクユ人）とニャンバネ（Nyambane、グシイ人）を誘って創設したコメディー・グループである。

その内の、K・Jこと、キアリエ・ジョンは、『日曜ネーション』紙の人気カラー版の「マガジン」である“Buzz”の一頁を占める“Head on *Corrishon*”──head on collision を意味するシェン語──セクション（或いはマガジン内の独立した「マガジン」）を、様々な意匠を凝らした漫画や言葉のブラック・ユーモアで毎週埋め尽くしてみせる、才気溢れる漫画家＝作家でもある。

写真7　Standard 紙日曜版の附録の一つに、子供向けの Twinkle 誌がある。その人気欄の *Mchongoanoz* は、Kiki と Kaki の問答で田舎を容赦なくくさす

なお、『日曜ネーション』紙は、ケニアきってのメディア産業であるネーション・グループが発行する、ケニア最大の日刊英字紙『日刊ネーション』の日曜紙である。"Head on *Corrishon*" の日付のすぐ前には、"K.J. ismus For" の文字が印刷してあって、"Head on *Corrishon*" がすべてK・J、すなわちキアリエ・ジョン自身の流儀で責任編成されていることが宣言されている。

一方、リディキュラスの創設メンバーではなく、後から加わった人物の一人に、カジャイロ（Kajairo）という名のカンバ人男性がいる。彼は、リディキュラスのメンバーの中でも、放送時間を通して常にシェン語で話している者としてよく知られている。しかも彼は、『日曜スタンダード』紙（ネーション新聞社と並ぶ大新聞社であるスタンダード新聞社が発行する『スタンダード』紙の日曜紙）の人気のカラー漫画版「マガジン」である「トゥインクル」の評判のコラム、"*Mchongomanoz*" の言葉書きの作者としても名前を知られている。

“*Mchongomanoz*”自体が、「おちょくり合い」（複数形）とでも訳せるシェン語だ。この欄では、毎回都会っ子と田舎っ子を代表する二人の子供たちが向き合って、互いに辛辣なシェン語でからかい合うのだが、その意図はむろん田舎に対する口さがないからかいや風刺にある。

実は、田舎の風刺はNTVの「レッド・コーナー」のテーマの一つにもなっている。既に学生言葉としてのシェン語について述べた部分からも明らかなように、そのように田舎（者）を揶揄する傾きは、シェン語に一貫して見られる特性なのである。

実際、シェン語には田舎を意味する単語が数多くあり、しかもまだ次々に新しい単語が生み出されている。すると、ケニアの学生文化やマスコミがシェン語の体現する価値観の影響を色濃く受けていること、またそれが、都市部を核に形成されつつある現代ケニアの「国民性」に深く通底していることを、よく理解できるであろう。

4．高等教育の普及と学生たちの回心

この節の初めで、二〇〇七年の後半には政府が目に見えない圧力を行使して「介入」した結果、シェン語の発展の可能性が大きく阻害・抑制される事態が生じた（と信じられている）と述べた。しかしながら、実際には事情は決してそう単純なものでもなく、一面的な判断を慎重に控えなければならない。というのも、ほぼ二一世紀を迎えた時点で、（シェン語の推進者だった）学生たち自身のシェン語に対する評価もまたかなり大きく変質し始めていたことが、筆者にも十分によく察知できたからである。

シェン語は、（前述のように）一九九一年末にFM波が自由化されると、それと軌を一にしてポップ音楽の歌詞の言

語となってもて囃されるようになり、さらに二一世紀に入ると新聞各紙の付録「マガジン」の花となって、マスメディア全般に深く食い入っていった。ただし、一九九〇年代以降に見られた、そのようなシェン語の全面的な開花を用意したのは、それに先立つ数年間に展開された政治民主化要求（複数政党制への復帰）運動の急激的な高揚に敏感に呼応しながら独特の発達を遂げた、学生言葉としてのシェン語であった。

一九八〇年代後半から一九九〇年代初頭にかけては、熱い政治の時代という、ケニア全般の空気を受けて、どの大学も「学生たちの反乱」の気分が満ち満ちていた。そして、学生のストライキに次ぐストライキは、いわば日常的な風景にさえなっていたのである。中学校や（一九八四年度までは制度的に存在していた）高校でも、教師への反抗劇とストライキは大学に劣らずに頻発していて、しかも負けずに激越なものだった。ストはまるで若者の流行りのファッションだったと、当時生徒だった人々が今にして往々述懐する通りの状況が、実際に見られたのである。

中でも、（リフトバレー州のナクルとモロにキャンパスをもつ）新設のエガートン大学が、最も頻繁に学生ストライキに見舞われた大学だった。しかも、同校で実際に起きた次の事件は、今でもその時代を象徴する出来事として語り草になっている。当時、エガートン大学の学生自治組織は、二週間講義を受けた後で二週間ストライキを打つという形で反抗を長く日常的に継続しようとした。すると、業を煮やしていた大学当局が、ついに学生の戦略を逆手にとって反撃に討って出た。二週間ごとに講義を受ける学生と休みを取る学生を交互に入れ換える、二交代制システムのカリキュラムに、突然、正式に切り換えてしまったのである。

一九九〇年代は、先に見たように、学生言葉としてのシェン語がラジオやＴＶの番組と連携しながら多方面へと炸裂して行った、シェン語の大躍進の発端となった時期である。そして二〇〇〇年代に入ると、シェン語はさらに新聞の諸々の付録「マガジン」やマンガのシーンをも席巻して、（田舎を舌鋒鋭く揶揄しながらも）地域的にはさらに深く田舎へと、また世代的には（子供向け「マガジン」を通じて）さらに若い層へと広く拡大し、且つ一層深く浸透して行った、と言うことができる。

だが二〇〇〇年代には、シェン語は既に大学生たちの第一言語として定着していたが、それと同時に、一方ではシェン語への両義的な評価と懐疑的な態度もまた確実に増殖して行った。この事実を見逃してはならない。その原因は、何よりも先ず、（それまでは少数のエリートといえた）大学生の求職・就職環境が一変してしまったからである。

ケニアでは、独立以来産業部門が目立った成長を遂げないまま、教育部門だけが飛躍的な拡大を遂げ続けてきた。その結果、一九九〇年代末には、中等教育修了認定試験（KCSE、Kenya Cirtificate of Secondary Education）でそこそこの成績を収めながらも、大学に入学できない生徒が国中に溢れて、深刻な社会問題化した。

そこで各大学は、（富裕層を狙って）高額の学費を課す「並行教育コース」を次々に開設して（教員給与改善をもくろむ財政政策の切り札とし）、大量の学生を受け入れた。むろん、この事態は間もなく別の危機を生み出すことになった。つまり数年後に、「大学は出たけれど」という、未曾有の時代状況を招き入れてしまったのである。

その頃、故郷の田舎町で自転車タクシーであるボダボダ（*bodaboda*）の運転手を始めたケニアきっての名門ナイロビ大学卒業生の身の上話や、それに類する大卒者の惨めな物語が、（時には美談めかしさえして）ニュースとして新聞の特集記事で大々的に取り上げられて、国民の話題を攫ったものだった。だが、現在では、その類の事情が広く常態化していて、どこでもすっかり身近な現実となってしまった。

大学生たちは、そうした変化の過程で、学生仲間同士の就職競争に勝って職を確保しようと、ストライキの決行を止め、卒業後にはシェン語交じりではない真っ当な英語やスワヒリ語を話そうと必死で努めるようになった。それでも、現実は実に厳しかったのだ。

大学生たちの最大の、そして最良の部類の就職口は、植民地時代以来、公務員、中でも学校教員なのだが、財政困難に陥ったケニア政府は、一九九九年から二〇〇三年までの期間、教員採用を完全に停止した。そして二〇〇六年までは、退職に伴う少数の現員の補充だけが細々と行われた。そして、新任教員の採用が再開されたのは、漸く二〇〇七年に入ってのことだったが、既に大量に累積していた就職待期の大学卒業者たちも巻き込んで、二〇〇七年以来、学生たちの間で苛烈な就職合戦が繰り広げられることになったのだった。

一九九〇年代までは、中学卒でも教員に成ることは難しくなかったのだが、そうした採用事情がもうとっくに夢のまた夢になっていた。中学生も大学生も、身を粉にして勉学しなければ、教員採用どころか、生きていく道も確保できないという時代が到来したと観念された。こうして、学生言葉としてのシェン語が下火になり始めた事態が、肌身に近い感覚で確かに感じられるようになっていたのである。

しかしながら、学生言葉としてのシェン語の衰退傾向は、そのままシェン語の総体としての衰微傾向を意味するわけではなかった。シェン語は、別の方向へ向かって変質しながら、新たな発展を遂げようとしていたのである。

四、商業キャンペーンとシェン語効果

今では、ケニアの人々の宗教的信仰の中核をなしているのは――（コーストと通称される）インド洋岸のイスラム地域を別にすれば――間違いなくキリスト教である。そればかりか、ケニアは単にキリスト教国と言えるばかりでなく、新たなキリスト教会（つまり宗派）が世界で最も急激に分立し続けてきた国でもある。しかも、そのケニアのキ

リスト教界全体が、近年グローバリズムの大波を受けて揺れ動き、信仰形態に於いても急激な変革を遂げつつある。

こうしたキリスト教の変化は、二〇〇〇年前後からのケニアの社会情勢、あるいは時代の空気の急激な変化を強く反映しており、現今のシェン語の新たな展開もまた、ケニアのその頃の全体的な状況の変化と深く関わり合っているのである。

1．エバンジェリズムの時代の空気とシェン語

ケニアのキリスト教の近年の変化の要点は、一言でいえば、19世紀後半から続いてきた「ミッションの時代」の信仰形態が今や幾分衰退へと向かいつつあり、特に大都市をエヴァンジェリズムが席巻していることである。エヴァンジェリズムの運動は、また地方都市へも確実に波及しているが、それだけでなく、さらにその周辺の農村部へも徐々に浸透しつつある。

二〇〇七年九月現在、ケニアでは八、五二〇という膨大な数のキリスト教会、つまり宗派が既に団体登録していた。しかも、さらに六、七四〇もの教会が登録申請中だと報告される状態だったのである（The Standard、二〇〇七年九月四日）。

これらの教会は無論プロテスタント系であり、それも大多数がミッションの手を離れて次々と分裂・分立を繰り返してきた、ごくごく零細な「アフリカ独立教会」なのだ。他方、農村部を主な基盤とするカソリック教会は、各民族の（成年式や割礼などの）儀礼や（一夫多妻制、飲酒などの）伝統や慣習に対して元々かなり寛容だったのだが、一九九〇年代後半からは一層宥和的な姿勢（すなわち「アフリカ化」）を強めてきた。しかしながら、農村部でも、カソリック信徒が確実に漸減し続ける傾向は、その後も明白だった。地域の共同性に根ざした教区の伝統的な運営自体が、

都市化の進展に伴って、今日のケニア全体の空気には必ずしもうまくそぐわなくなってきている。

要するに、グローバリズムが地球の隅々に行き亘るこの時代の宗教の趨勢は、ケニアでもやはりエバンジェリズムの興隆なのである。首都ナイロビだけでなく、地方の大きな都市にもアメリカやドイツを初め、海外から伝導師が次々とやってきては大礼拝集会を開き、その様子がＴＶで実況中継されて人気を集めている。またケニア人の中にも、自らの教会を設立して大成功を収めたテレエヴァンジェリストたちが既に幾人も出ていて、ある人物が開く礼拝集会が、日曜日ごとに民間ＴＶ放送局の定時番組として全国中継されるようになってから既に久しい。

それらの礼拝集会に参加する人々は、共同体的な教区の固定した信徒たちとは異なり、自発的でアド・ホックなワーキング・グループをその場で編成する、現代的で都市的な個人たちなのである。彼らは、概して身なりの良い中流の人たちであり、自身や家族の健康や出世、あるいは事業や学業の成功と致富など、あくまでも個人的な救済の達成と現世利益の実現を夢見て参集してくるのである。

ＴＶのコマーシャルの時間帯や新聞の広告欄を毎日埋めつくす大企業のＰＲは、いうまでもなく、こうした現代ケニア社会の空気に敏感に反応し、その利害感覚に機敏に即応してアッピールする必要がある。すると、エバンジェリズムの信仰と不可分な大衆の射幸心に擦り寄り、彼らの現世的な夢をさらに増幅して歓心を買うことを梃子として自社製品の販売拡大を狙うことが、企業の戦略としては上策となるだろう。それゆえ、ケニアのマスメディアには、日々、途方もない金額の懸賞付きの大判の広告が満ち溢れ、少しでも多く人目を引こうと競い合っている。

例えば、二〇〇七年の半ば、国内最大手携帯電話会社であるサファリコム社は、多数の自動車（ピックアップ）や自転車（全国で一、〇一〇台）などの豪華賞品が貰えるという、“*MAUZO POA*”と名付けた懸賞付きの拡販キャンペーンを大々的に繰り広げていた。“*MAUZO POA*”は、“Wonderful Saling”とでも英訳できる、シェン語によるキャンペーンのキャッチ・フレーズなのである。

"MAUZO POA" のような拡販キャンペーンの命名の仕方は、決して例外的なものではない。シェン語表現を拡販キャンペーンのタイトルに採用するのは今や当然だと見なされ、コピー・ライターは簡明で且つインパクトがあるシェン語のキャッチ・フレーズの工夫と創作に余念がない。つまりシェン語は、拡販キャンペーンのための（いわば特権的な）言語として、今や押しも押されもしない地位を築いているのだ。

なお、上に述べた事情の一端は、二〇〇五年の資料（小馬 2005b: 13）に基づいて、既に本章第一節第1項でも簡潔に、予備的に紹介しておいた。次項では、その一例として、二〇〇七年半ばの状況を具体的に紹介して、いくつかのキャッチ・コピーに分析を加えてみたい。

2．大企業の拡販キャンペーン

前項で述べたような懸賞広告の手法で拡販キャンペーンを展開することに熱心な企業として、まず嗜好的な飲料を製造・販売する会社、つまり酒造会社や、清涼飲料会社を挙げることができる。

ケニアで半独占的な地位を占めるケニア酒造は、二〇〇七年四月から同年八月の期間、（アフリカ象の商標で知られる）主力商品であるタスカ・ラガー・ビール大瓶の拡販キャンペーンを繰り広げた。このキャンペーンでは、"Tusker *na chapaa, chapaa na* Tusker" というシェン語のキャッチフレーズが、戦略的に使われた。懸賞は、王冠の裏側のビニール・クッションを捲れば当たり外れがわかる、という方式。その賞品・賞金は、①タスカ・ラガー大瓶もう一本（当選者 五五〇、五〇六人）、②一千ケニア・シリング（同七千人）、③百万ケニア・シリング（同三人）、の三次元構成になっていた。

さて、“Tusker *na chapaa, chapaa na* Tusker”というシェン語のキャッチフレーズの解題を試みてみよう。“*na*”の語意は、スワヒリ語でもシェン語でも同じで、日本語の助詞の「と」に近い。“*chapaa*”は、シェン語でカネを意味する数多い単語の一つだが、当時の最新のものではなく、かなり「古典的な」シェン語の一例といえる。次に、キャッチ・フレーズ全体を直訳すれば、「タスカとカネ、カネとタスカ」となろう。「タスカを飲んでオカネを当てよう、オカネを当てればタスカが飲める」と意訳すれば、このキャッチ・フレーズの語感をそれほど損なうことなく日本語に移し代えられることになりそうだ。

このキャンペーンは、新聞紙上のみならず、ＴＶコマーシャルでも同時に大々的に繰り広げられた。ＴＶでは、画面が左右に垂直に二分割されていて、まず向かって左側に登場する人物（購買客）がインタヴューを受けて、“Tusker *na chapaa*”と答える。これに続いて、向かって右側の画面の数人の人物（やはり購買客）が、“*chapaa na* Tusker”と応じる。すると、背景からもう一人の人物（スポンサー側）が浮上してきて、“All mean the same.”と、英語でコメントするのである。

恐らく、「タスカを飲んでオカネを当てる」のも「オカネを当てればタスカが飲める」のも同じこと、つまり等しくケニア人であることの喜びなのだと、柔らかく訴えかけているのであろう。英語の money やスワヒリ語の“*pesa*”には、「カネ」とでも言おうか、剥き出しの語感があって、やや響きが強すぎる。またこの場合は、同じカネ（オカネ）を意味するシェン語の単語でも、最新流行の隠語性の高いものではなく、既に定着してかなり周知されているものの方が宣伝の目的に叶っていると言えそうだ。

ところで、本章第三節の冒頭では、二〇〇七年後半に政府がシェン語を抑圧しようと画策したとする一般化した噂があることを紹介した。ただし、一方ではその信憑性の判断は慎重であるべきだとも付言しておいた。

ここで、後者の立場を補強する一つの証左を挙げてみよう。ケニアのみならず、東部アフリカでは図抜けた売上高と利益率を毎年記録し続けている携帯電話通信会社、サファリコム社が、二〇〇七年八月中旬から、「エア・タイム」拡販キャンペーンを大々的に開始した。やはり、そのキャッチ・フレーズには、"*kwachua*" というシェン語の新造語が組み込まれていたのである。

一頁全面を使った新聞広告には、そのキャンペーンの名称である "*Kwachua milioni.*" が大きく掲げられた。そして、その下には、"Ksh 100 Million to be won !"、さらにその下の行には、"How to *kwacha*" の惹句が続く。他方、ラジオとTVのコマーシャルでは、"*Kwachua chapaa*" という音声表現も加わっていた。この *chapaa* の含意も、"Tusker *na chapaa, chapaa na* Tusker" という、上述の場合と同じであろう。しかも、"*Kwachua milioni*" と "*Kwachua chapaa*" はほぼ重なり合うはずだから、"*chapaa*"（カネ）は "*milioni*"、つまり "Ksh 100 Million" という語句を暗示している。なお、"Ksh 100 Million" の惹句は、賞金総額が一億ケニア・シリング（当時の交換率で一億八千万円弱）であることを示している。ただし、一個人が獲得できる最大の金額は、百万ケニア・シリング（約百八十万円）であった。

問題は、"*kwachua*" という、全く耳慣れないシェン語の単語である。ただし、"*kwachua*" の意味は、上に挙げた惹句を繰り返し聞いている内に、誰にも容易に推測できる仕組みになっている。また、新聞広告を初めて目にした人でも、"Ksh 100 Million to be won !" という別の惹句を手掛かりにして、"kwachua" が「勝ち取る」の意味であることを簡単に推理できるはずである。

記号としての "*kwachua*" には、実はこれ以上特に論ずべきことは何もない。ところが、人々は "*kwachua*" の語源をあれこれと推測しては、そこここで楽しげに論じ合っていた。多くの人がすぐに思いついたのは、近隣の国ザンビアの通貨がクワチャ（*Kwacha*）であることだった。事実、"*kwacha*" の語は、以前シェン語でカネを指す単語とし

写真８　商品の拡張キャンペーンやラジオ局やTV局の懸賞広告には広くシェン語が使われている

て使われた一時期があり、今でも死語ではない。

　そこで、名詞である“*kwacha*”を（英語のごとく）動詞として用いて「カネを得る」の意味を与え、一方ではスワヒリ語の文法に則って前置詞形の“*kwachua*”（「～からカネを得る」、「～のためにカネを得る」）を導いたのだろうというのである。「～からカネを得る」や「～のためにカネを得る」の「～」には、前者なら例えば「サファリコム社」や「携帯電話」、後者なら「豊かな暮らし」や「家族の幸せ」などのイメージが、そこはかとなく見え隠れしている。このように、前置詞形“*kwachua*”は、原形の“*kwacha*”よりもずっとニュアンスに富み、宣伝に用いる語句として適切な語形だと言えるだろう。

　次のような別の説も聞かれた。シェン語では、新たな造語のために、しばしば元になる単語の音節の位置の入れ換え（inversion）を行うが――第１章第二節では、Shengの語自体がEnglishという英単語の音節を入れ換えて作られたとする見解を述べた――

"*kwachua*" も、恐らくこの仕方で創られたのだろう。つまり元の単語は、スワヒリ語（のありふれた単語）で「勝ち取る、持っていく」を意味する、"*chukua*" である。その音節の前後を入れ換えると "*kua-chu*" となる。これに接尾辞 "*-a*" を加えて動詞らしく外形を整えてやれば、"*kwachua*" ができる。試しに、"*Kwachua chapaa*" のフレーズの "*kwachua*" を "*chukua*" で置き換えると、"*Chukua chapaa*"（オカネを勝ち取れ／オカネをもっておいき）という、ありふれたシェン語表現になる。

これら二つの解釈は、いずれも可能であろう。しかも、どちらが正しいのか、誰にも分からないし、誰もそこまで詮索しもしない。恐らく間違いなく、キャンペーン関係者の誰かが "*kwachua*" の語を考案しただろう。しかし、今や "*kwachua*" は匿名的なストリート言語の資源の一部となったのだから、それをどう解釈し、いかに受け止めて用いるかは、各人の語感のセンスと語の運用の問題なのだ。

このように、キャンペーンに使われるシェン語表現にはいつも新鮮な語感があり、しかも大概は謎解きの面白さが伴っている。いや、事態は逆であろう。言語感覚を攪乱する謎掛けの挑戦と小さな衝撃を孕んでいるシェン語の、時にはナンセンスでさえある新鮮な語感の特性を最大限に生かす楽しみ。それこそが、英語やスワヒリ語ではなく、シェン語がキャンペーンに常用されるようになった、何よりの理由だと考えねばなるまい。

ちなみに、サファリコム社は、携帯電話による送金システムを二〇〇七年に新たなサーヴィスとして導入した。それは、シェン語で（意味不明の）*bamba*──以前は*sambasa*──と呼ばれる「エア・タイム」（送信時間）を買えば、ごく僅かな手数料で、それを先方で安全且つ容易に現金化できるシステムである。さらに、同社がこのシステムをM－PESAと命名していることにも注意を向けておきたい。

先にも触れたように、"*pesa*" はスワヒリ語の単語で、カネがその内包である。すると、M－PESAは、おそらく

“mail *pesa*”か、“pesa-mailing”という含意のシェン語表現であると思われる。或いは、“mobile *pesa*”であるかも知れない。いずれにせよ、Ｍ－ＰＥＳＡには、これとはまた別の解釈もすんなりと許す、独特の面白さがある。つまり、ハイフン付きの“*M-*”はスワヒリ語のクラス接頭辞“*m-*”を強く暗示する書法になっているのだが、これをスワヒリ語（ならびにバントゥ語一般）の第三クラス名詞を作る接頭辞“*m-*”とみれば、Ｍ－ＰＥＳＡは*mpesa*、すなわちスワヒリ語の俗語で「金の成る木」を意味する単語になるのだ。

さらに、このＭ－ＰＥＳＡの解釈を“*Kwachua milioni*”キャンペーンに重ね合わせてみよう。そうすると、次のような呼びかけの声が表面のメッセージの裏側から聞こえてくるように思われるのだが、どうだろうか。遠隔地への送金には、是非サファリコム社の安全で便利なエア・タイムをＭ－ＰＥＳＡキャンペーン中にお買い下さいな。随分と節約できて、しかも百万ケニア・シリングだって手に入りますよ。そうです、わが社はまさしくあなたの「金の成る木」（Ｍ－ＰＥＳＡ）なのです。

商品としてのカネに最も直接的に関与する企業は、無論、銀行である。だがケニアの銀行各社は、長らく途方もない金利の高さのゆえに、そのサービスは庶民には全く手の届かない高嶺の花であり、銀行側も横柄無礼、いや冷血の誹りさえ免れない高飛車な営業姿勢を崩さなかった。ところが、Ｋ－ｒｅｐ銀行を初めとするマイクロ・バンキングの目ざましい発展に押されて、二〇〇七年、競い合って一斉に劇的な金融政策の変換を試みた。要するに、庶民の側に立って企業活動を実施し、今度はその「金の成る木」になってやろうというのである。

本節を閉じるに際して、さらにもう一例だけ具体的に紹介しよう。その頃ｃｆｃ銀行は、十万～百万ケニア・シリングの庶民向け教育ローンを、しかも無担保で与えるとして、盛んに宣伝攻勢に出ていた。そして、そのキャッチ・フレーズが“No *Matata.*”である。この“No *Matata.*”は、英語の“No problem.”とスワヒリ語のそれに対応する慣用表現である“*Hakuna matata.*”を基に、その各々の前後を入れ代えるコード・スウィッチングを行った、ごく単純な、しかも典型的なシェン語表現である。それでもなお、ちょっとした謎解きの風味が加わった気の利いた表現として（庶民本位の金融政策転換への肯定的な評価とも相まって）好意的に受け止められた。

五、シェン語と隠れた政治キャンペーン

前節では、シェン語表現、ことにその新造語に付随する謎掛け（＝謎解き）の妙味と、それが人々を楽しませて、強く心を引きつける宣伝上の効果を生むことを論じた。その妙味と効果は、サファリコム社の場合のように、“*Kwachua milioni*”とM－PESAという表現を交差して複合させた複雑なキャンペーンの場合でのみ見られるのではない。cfc銀行の“No *Matata.*”という単純なシェン語表現でさえも、どうしてなかなか効果的なのである。いや、むしろその単純さゆえのいたって庶民的な親しみ易さこそが、キャンペーンの狙いが広く大衆に受け入れられる素地なのかも知れない。

しかし、謎解きの方向性を全く逆にして、謎の複雑さを増してうまく利用することも、十分に考えられる。もしそうした捻りの効いた高度な謎解きを内蔵したシェン語表現が創造されるとすれば、それは恐らく政治の領域だと予想してよかろう。緊張した政治の舞台では、敵の目をかいくぐって巧みに意見を表明したり、宣伝効果を無意識次元にまで及ぼすことが、時には決定的な意味をもち得るからである。

1. 新聞広告に託された政治的メッセージ

直接シェン語に関する事例でもなければケニアに関する事例でもないのだが、ミャンマーで二〇〇七年七月二三日に起きた出来事が興味深く、シェン語を考えるうえでも良い触媒作用をしてくれそうだ。

同日、『ミャンマー・タイムズ』紙に、耳慣れない名前のデンマークの団体 Ewhsnahtrellik（社か?）が、北欧の人々に向かってミャンマーへの旅行を呼びかける広告を掲載した。ところが、広告主名である Ewhsnahtrellik の語順を逆さ読みにすると、killer thanshwe（殺人者タン・シュエ）と解せる、当時のミャンマー軍政の最高首脳を痛烈に告発する英語文が浮上してくるのである。さらに、その広告文でデンマークの古い詩として紹介され、引用されていた文章の一節は、（一種の折句と見て）その頭文字を繋げてみると、freedom となった。いずれも、同国の厳しい検閲を出し抜いて政治的な意見広告をするための密かな工夫だったのである（『朝日新聞』二〇〇七年八月四日）。

ちなみに、その後、ミャンマー政府はマスコミ規制を格段に強化した。そして、二〇〇八年一月早々、衛星ＴＶ放送の視聴許可料金を一気に一七〇倍にもして、ほとんどの国民には支払い不可能な水準にまで引き上げたのである（『朝日新聞』二〇〇八年一月三日）。

この事例に見える表現上の工夫は、それほど複雑ではなく、むしろ比較的単純なものである。そうであるのは、ミャンマーの軍事政権の酷い圧政という切羽詰まった状況下では、即効的で、しかも国民に分かりやすい謎解きを案出する必要があったからであろう。

ミャンマーと比較すると、当時（二〇〇七年半ば）のケニアの一般的な政治状況は、大統領選挙をめぐって二つの陣営が各地で連日激しいキャンペーン合戦を繰り広げてはいたものの、ずっと開放的で活気に満ち、明るい高揚感を伴うものだった。また、先に具体例を幾つか示したとおり、シェン語による謎掛けには、問題の『ミャンマー・タイムズ』紙上の意見広告よりもずっと複雑な仕掛けを組み込む余地が十分にある。というのは、何よりも、多重な出自をもつストリートの混成言語であるシェン語には、常に（曖昧さと同時に）幅広い解釈の地平が手放しで開けているからである。

複雑なレトリックと奥深い含意をもつ新聞広告のシェン語表現を（第三節以下で）具体的に考察するのに先立って、次の本節第二項では、シェン語がもつ豊かで独特なイメージ喚起力のあり方をケニアの政治キャンペーンがどのように利用してきたのか、ざっと見ておきたい。

2. シェン語と政治キャンペーン

政治キャンペーンにシェン語を鍵とするキャッチ・フレーズが使われるようになったのは、ほぼ一九九〇年代後半のことである。中でも、二〇〇七年一二月の総選挙の前回に当たる二〇〇二年一二月の総選挙のキャンペーンで野党ＮＡＲＣ（虹の連立国民連盟）が英語のinvinsibleに通じる語感で用いて人気を集めた、"*unbwogable*" が名高い（小馬 2004b: 133）。"*unbwogable*" については、本書第一章第四節第二項でも、ごく簡単に紹介したが、それは、ＮＡＲＣが総選挙のキャンペーン用に自ら創りだした言葉ではなく、本来ヒップ・ホップ音楽の人気ラップ・デュオである、GidiGidi & MajiMajiが作った流行歌のタイトルとして若者の間に膾炙していた語句だった。

ＮＡＲＣは、このヒット曲に着目して、公式のキャンペーン・ソングとして流用したのである。ＮＡＲＣの候補者たちは、立会い演説や街頭演説の最後には必ず、この曲のコーラス部分の歌詞の決め言葉である、"Who can *bwogo* me?"（「誰が私を打ち負かせるのかい？」）を聴衆と目と目で示し合わせながら合唱して連帯感を高め、人々（ことに若者たち）の心を掴もうとした。そして、狙い通り、まんまと大成功を収めたのであった。

二〇〇二年の総選挙では、さらにもう一つ、国民的な人気を博して大ヒットしたシェン語のキャッチ・フレーズがあった。これについても、同じく本書第一章第四節第二項で、カンバ人の間で人気が高いＮＡＲＣの政治家カロンゾ・ムショカが、自分の名前にシェン語の“*tosha !*”を添えた“*Kalonzo tosha !*”（「カロンゾで決まり！」）を連呼して成功を収めたことを紹介した。

ここでさらに付け加えておけば、“*tosha !*”は、実は彼の専用のキャッチ・フレーズではなかった。二〇〇二年の総選挙では、ＮＡＲＣの大統領統一候補はキバキだったが、“Kibaki *Tosha !*”の掛け声も国中に満ち溢れたのだった。元々“*tosha*”は、スワヒリ語で「十分である」を意味する動詞だ。しかしシェン語では、“*tosha*”は述語形容詞として（しかも主語である名詞のクラスとの「一致」をすっかり無視して、独立で用い）「最高」とか、「言うことなし」の意味を与えられている。“Kibaki *Tosha !*”をスワヒリ語の正式な語法に移せば、“Kibaki *anatosha.*”となる――“*a-*”は三人称単数の主辞、“*na-*”は現在時制を表す接辞である。だが、このままでは語調がモッタリとしてしまい、とても“Kibaki *Tosha !*”の颯爽とした、或るいは決然とした感じは出ない。“Kibaki *Tosha !*”の語感（と音の響き）を生かして意訳すれば、「キバキ、決まり！」となる。

ＮＡＲＣの国会議員候補たちも、それぞれが自分の名前の後に“*Tosha !*”を加え、支持者と共に声を張り上げてそれを連呼した。このキャッチフレーズの好感度は高く、“Radio Citizen *Tosha !*”と、ブームに便乗して、自社の宣伝キャンペーンにこれを用いるＦＭ局が現れたほどだった（小馬 2004b: 133）。

こうしてＮＡＲＣは、二〇〇二年総選挙で、一九六三年末のケニア独立以来政権の座にあったＫＡＮＵ（ケニア人民族同盟）をついに打倒して、ケニアの政治史に新たな一頁を開いたのである。だが、二〇〇二年総選挙におけるシェン語キャンペーンの大成功にも拘わらず、シェン語が英語教育やスワヒリ語教育に悪影響を与えるとする、声高な批判的の声は納まらなかった。ところが、その弊害を指摘して言い募る政治家、役人、学者が数多い中で、当時NARC政権の副大統領であった故ワマルワ・キジャナ（ルイア人）は、二〇〇三年の国会演説で、ケニア人の一人一人、その誰もが作り手であるシェン語を将来国会で用いるべきなのだと決然と宣言してアッと言わせ、実に強い印象を（特に若者たちの間に）残したのであった。

この発言は多くの知識人に衝撃を与え、さらに賛否両論が盛んに飛び交った。ただ、今日のケニアで最も有力な政治家の一人であり、精力的な雄弁家として夙に名の高いライラ・オディンガ——ケニアの現今の政治的大混乱のきっかけとなった二〇〇七年末の総選挙では、キバキ大統領の対抗馬——は、ワマルワの発言に即座に明確な支持を表明した。*"unbwogable"* という、シェン語の最も成功した流行語を生んだルオ語を母語とする彼は、シェン語がもっている、一気に民衆の心を鷲掴みにする摩訶不思議な威力を、恐らく誰よりも強く実感していたからであろう。

なお、二〇〇二年の総選挙では、シェン語によるキャンペーンを活用したのは、専ら野党の側であった。ところが、二〇〇七年の総選挙では、現職大統領であるキバキの陣営でもシェン語のキャッチ・フレーズを有効に使おうとする戦略があった。「キバキ、今度も！」を意味する "Kibaki *Tena* !" がそのキャッチ・フレーズである。"Kibaki *Tosha* !" のシェン語表現で前回の総選挙で収めた大成功を想起して、二〇〇七年の場合もその御利益にあやかろうしたのだろうと考えられる。

さて、本項に続く次の第3項では、（ケニアから見ると）外資系の或る企業の新聞広告のシェン語表現を子細に分析して、そこに密かに込められた（と思われる）政治的メッセージを読み取る試みをしてみよう。

写真9　アメリカ煙草社（American Tobacco Kenya）の新聞広告

3．仮面の政治キャンペーン

ここで分析の対象とするのは、二〇〇七年八月三一日に（ケニアの二大英字日刊紙である）『日刊ネーション』、『スタンダード』両紙に掲載された、アメリカ煙草社（American Tobacco Kenya）の一頁全面広告の文言である。それは、“*Shinda Dinga Uwakilishe.*” をキャッチ・フレーズとして、同社の紙巻き煙草ペル・メル（Pall Mall）の拡販のために繰り広げられていた懸賞付きキャンペーンの一環として（八月二五日にナクルの町で）実施された、「第二回全国ミニ抽選」の結果を公表するための広告である。懸賞の賞品はトヨタの乗用車や様々な額の現金で、その「第二回全国ミニ抽選」では、二万ケニア・シリング、一万ケニア・シリング、五千ケニア・シリングという下位の賞の当選者が抽選で決められ、その住所・身分証番号・氏名が新聞紙上に発表された。

新聞広告では、拡販キャンペーンのキャッチ・フレーズである“*Shinda Dinga Uwakilishe.*”が、紙面最上部に大書きされている。そこで、先ずこのキャッチ・フレーズに籠められたメッセージを読み解かなければならない。

“*shinda*” は、スワヒリ語（以下では、適宜 Sw. と表示する）で「勝つ、勝ち取る、克服する」を意味する動詞、他方 “*dinga*” は、シェン語（以下では、適宜 Sh. と表示する）で「自動車、機械」を意味する名詞である。残る “*uwakilishe*” は、動詞 “*wakilisha*” の仮定法による丁寧な命令表現だが、スワヒリ語とシェン語では意味がややずれる。すなわち、“*wakilisha*” はスワヒリ語では「代表する」、シェン語では「歓待する、受け入れる、楽しむ」の意味になる――例えば、ディスコのディスク・ジョッキーが、“*Tunawakilisha.*”「楽しんでるよな」を往々口癖に用いている。

そういうわけで、“*Shinda Dinga Uwakilishe.*” の（表面上の）拡販キャンペーンの文脈では、“*wakilisha*” はシェン語でなければならず、“*Shinda Dinga Uwakilishe.*” は全体として、「自動車《マシーン》を勝ち得てお楽しみあれ」を意味しているのだ。そして、拡販キャンペーンであれば、この解釈にはいささかも疑念がないように思える。

shinda…………勝つ、勝ち取る、克服する（Sw.）
dinga …………自動車、機械（Sh.）
wakilisha ……代表する（Sw.）／歓待する、受け入れる、楽しむ（Sh.）

しかしながら、この新聞広告が掲載されたのは、一二月二七日に実施される五年ぶりの総選挙に向けて、与野党の選挙キャンペーンが大々的に展開されている最中の八月であった。この事実を勘案すると、にわかに政治的なメッセージが “*Shinda Dinga Uwakilishe.*” という単純明快なキャッチ・フレーズの背後から湧き出して来るように感じられるのだ。

ところで、いわばルビンの反転図式のように、ここで図柄と地とが一挙に入れ代わるのは、“*wakilisha*”をシェン語（「歓待する、受け入れる、楽しむ」）からスワヒリ語（「代表する」）へとコード・スイッチする瞬間である。すると、“*Shinda Dinga Uwakilishe.*”全体の意味は、「ディンガよ、代表せよ、そして（政権を）享受せよ」へと一変する。そして、ディンガとは、ティンガ（Tinga）という渾名で国民的に知られている当時の野党オレンジ民主主義運動（ＯＤＭ）の巨魁、ルオ人のアモロ・ライラ・オディンガ（Amolo Raila Odinga）その人だと容易に推測されるのである。

ここで、ちなみに言えば、ＯＤＭを支持していた民族の中でも最大の人口を誇るカレンジンの人々は、有声音と無声音を音韻・音素として区別しない（できない）。だから、彼らには（口語としての）Tinga と Dinga は同じ音価をもっていて、少しも差異がない。つまり、少なくともカレンジンの人々の間では、この場合“*Shinda Dinga Uwakilishe.*”が、無理なく“*Shinda Tinga Uwakilishe.*”「ティンガ（ライラ・オディンガ）よ、代表せよ、そして（政権を）享受せよ」の意味で受け止められる可能性がおおいにあるのだ。

八月末の時点では、二〇〇七年の大統領選挙が事実上、現職のムワイ・キバキ大統領とライラ・オディンガの争いになることは、誰の目にも明らかだった。しかも、欧米諸国の政府と企業が幾年も以前から一貫してオディンガを支持して資金援助に努めてきたことは、周知の事実である。だから、“*Shinda Dinga Uwakilishe.*”キャンペーンが密かなオディンガ支援のキャンペーンとして企図されていたのだとしても、少しも不思議はあるまい。欧米諸国や国際機関の間には、キバキ大統領が前任者ダニエル・アラップ・モイ（カレンジン人）と同様、民族主義的な利益誘導を（民族間の利害関係についてはモイ時代とは逆転させる形で）なおも行っているという不信感が、依然として強く蟠っていた。

二〇〇七年の選挙戦でも、米国のジェネラル・モーターズ（ＧＭ）は、四千三百万ケニア・シリング（八千万円弱）もする自社ブランドの高級四輪駆動車ハンマー（Hummer）を、既にオディンガに贈って支持を明らかにして、強く支援していた。彼がこのいかつい図体の車を駆って、まず海岸部へ、次いで勇敢にも北部の半砂漠の荒蕪地帯へと遊説の大遠征を敢行すると、人々は彼の車を金槌（hammer）を意味する“*nyondo*”というスワヒリ語で呼んで喝采した。そして、金槌を象徴する拳を天高く突き上げて歓呼しながら、（障害を金槌のごとく打ち砕いて突き進む）オディンガの勇気と草の根への敬意の表明を讃えて、行く先々で大歓迎したのであった。

“*nyondo*”（金槌）の渾名は、ユーモアか、それとも単に Hummer と hammer との混同、ないしは取り違えのゆえなのか、判然としない。ただ筆者には、決して単純な誤解だったようには思えない――ライラの支持者には、なにしろ若いインテリたちも多いのだから。少なくともオディンガの支持者たちの一部は、庶民の味方を自ら任じてきたオディンガが、豪華このうえない四輪駆動車を贈られて喜々としてそれを受け取ることに、密かな不審と抵抗感を抱いただろうと思える。何しろ、トヨタの中古車を買って田舎で乗合タクシー業を始めるには三〇万円程も資金があればよいのだが、そのオンボロ車だって庶民には中々の高嶺の花なのだ。Hummer を hammer（＝*nyondo*）、すなわち（鎌とともに）労働階級のシンボルの一つとなっている「金槌」に読み替えることで、（親ソ派として知られた彼の父親ジャラモギ・オギンガの縁でロシアで教育を受けた）ライラ・オディンガが、それでもなお自分たち庶民の代表であると、自ら信じ込もうとしたのだと思う。

仮にオディンガの Hummer が“*nyondo*”と呼ばれたのは、Hummer と hammer を混同した人々の単純な誤解が原因だったとしても、その無邪気な誤解は、オディンガの不退転の行動力と開けっ広げで愛嬌もある人柄への豊かな連想をうまく育んで、彼の人気を飛躍的に高め、カリスマ化を強めるという、重大な結果をもたらしたのだと言えるのである。

新聞紙上の政治漫画では、オディンガは必ず片手に金槌をもった姿で描かれる。これに対して、大統領キバキは決まって片手にゴルフ・クラブを握っている。キバキが手にするゴルフ・クラブには、長年彼がケニアゴルフ協会会長を勤めてきたという社会的な背景があるが、言うまでもなく、ゴルフはケニアでも一握りの途方もない金満家たちを表象しているのだ。一方、キバキ大統領周辺は、オディンガを共産主義者と呼んで攻撃し、世間の警戒心を煽ってきた。以上の事実を全て勘案すれば、ここでの「"*nyondo*"の心理学」に関する筆者の推定は、恐らく誤ってはいまい。

右に述べたエピソードには、どこか悠長で滑稽な味わいがあるが、それにはちょっとした来歴もあるのだ。ケニアでは、毎年一度、全国一斉に自動車の整備状況検査が実施され、主な都市では政府の検査部門の責任者が自ら金槌を振るって、一、二台の自動車のナンバー・プレートを外してみせるのだ。

この象徴的で儀礼的な行為が「執行される」ユーモラスな光景は、毎度撮影されては新聞の紙面を飾り、庶民の笑いを誘う一種の「風物詩」にさえなっている。オディンガがHummerで荒蕪地への遊説遠征に乗り出すという噂を聞き及んで、庶民が即座に連想したのは、金槌と自動車に因む、そのユーモラスな「風物詩」の一コマであっただろう。"*nyondo*"（金槌）という卑近なスワヒリ語の単語が、（豪華な四輪駆動車と安価な金槌のズレなどの）一切のズレを含み込んで一つに溶解させると同時に、それらのズレを利用しつつ克服して、巧みにライラ・オディンガの政治姿勢のイメージを強めつつ統合していると言えよう。

4．オレンジ色のシンボリズム

問題の、紙巻き煙草ペル・メル（ポール・モール）の拡販キャンペーン広告が新聞に掲載された、二〇〇七年八月三一日というタイミングは、大統領選挙の脈絡ではもう少し意味深長なものだったのかも知れない。ODMは、二〇〇七年前半に、オディンガが率いるODM（圧倒的多数派）とカロンゾ・ムショカが率いる少数派、ODM－KEN

ＹＡに分裂してしまった。後者がごく小さな勢力だとはいえ、分裂はキバキ大統領との戦いでは僅差の敗戦にも繋がり兼ねないものである――後に、実際にそうなってしまった。だから、"*Shinda Dinga Uwakilishe.*"（「ディンガよ、代表せよ、そして〔政権を〕享受せよ」）とは、当然ＯＤＭ全体に向けられたメッセージだと考える学生や教師もいた。

ここで注目しなければならないのは、件の新聞広告の基調をなす色彩である。全面が紅色で、下半分にはやや淡いオレンジ色の大きなインセットの部分があり、その部分には焦げ茶色の文字で懸賞当選者の氏名などが列挙されている。このオレンジ色は、即座に、オディンガ率いるオレンジ民主主義運動（ＯＤＭ）を連想させるはずだ。

また、先に、広告の最上部に"*Shinda Dinga Uwakilishe.*"というキャッチ・フレーズが大書されていると述べた。だが、より正確に述べれば、"*Shinda Dinga*"が最上部にくる白抜きの一行であり、"*Uwakilishe.*"はその下の行に回されて、やや小さ目に、しかしこれらの文字だけが鮮やかなオレンジ色で（in orange）書かれている。その結果、このオレンジ色は、インセット部分のオレンジ色よりも遙かに強い印象を与えて、一層強くＯＤＭを連想させるのである。

すると、"*Shinda Dinga Uwakilishe in Orange.*"とは、この広告全体の脈絡においては、"*Shinda Dinga Uwakilishe in Orange.*"（ディンガよ、オレンジ〔民主主義運動〕を代表せよ、そして〔政権を〕享受せよ」）という、嘆声にも似たシェン語表現を暗示しているのではないだろうか。仮りに、もしそうであれば、"*Shinda Dinga Uwakilishe.*"（「ディンガよ、代表せよ、そして〔政権を〕享受せよ」）は、確かにＯＤＭ全体に向けられたメッセージだと言えるだろう。すると、漠然とではあれ、そのように感じている人々が一部には存在している理由を、新聞広告の意識下の効果にも求め、表象文化論や情報論の側面からも補強できるように思える。

5. *Tingatinga, Tinga, Dinga, Odinga, Oginga Odinga*

この広告に関して、もう一つだけ、シェン語の融通無碍な連想と象徴作用を確認するべき別の作業が残っている。それは、本節第三項で僅かに触れておいた、Tinga（オディンガの綽名）と"*dinga*"（Sh. 自動車）との関係から導き出されてくる、予想外に大きな意味の広がりを読み解くことである。

スワヒリ語では、機械の規則正しいカチャカチャという音一般を"*tinga*"という擬声音で表現している。そこから、次の二つの擬声語が生まれた――製粉機が最初の、そしてトラクターがそれに次いで東アフリカにもたらされた、内燃機関を組み込んだ（がゆえにカチャンカチャンと音を発する）二つの機械であったのだ。

tingatinga……製粉機
tinga…………トラクター

さて、オディンガ（Amolo Raila Odinga）が*tinga*（トラクター）と渾名されたのは、彼がかつて率いていたＮＤＰ（National Democratic Party）の党章がトラクター（*tinga*）だったからである。

東アフリカ（特に農村部）では、最初自動車はトラクターに比べて馴染みが薄い機械（*tingatinga*）だった。だから、自動車もトラクターと区別しないで、しかし共に製粉機（*tingatinga*）とは差異化して、"*tinga*"と呼ばれていた。しかし、やがて自動車の台数が急激に増えてトラクターに比肩するようになると、両者を単語として区別する必要が生まれた。そこで"*tinga*"は、次のように微妙な差異化によって*tinga*と*dinga*に二分されることになった――ただし、先に述べたとおり、有声音と無声音を音素として区別しないカレンジン語の話者には、口語としては以前として両者の区別は存在しない。

tinga……トラクター
dinga……自動車

しかしながら、ここで私が試みた二重の差異化はあくまでも一般化した、やや図式的なもので、*tingatinga*、*tinga*、*dinga* の区別は常にどこでも必ずしも判然としたものではあり得ない。全ての機械を *tingatinga* と呼んだ感覚が今でもまだ確かに生き残っていることを、思いがけず確認できる場面に往々出くわすことが、ままある。以下に、その一例を次に紹介しておこう。

オディンガが率いたNDPが当時の政権党であったKANUと合体してODMを形成した時に、"*tinga*"（トラクター、NDPの党章）が強大な若雄鶏（"*jogoo*"、KANUの党章）に飲み込まれると、揶揄されたものである。すると、オディンガはスワヒリ語で、"*Tingatinga inaguruma.*"と述べて、即座に鋭く反撃した。この表現の場合、"*tingatinga*"は（名詞で）NDPの党章であるトラクターを意味すると一般に受け取られた。すると、"*Tingatinga inaguruma.*"は、「トラクターが（機械）音を轟々と響かせている」と訳せるだろう。

一方、主語（の"*tinga*"）が省かれており、"*tingatinga*"が副詞だと見れば、「（トラクターの）カチャンカチャンと（いう機械）音が響いている」と訳すのが適切だろう。どちらも、「トラクター（NDP）が、若雄鶏（KANU）の腹を内側から食い破って出てこようとして、エンジン音を高鳴らせているのだ」という強い含意をもつことは、誰にとっても明らかだった。

こうして、“*tingatinga*”（第一義は製粉機）の語には、“*tinga*”（トラクター）や“*dinga*”（自動車）を含めた、全ての“*tingatinga*”（機械）のイメージが集約されていることが分かるのである。オディンガ自身が自らが組織して率いたNDPの党章として“*tinga*”（トラクター）を選んだ事実に、彼の名前（Odinga）の響きが“*tinga*”に通じるもう一つの事実が関係していたかどうかは、よく分からない。ただ、彼の父親で、一九六三年から一九六六年にかけて副大統領を務めたジャラモギ・オギンガ・オディンガ（Jaramogi Oginga Odinga, 1912-1994）の名前の連想が、さらにこのイメージの複合体に自ずから流れ込んできて、巧く他の語と響き交わし、まるで目眩にも似た不思議な揺らぎの感覚を誘発させることは事実である。

実は、これに似た命名の遊び感覚は、シェン語にしばしば見られる一つの特徴的でもある。ここで一例だけ、そうした例を挙げてみよう。二〇〇七年度のOBM（Music of African Origin）賞の最高アフリカ音楽家部門候補に名前が上がったケニア人男性歌手の名前（綴り）、Jua Chali は、スワヒリ語の俗語である“jua kali”（烈日・炎天下での仕事、つまり非正規労働）の綴りの“*k*”を“*ch*”に置き換えたものだ。だが、発音はジュア・カリで、元の語と変わりがない。これが、意味または音、ないしは綴りの一つ以上の要素を元の語から僅かにずらして新たな意味を呼び込む、つまり通常の記号作用に象徴の次元を付加するという、シェン語の造語法の基本的な規則なのである。

以上本節では、二〇〇〇年代、シェン語が政治キャンペーンの言語から拡販競争キャンペーンの言語へと切り換わりつつあったばかりでなく、拡販競争キャンペーンの言語を下敷きにして政治キャンペーンを展開するための言語へも発展しつつあった状況を、幾つかの具体的な事例を基に報告した。

6．シェン語の「ストリート性」

以上、二〇〇七年の「分水嶺」を超えたシェン語の発展方向の新たな変化を実際の事例に沿って、詳しく分析してきたこの章を閉じるに当たって、そうした具体的な変化の趨勢を背後で左右している、シェン語の「ストリート性」という大切な特性について論じておかなければならないだろう。

今ここで、都市の人類学を構想する時、マルク・オジェが見通しのよい、一つのエレガントなシェマを提供してくれる。

彼は、「場所」と「非－場所」の一対の概念によって、空間を捉えている。ただし、この対概念で「現実の空間と、その空間を使用する者たちが取り結ぶ関係と、この両者を二つながら指している」のだ（オジェ 2002: 244）。つまり「場所」は、「自分自身に対して有する関係」、「他の人々に対して有する関係」、「共通の歴史に対して有する関係」を三重の意味で象徴しているのだが、他方、「非－場所」とは「アイデンティティも、他者との関係も、歴史も象徴化されていないような空間」なのである（オジェ 2002: 245）。

オジェはそこから、都市は「秩序と無秩序の混淆物」だが、「雑多なものの混成である一方で人々に親密さをいだかせ」（オジェ 2002: 252）、したがって「すべての人のものであるとともに、一人ひとりのものでもある」と述べている（オジェ 2002: 253）。結局、オジェが「秩序と無秩序の混淆物」である都市に求めるのは、「場所に備わった意味と非－場所に備わった自由とが結合しうるような空間の再構築」（オジェ 2002: 276）なのだ。

ここでは、オジェに倣って、ストリートを「現実の空間と、その空間を使用する者たちが取り結ぶ関係」として、二重に定義したい。そうすると、スワヒリ語（とシェン語）で「ストリートの言語」（*lugha ya mtaa*）と呼ばれる、シェン語のもつ「ストリート性」がかなり論じ易くなるだろう。

「ストリート・チルドレンの言葉」と呼ばれた初期のシェン語、ならびに乗合自動車関係者や学生たちのアイデンティティ・マーカーとしてのシェン語は、都市の「非 - 場所」性の所産だったと言えよう。それは、田舎という空間と社会関係に過剰に見られる「場所に備わった意味」をとことん嘲弄して、都市なる空間（と人間関係）という「非 - 場所に備わった自由」を奔放に謳歌する過激な傾きを体現した、まさしく都市の言語であった。シェン語の社会方言である上層のエンシュ語も、ポップス歌手のシェン語もまた、この属性を極めて強く帯びていたのである。

一方、学生言葉としてのシェン語が内破の兆候を見せた二〇〇〇年以降、シェン語は、拡販キャンペーンのための恰好の方途として急速に発展し始めた。このようにこの言語は「場所に備わった意味」を創り出す象徴化の作用に深く広く浸されていて、ケニア国民の言葉としての萌芽となる大きな可能性を秘めていると感じられるのである。例えば、"*tinga*" や "*nyondo*" を例として、具体的に詳しい分析を加えたように、この発表段階のシェン語は、「自分自身に対して有する関係」、「他の人々に対して有する関係」、「共通の歴史に対して有する関係」を三重の意味で象徴する力を確かに有していたのだ。

おわりに

シェン語の母胎であり、また今でもシェン語革新の中枢であるケニアの首都ナイロビには、むろん「場所」と「非 - 場所」としての二つの側面がある。そしてまた、首都の顔と庶民の街区の顔の両方を合わせもっている。

かつて白人入植者の町として建設され、キッシンジャーが「アフリカに咲いたヨーロッパの花」と賛嘆して止まなかった蕭洒な近代都市ナイロビも、その後止めどもない膨張を続けていて、今やその人口は3百万を優に超えた。だが、植民地時代の人種差別に代わって、現在でも、経済の差別と格差が庶民をナイロビの都心から遠ざけている。露天商や呼び売り人たちは、自治省やナイロビ市役所の役人や行政警察官の手で絶え間なく、しかも突然に、そして時には酷く暴力的にそこから追い払われ続け、露店や商品は繰り返し容赦なく破壊されてきた。それでも彼らは、郊外の街区（「居住エステート」）やスラムに住み、日々都心の縁辺へと通って来るのである。

その街区では、生活の要に迫られて、新たなシェン語表現が日々次々にどこかで生み出されている。そこは、（例えば、職を求めて田舎からやってきた親類縁者の若者たちを、どの家も幾人も受け入れて）過剰な関係性の重圧に絶えず脅かされながらも、どうにかこうにか彼らの「場所」であり続けている。

首都としての顔をしたナイロビでは、専ら英語と（新）標準スワヒリ語が話される——話されなければならない。そこは、学校教育でその両言語（ケニアの公用語と国家語）をきちんと身につけた若者が到達することが期待されている（関係性としての）空間なのであるから。

ところが、生徒や学生は、学校生活を専らシェン語を使って送ろうとし、自らのそうした「都会的な」学生文化に強い矜持を示してきた。しかし教育部門が、相変わらず狭小な産業部門とはいかにも不釣り合いに肥大し続けて、雇用機会が極限まで逼迫した二〇〇〇年代以来、学生たちはシェン語を捨てて英語と（新）標準スワヒリ語へと回帰して来ているようにも見える。

とはいえ、その両言語は、所詮外国語である。学校の言語である英語や（人工的で、且つタンザニアが国家管理する新標準スワヒリ語の軛に繋がれている）スワヒリ語では、「他の誰でもない自分の、今ここの、この思い」を発露させることは常人には難しい。それらの言語でコミュニケーションする空間であるナイロビ（都心）は、つまるところ「非

－場所」なのである。

ナイロビ住人は、意味生成の力、つまり象徴性を実現する空間（オジェのいう「場所」）の確保を、だからこそシェン語空間に求めずにはいられない。こうして、シェン語は、郊外やスラムから都心へと日々流れ込み続け、ナイロビの町全体を包み込んで、そこを象徴性の空間である「場所」に変えているのである。

シェン語が単なる空間を「場所」化するその活力を、現代ビジネスは見逃さなかった。学生言葉としての反抗の激越さを削ぎ落とした、最新のシェン語は、拡販キャンペーンの恰好のメディアともなって、広く国民的な支持を獲得していると言えるだろう。

ではこの現象は、オジェのいう「スーパーモダニティ」、すなわち「社会との契約関係なしには、一介の消費者にも、一人の旅行者にもなれないような空間」である「経験的な非－場所」（オジェ 2002: 245-6）への商業主義本意の譲歩を意味するのだろうか。単純にそう言うべきではないことは、"*tinga*" や "*nyondo*" に纏わるエピソードが幾重にも多元的に絡み合った複雑な現実と強く組み合わさっていた事実が教えてくれるはずである。

我々が眼前にしている新たな「シェン語現象」は、むしろ、若者たちが先導するケニアの自生的な国民文化の胚胎を強く予感させてくれるもののように思われる。

第4章　宣伝広告から「国民文学」へ

――「混ぜこぜ言語」シェン語の力

はじめに

シェン語（Sheng）は、ケニアの各地から首都ナイロビ郊外の縁辺部に流入して入り交じって暮らし始めた諸民族の出身者たちが、日常生活で意志疎通を図ろうと、東アフリカの混成通用語（リンガ・フランカ）であるスワヒリ語の文法を基盤として生み出した新たな都市混成言語である。[1]

この新たな、統語法（文法）も覚束ない内陸スワヒリ語の大きな特徴は、一つの短い文の中でも「コード（言語記号体系）の切り換え」（code switching）現象が頻繁に見られることだった。その話者は、表現に行き詰まる度に、思わず出身民族の固有語や片言の英語に切り換えてみたり、多少とも系統が近い別の民族出身者が相手ならその相手の民族語を使ってみるという類の、止むに止まれぬ工夫と試行が、暮らしのどの場面でも、誰にとっても、ごく当たり前の日常的な実践だったのである。

憲法が規定する国語、公用語、民族語、外国語のどの分類にも該当せず、公式には現在でも「姿なき言語」ではあるものの、シェン語は生活言語として欠かせず、ＦＭ放送や選挙や拡販キャンペーンで特に絶大な威力を発揮する実際的な言語へと発展している。この「混ぜこぜ言語」（mixed language、混成語）は、ケニア独立（一九六三年）前後に生まれ、その後ほぼ四半世紀を経て全国の若者たちの間に広まると、著しい発展を見せて圧倒的に支持され、今や彼らが思考する時の言語、つまり第一言語となっている。右に触れた発生の経緯から、諸民族語（固有語）からも数多くの語彙が取り入れられている。スワヒリ語との間に生じた微妙なズレも逆手にとって、活き活きとした機知に富むその表現が幾重にも綾を織りなしつつ、今やいかにも快活で庶民的な「国民文学」を準備しつつあると言える。

アフリカ文学には、英語で書いて一般性を得るか、血の通った母語で書くべきかという二律背反、或いは固有の「文学の不可能性」があり、それを巡って、例えばアフリカ文学を代表するナイジェリアのアチェベやショインカとケニアが生んだ大作家グギの間に深刻な対立と論争を生んできた。だが、ケニア国民の（母語ではないが）第一言語となったシェン語には、このアポリアを乗り越える可能性さえも見出すことができる（本書第2章第二節）。

本章では、このようなナイロビ庶民の間で自然に生まれ育った混成語であるシェン語が、いわば今なお「未完の国民国家」である[2]ケニアの言語空間で現に発揮している文学的な創造力とナショナルな統合力の秘密を、その口語的性格を焦点として明らかにしてみたい。

一、選挙キャンペーンとシェン語

シェン語が最もよく威力を発揮する特別の場面の一つとして、本書第3章でも論じた通り、選挙のキャンペーンがあることが知られている。ここでは、二〇〇七年一二月二七日に実施された、五年に一度の定例の総選挙を事例として、その事情を先の観点からさらに踏み込んで考察する。

二〇〇七年の総選挙は、大統領選挙の開票結果をめぐって大混乱を来し、ケニアでは未曾有の同時多発的な民族紛争（「二〇〇七年総選挙後暴動」）を誘発してしまった。そして一時は、ケニア国家の二分とそれに伴う本格的な内戦を国民の多くが覚悟するという瀬戸際まで事態を悪化させ、人々を追い詰めたのである（小馬 二〇〇八a）。[3] ただし、本章の議論の焦点は二〇〇七年総選挙の政治的な側面ではなく、いわば専ら言語人類的な側面にある。すなわち、シェン語という混成語を、その選挙でも各政党がキャンペーンの鍵として重視したことの社会的な意味にである。

ところが、奇妙なことに、そのシェン語という言語は、先述の通り公式にはどこにも存在していないことになっている。だがケニアの教育界は、第3章で見たようにその「不在の」シェン語を学校教育と国民統合の最大の阻害要因だと見做して激しく憎悪し、政府もまた教育界に同調して、陰に陽にシェン語の抑圧に乗り出していた。では、それにもかかわらず、一体どうして二〇〇七年の総選挙でも各政党が相変わらずシェン語による選挙キャンペーンの展開を重要な戦略としたのだろうか。その答えは、言うまでもなく、シェン語が英語（公用語）やスワヒリ語（国語）よりも遙によく人々の心に届く言葉だからである。

それでは、シェン語が人々の心を強く引きつける秘密は、そもそもどこにあるのだろうか。選挙キャンペーンで実際に用いられた惹句を中心に、商品販売促進のための宣伝広告の惹句も参考にしながらこの課題の考察を進めよう。

1．言語と憲法

ところで、私たち日本人が外国の言語事情（の社会的側面）に言及する時に、或る重大な、そして誠に基本的な事実をほとんど忘れがちであることを、ここで指摘しておかなければならない。言い換えれば、我々のこの面での常識には啓いておくべき、通有の蒙があるのだ。その背景にはまず、日本国憲法が日本国内における諸言語の地位をどの条項でも全く規定していないという現実がある。実際、そうした事実が存在することに日本人の誰もがほぼ気づかず、仮に気づいてもほとんど意に介さないのが実情である。ここでこう述べても、読者の多くには、恐らく何が問題なのか見当がつかないのではあるまいか。昨今の日本国憲法改正を巡る様々な論議でも、寡聞にして、日本国内で使われている諸言語の地位規定を巡る問題に触れたものを知らない。

日本国内における言語の地位規定に限れば、実は、日本国憲法は大日本帝国憲法と全く選ぶところがない。それは、憲法がその国家の言語観を端的に映し出す鏡だからに他ならず、それゆえに、この事実は看過して済ませられる軽微な事柄では、実はない。つまり、日本国憲法は大日本帝国憲法と全く同様に「日本単一言語国家」観を、しいては「日本単一民族国家」観を自明の前提としており、しかもこの事実を無防備にもすっかりさらけ出しているのである。

事実、このように（近代日本の両憲法のように）国内における諸言語の地位規定を全くしない憲法は、決して一般的ではあり得ない。日本国憲法は、この意味で実にナイーブな憲法であることを、まず最初に冷静に確認しておこう。

2. ケニア憲法の言語規定とシェン語

ケニアは、英国の旧ケニア植民地の枠組みをそっくり温存して一九六〇年代前半に独立した、アフリカの典型的な若い多民族国家の一つである。だから、言うまでもなく、二〇一〇年八月まで維持された旧憲法（Constitution of Kenya）は、日本国憲法とは対照的に、国内の複雑な言語事情（と民族問題）について強く自覚的である。二〇一〇年八月に制定されたケニアの新憲法も、それゆえに、言語問題に関しては旧憲法をほぼそのまま踏襲している。ここでは、植民地時代の終盤から形成され始めたとされるシェン語の時代的な背景の一つとして、旧憲法に準拠して、ケニアの国家的な言語観をまず論じておきたい。

ケニア憲法は、①国語（スワヒリ語）、②公用語（英語）、③土着語（公認された四二の民族の固有語）、④外国語、という四段階で諸言語の地位を規定し、それぞれの範疇に応じた諸言語の（国会や法廷、あるいは行政府における口頭や文書での使用・非使用などの）法的取扱いを明記している。だから日本語など、ケニアにとっての諸外国語も、実質的に、ケニア憲法によって遺漏なくその地位を（ケニアにおける外国語として）規定されていることになるのである。

ところがシェン語だけは、ケニア憲法が掲げる右のどの言語範疇にも全く属さず、したがってどのような地位規定もなされていない。すなわちシェン語は、今やケニア全土で通用する第三の（しかも文字表記もそれなりに可能な）言語に成長したにも拘らず、憲法上はどこにも「存在しない」言語なのである。言い換えれば、シェン語は今でもケニアに「存在できない」（または「存在してはならない」）言語だと言うことになる。

「存在しない」言語という憲法上の地位（或るいは地位の空白）は、シェン語がケニアの独立時にはまだ形成されていなかった（少なくとも命名されていなかった）新しい言語だという、歴史的起源のあり方を暗示していよう。一方、「存在できない」言語という法的な属性のままでずっと放置されてきた事実は、シェン語が、実勢がどうであっても、言語としての正統性を主張できない範疇の「言語」（モドキ）なのだという、ケニア政府の公的な認識を示唆していると言える――日本国憲法に言語規定が存在しない事実が、日本に「存在すべき」唯一の言語が日本語であるという、日本政府にとっては自明の言語政策を示唆するのと（裏返しだが）同じ仕方によって。

3. 選挙キャンペーンとシェン語の惹句

ところが、本書第3章で詳しく論じた通り、ほぼ一九八〇年代後半以来、そのケニアの「姿なき言語」は若者たちのアイデンティー・マーカーとして、さらには新興の若き「セレブ」たちの言語として、実に侮り難い成長を見せて急浮上したのである。

シェン語がこうした存在価値を獲得すると、母語ではないにせよ、寄宿制の中学高校時代から日常語として用いてきた若者たちには、シェン語は第一言語（何かを思い、考えている時に、自分自身が心の内側で自ずと耳にしている言葉）となって深く内面化され、いわば彼らの皮膚感覚にまで浸透しているのである。こうしてシェン語は、ほぼ二〇〇四年から二〇〇七前半に当たる絶頂期に、各FMラジオ局のアナウンサーやディスクジョッキーはシェン語を話せなければ務まらないとさえ言われる程の、目ざましい勢いを呈した。

シェン語の惹句を政治キャンペーンに最初に用い始めたのは、一九八〇年代末からのＦＯＲＤ（Forum of Restoration of Democracy）運動である。当時ＦＯＲＤは、ケニア独立以来ずっと政権を独占してきたケニア・アフリカ人民族同盟（Kenya African National Union: ＫＡＮＵ）の打倒を目指し、その前提となる複数政党制の回復を強く求めていた。この運動は、特に一九八九年から大きな盛り上がりを見せ、一九九〇年七月と一九九一年七月の「サバサバ蜂起」へと激して行く。そして、この事態を深く憂慮した先進諸国の強力な圧力の下、一九九一年末にはついに複数政党制回復の目標が達成された。その成功の一因は、シェン語の活力を利して、数多くの若者たちを運動に巻き込んだことにあった（本書第3章第二節第1項）。

くわえて、（二〇〇七年総選挙に先立つ）二〇〇二年一二月末の総選挙時に、統一野党ＮＡＲＣ（National Alliance of Rainbow Coalition: 虹の連立国民連盟）がキャンペーンに用いたシェン語の単純明快な惹句“*unbwogable*”が、思いがげず誠に目ざましい効果を挙げた。"*unbwogable*" は、当時彗星の如く登場して一気に人気を博した二〇歳前のルオ人のラップ・デュオである、Gidigidi & Majimaji の大ヒット曲のタイトルだった。

若者たちのナウな心に訴えて支持を獲得しようとしたこの作戦がまんまと大成功を収めた結果、野党NARCの統一大統領候補ムワイ・キバキは、与党KANUが担いだ（初代大統領ジョモ・ケニャッタの愛息）ウフル・ケニャッタにほぼ倍する票を獲得して大勝利し、政権交代というケニア独立以来の国民の悲願がついに実現したのだった。

なお、この二〇〇二年総選挙では、NARCはもう一つの秀逸なシェン語の惹句、"Kibaki *tosha !*"（キバキでキマリ！）も大ヒットさせた。同じ語意をスワヒリ語で表現すると、"Kibaki *anatosha !*" とまだるっこしくなり、折角の歯切れのよいリズム感が失せてしまう。だから、シェン語の "Kibaki *tosha !*" の簡潔さが断然良い。NARCの国会議員候補や地方議員候補も各々自分の名前をキバキの名前と入れ換えてこの惹句を連呼した――例えば、"Kalonzo *tosha !*" のように。その絶大な成果は、"Radio Citizen *tosha !*" と、ブームに便乗して自社名を売り込むFM局が現れた一事をもってしても明らかだろう（本章第3章第五節第2項）。

こうした政治運動に動員されて絶大な成果を上げてきたシェン語の力については、前章（第3章）で詳細に論じているので、是非参照して欲しい。

二、二〇〇七年総選挙とシェン語

さて、二〇〇七年総選挙の構図は、その後の紆余曲折を経て、その前回に当たる二〇〇二年の総選挙ではNARC

陣営で共闘した、当時の現職大統領ムワイ・キバキ（Party of National Unity; ＰＮＵ）とライラ・オディンガ（Orange Democratic Movement; ＯＤＭ）とが真正面からぶつかり合うものへと一変した。そして、選挙戦終盤に有力者（先に引いた"Kalonzo *tosha* !"の）カロンゾ・ムショカがＯＤＭを割って飛び出して、ＯＤＭ－Ｋ（Orange Democratic Movement Kenya）を結成する。こうして、大統領選挙はついに三つ巴の様相を呈するに至った。

1．各政党のキャンペーンと惹句

ところで、二〇〇七年後半頃からケニア政府は、既に述べたように、陰に陽にシェン語の抑制に鋭意努めてきた。またケニアでは、教育部門の急速な発展とは裏腹に産業部門の拡大が遅々として進まず、その乖離の帰結として、「学校（大学）は出たけれど」という就職難の悪化が昂進し続けていた。そこで、少なからぬ若者、特に大卒者たちも、シェン語志向を捨てて英語とスワヒリ語（への帰依）へと回帰してでも何とか就職を確保しようという、実利主義的な姿勢への転換を漸く見せ始めてもいた。

二〇〇七年総選挙では、与野党が共に国策としての英語とスワヒリ語重視の姿勢を一応見せたものの、シェン語による惹句の魅力を見限ってシェン語をすっかり切り捨てることは、やはり現実的にはできなかった。典型的な多産多死社会型（「ピラミッド型」）の年齢別人口構成をもつ若い国家ケニアでは、若年世代が実に人口の六〇パーセントを占めていて、彼らの心に一気に入り込むには、シェン語に優るコミュニケーション・ツールが他に見当たらないからである。

まず、ここで当時の主要三政党であるＰＮＵ、ＯＤＭ、ＯＤＭ－Ｋの選挙キャンペーン用惹句を列挙して、比べてみよう。現職大統領が支持母体として急遽結成して選挙戦に臨んだＰＮＵ（Party of National Unity、国民団結党）は、キバキ政権下の五年間の順調な経済成長を強くアッピールして、公式にはスワヒリ語による惹句“*Kazi iendelee.*”（「仕事を継続させよう」）を前面に打ち出した。

ＰＮＵの対抗馬で、この時は（特にＯＤＭ－Ｋの離脱までは）大統領選挙の本命と見られていたライラ・オディンガの統一野党ＯＤＭ（Orange Democratic Movement、オレンジ民主運動）は、内陸スワヒリ語（Upcountry Swahili）の“*Chungu moja, Maisha bora.*”（「丸ごとオレンジ、ましな暮らし」）と、英語の“Real change is coming.”を、切り札の惹句として併用した。「丸ごとオレンジ」（*chungu moja*）、つまり切りわけられていない一個丸々のオレンジとは、ＯＤＭの投票用シンボル・マークである。ＯＤＭの支持者たちは抱えきれない程の数のオレンジを各々携えて選挙キャンペーンの会場に乗り込み、それを掴んだ両手を天高く突き上げて気勢を上げた。中には、たくさんのオレンジをハワイのレイのように繋いで首から下げる者たちの姿も見られた。また、都市部では、ＯＤＭの支持者たちが、通りがかりの市民に盛んにオレンジの大盤振る舞いをしたのであった。

一方、ＰＮＵはバナナをこの目的で使った。ケニアでは、農村部の高齢の女性を中心に文盲の人口も小さくないので、投票用紙に印刷された各党（各候補者）のシンボル・マークに×印を付けて投票する方式が今でも採られているのである。だから、庶民にしっかり党のシンボル・マークを覚えて貰う実際的な必要が存在するのだ。

ＯＤＭの英語による惹句“Real change is coming.”は、同時進行中のアメリカ合衆国大統領選挙で民主党候補バラック・オバマが掲げた惹句“The change we can believe in”との連想効果をあからさまに狙ったものだった。というのも、米国大統領バラック・オバマの同名の父親が、ＯＤＭの統一大統領候補ライラ・オディンガと同じルオ人で、当時ケニアでは、国を上げてその話題で持ちきりだったからである。この惹句“Real change is coming.”の最大のターゲットは、（後述のように、二〇〇七年総選挙で前代未聞の「若者革命」を巻き起こすことになる）高学歴の若者たちだった。そのケニアの若者たちは「忘れられた世代」と呼ばれてきて久しかったのである（小馬 2008b）。

さて、先に触れたように、大統領統一候補を選ぶＯＤＭの予備選挙でライラ・オディンガに敗れたカロンゾ・ムショカ（カンバ人）がＯＤＭを離脱して結成したのが、ＯＤＭ‐Ｋである。そのスワヒリ語の惹句 "*Maisha bora zaidi*"（「もっとましな暮らし」）は、ＯＤＭの惹句 "*Chungu moja, Maisha bora*"（「丸ごとオレンジ、ましな暮らし」）を意識して、ＯＤＭ‐Ｋこそがオレンジ民主運動を担うべき正統的な政党であることを主張するものだった。なおこの惹句は、本来ならその前に来るべき、ＯＤＭ‐Ｋのシンボル・マークを意味する *chungu nusu*（半切りオレンジ）の語を——自明なので——省略している。

このように概観してみると、二〇〇七年総選挙では、その前回の二〇〇二年総選挙で鍵を握った "*unbwogable*" や "Kibaki *tosha !*" に匹敵する、切れ味の良いシェン語の語感が冴えわたるような新たな惹句は見当たらない。しかしながら、ＰＮＵは "Kibaki *tosha !*" を焼き直した "Kibaki *tena !*"（今度もキバキ〔でキマリ〕！）をそれなりに流行らせることに成功した。また、ＯＤＭ‐Ｋの選挙キャンペーンで最も有卦に入ったのは、看板の惹句 "*Maisha bora zaidi*" ではなく、カロンゾが自分自身（スティーブン・カロンゾ・ムショカ）のファースト・ネームを、シェン語風にステボ（Stevo）と呼んだ事実だった。

Stevo は、Stephen のシェン語表現である。先に述べた通り、シェン語はどの借用語も音位、語形、綴り、意味内容のいずれか（またはその複数）の要素を、独特の仕方で微妙に変形させて作り変えている。この原則は、人名や地名などの固有名詞にさえもそのまま当てはまり、クリスチャン・ネームはどれも末尾に特有の変化を加えるのである。幾つかの人名を例に挙げれば、James は *Jaymo*、Stanley は *Stano*、Robert は *Robo*、Clementine は *Clemo* となる。

そして、民族固有の名前もまたこの例に漏れない——例えば、カレンジンの女性名 *Chemutai* が *Chemu* と言い換えられるという具合に。当時五〇歳になるかならない年齢のカロンゾは、自らをシェン語でステボと呼んで、六〇歳代のライラ・ディンガや七〇歳代のムワイ・キバキとの違いを強く訴えたのだ――つまり、自分こそが「忘れられた世代」である若者たちの代表なのだと。スワヒリ語による「長老（*mzee*）／若者（*kijama*）」が年齢範疇を二分するケニアでは、若い壮年は「若者」の年齢範疇に入るし、容姿が若々しいことも手伝って、若者はカロンゾの自己主張を好意的に受け止めたのだった。そして、彼のそれなりの善戦が野党候補の本命であったライラ・オディンガの圧倒的優勢を脅かし、大統領選挙の帰趨に極めて重大な影響を及ぼした。それは、或る意味で、二〇〇七年の大統領選挙を（政府与党による）「盗まれた選挙」にする条件を意図せずして用意し、さらには「二〇〇七年総選挙後暴動」の伏線になるという皮肉な現実を結果することになったとさえ言えるかも知れないほどの要因である。

一方ＰＮＵは、野党の中傷という非公式的な側面で、シェン語を援用しようと試みた。現職大統領のムワイ・キバキ（ＰＮＵ）は、二〇〇二年の総選挙でＮＡＲＣ（虹の連立国民連盟）の大統領統一候補となって、ＫＡＮＵ（ケニア・アフリカ人民族同盟）長期独裁政権の不正を激しく追求して大勝利した。それにもかかわらず、キバキ政権は、すぐに前政権以上に汚職まみれになってしまう。その変節と裏切りを国会の内外で厳しく批判し続ける野党を、与党ＰＮＵは、“*Domo! Domo! Wacha kupiga domo!*”（ちっちゃいぜ！ ちっちゃいぜ！ 止しなったら、ちっちゃいぜ！）と盛んに揶揄してみせたのである。キーワードの *domo* は、スワヒリ語の単語 *mdomo*（口の意味）から作られたシェン語の新語で、「口先での瑣末なあげつらい」という意味で使われている―― *kupiga domo* は「口先で瑣末な事をあげつらう」（こと）の意である。

野党も、“*Domo! Domo! Wacha kupiga domo!*”の *Wacha kupiga*（止しなったら）の部分に、当時激しく物議を醸していた幾つかの疑獄のどれかの名称を当てはめて、直ぐに逆襲に出た。例えば、“*Domo! Domo!* Anglo Leasing *domo!*"（ちっちゃいぜ　ちっちゃいぜアングロ・リーシング、ちっちゃいぜ〔てかっ〕！）という風に。なお、アングロ・リーシングは、架空の建築資材納入を装った公金横領のために（当時の）前副大統領らがでっち上げたとされる、幽霊会社の名称である。

以上に簡単に見渡しただけでも、右に挙げた各政党の選挙キャンペーン用の公式の惹句よりも、シェン語によるカロンゾの自称 *Stevo* のポピュリスト的な機知や、中傷合戦の言葉遊びの方が、遙に精彩に満ちていて広く耳目を引くものであることは、明白であろう。

2．スワヒリ語かシェン語か

それでも、二〇〇二年の総選挙に比べると、二〇〇七年の総選挙では、シェン語の惹句の援用は下火だったと言える。むしろ目につくのは、ＰＮＵが"*Kazi iendelee.*"（「仕事を継続させよう」）、ＯＤＭが"*Chungu moja, Maisha bora*"（「丸ごとオレンジ、ましな暮らし」）、そしてＯＤＭ－Ｋが"*Maisha bora zaidi!*"（「もっとましな暮らし」）、と主要三政党の全てがスワヒリ語の惹句を前面に押し出して戦った事実だろう。それらが英語表現でないのは、大衆の心に届くのが、なんといっても日々の暮らしの中にある使い慣れた土地の言葉だからである。

それゆえ、政治的な呼びかけや選挙戦のキャンペーンの惹句に限らず、商品拡販競争用には、頻繁に内陸スワヒリ語の惹句が案出されてきた。それらは、いかにも精彩のある機知と活力に満ち溢れていて、耳にしても、ふと口ずさんでみても実に楽しい。ここでは、（本書第1章でも触れておいた）分かりやすい実例を一つ引いてみたい。

ケニア電灯電力会社は長らく、自社の数少ない支店店頭での支払いしか認めてこなかった。ところが二〇〇七年に、郵便局、およびバークレイズ銀行と提携して、前者の二百余の支店、ならびに後者の一一五の支店と二一五のＡＴＭ

写真 10（左上）：2004 年からケニアで、新聞、テレビ、ラジオなどマスメディアを総動員して展開されていた、反エイズ＝禁欲キャンペーン（「*ku chill* 計画」）ポスターの初版。左下隅に描かれた「*chill* 付き V サイン」に注意。「非文字言語」であるシェン語の独特の論理と表現が窺える。

写真 11（右上）：「*ku chill* 計画」の最新版ポスター（2005 年３月末現在）。図１のキャッチ・コピーのうち、"We don't follow the crowd" が "We won't be taken for a ride" に置き換えられている。これは、学校が性的放縦の温床になりがちな実情も仄めかす、巧みな表現だと言える。

写真 12（下）：既婚者を主なターゲットとする「*chanukeni* 計画」のポスター。"My husband knows I'm HIV positive and we're still together" という惹句が印象的だが、*Chanukeni pamoja*（［夫婦で］一緒に開明［＝受検］しよう）というシェン語の表現が鍵になっている。

でも料金を払える、"easy pay" キャンペーンを強力に展開した。その "easy pay" キャンペーンのバークレイズ銀行版の惹句は、"You can now/ pay your/ electricity bill/ at any Barclays/ branch." と英語で綴られていて、まるで面白みのない、誠に素っ気ない表現に終始していることが分かろう。

一方、内陸スワヒリ語版では、ケニア電力会社も "easy pay" キャンペーンを *MALIPO PAPO HAPO*（その場で即支払い）キャンペーンと、実に親しみやすい仕方で命名した。そして、同じキャンペーンの郵便局版の惹句は、"*Malizakulipa/ malipopapo/ hapokokote/ ulipomalipo/ papohapo.*"、意訳すれば「払おう／即金で／どこでも／その料金／そこで即」と、内陸スワヒリ語のポコポコと心地良く弾むような、面白い独特の早口言葉調になっている。[4] これを口ずさんでみれば、厄介を極めた料金支払いが一挙に楽にできるようになるのだという起死回生のメッセージが、心地よく軽快に伝わってくるのが実に良くわかるに違いない。

内陸スワヒリ語による宣伝文句の楽しさとその効果の大きさは、このようにたった一例を示すだけでも十分良く分かると思う。"You can now/ pay your/ electricity bill/ at any Barclays/ branch." の如何にも官僚的で素っ気ない表現と引き比べれば、それは一目瞭然と言うべきだろう。しなしながら、その民衆一般の有卦に入り易い内陸スワヒリ語の表現も、日々新語や新たな表現を生み出して（ケニアでは全人口の六〇%を占める）若者世代の心を鷲掴みにして興味を掻き立て続けているシェン語の絶大な威力には、遠く及ばないのが実情なのである。

二〇〇二年総選挙でシェン語の "*unbwogable*" が絶大な威力を発揮したことは、先に述べた。この他にも、若者層をターゲットとするエイズ撲滅キャンペーンでも、シェン語が重用されてその都度巧く成功を収めてきた。例えば二〇〇五年には、シェン語の新語である *chill*（クールになる、クールである）を鍵語とする、"*Ni poa ku chill.*"（クールが素敵なんだ）や、"*Sex? Hapana, tume-chill.*"（セックス？　まさか、僕らはクールになったのさ）などの惹句（写真10、写真11）が大ヒットした（小馬 2005b: 10-11）。

さらに、若い夫婦向けには、シェン語単語 *“chanuka”*（開明する）を「ＨＩＶ検査を受ける」の意味に転用した惹句、*“Chanukeni pamoja.”*（〔夫婦で〕一緒に開明〔＝受検〕しよう）が、（その図柄である）寄り添って微笑み交わす若夫婦の幸せな思いに深く満たされた表情の美しいポスター（写真12）と相まって、全国民に好意的に受け止められたのである。もっとも、*“Chanukeni pamoja.”* を戦略的な位置に記したこのポスターには、*“Onyesha mapenzi yako.”*（あなたの愛を示そう）というスワヒリ語の惹句が絵柄の上に配されている。また活字の大きさは落ちるものの、*“My husband knows I'm HIV Positeve and we're still together.”* という英語の惹句も添えられていて、ケニアの国語（スワヒリ語）、公用語（英語）、「姿なき言語」（シェン語）という「全国語」が三つ巴で総動員されたコラボレーションの傑作と見るべきかも知れない。

3．「若者革命」とシェン語

実は、二〇〇七年総選挙に臨んでシェン語の惹句を駆使したのは、政党ではなく、「若者革命」と通称された、若者世代が各地で緩やかに連帯して繰り広げた政治参加運動であった。ただし、この勃興する「若者革命」は主観的には明確な輪郭をもつ運動だったことも確かで、Ｋ．Ｊ．の愛称で知られるキアリエ・ジョン（ギクユ人）がこの運動の中心人物として圧倒的な影響力を発揮した。Ｋ．Ｊ．は、パイオニア的喜劇グループレディキュラス（Redkyulass）の一員で、ＦＭラジオキャスターとして絶大な人気を博する、当時三〇歳代の若者だったが、彼はまた最新のシェン語の無類の創り手であり、その旺盛な発信者でもあった。

二〇〇七年総選挙の際立った様相は、若者世代が史上初めて大挙して国会議員・地方議員選挙に立候補して善戦したことにあった。特に国会議員選挙では、金をばら蒔かないと宣言して戦った若くて高学歴の新人候補が続々当選して全議席の三分の二を占め、利益誘導型の古手の大物政治家をほぼ一掃し去った観さえもある。しかも、ODMの圧勝だったとはいえ、「若者革命」が――いわばシェン語と同様に――超党派的「現象」だった事実は、国民統合の観点で実に重い意味をもっていよう。

代表例は、リフトバレー州チェランガニ選挙区の当選者、当時弱冠三〇歳のジョン・クトゥニである。彼は二〇〇六年にモイ大学を卒業した若輩だったが、学生運動の経験を活かして現職の農業大臣（農業国ケニアでは重職）キプルート・キルワをODM党予備選挙で退け、他党候補に転じたキルワを本選挙でも一蹴した。彼は、二〇〇七年総選挙後の、内戦に近い激しい暴動時にも、身を挺して果断な行動に訴えて、人々を驚嘆させる。一報を得ると即座に選挙区内の抗争現場に駆けつけ、敵味方なく人々の説得に奔走してその地の暴動を一気に鎮めてしまったのだった。

前国連事務総長（当時）のコフィ・アナンの調停工作が最後に危うく成功して大連立内閣が成立した後は、諸民族の融和回復が最優先課題となった（小馬 二〇一七b）。そして、幾つかの紛争中心地でムワイ・キバキ大統領（PNU）と新設＝新任のライラ・オディンガ首相（ODM）が呼応して和解を呼びかける、各々の紛争地域での平和集会が企画された。この時にも、やはり新人議員が躍動する。二〇〇七年の三月半ば、三五歳の新人国会議員マゲレル（キプケリオン選挙区）がまず第一にその実現に漕ぎつけ、クトゥニがそれにすぐ続いた。

K．J．はケニヤッタ大学時代にニャンバネ、トニー・ンジュグナの二人と共に、喜劇の劇団レディキュラス（Redkyulass）を結成する。この劇団は、二〇〇七年まで日曜のゴールデンアワーにNTVで放送される自前の三〇分番組 Red Corner の成功で、視聴者に熱狂的に支持されていた。彼らが大物政治家に扮する卓抜な笑劇の毒は、モデルにされた誰彼の心胆を寒からしめると共に、国民を抱腹絶倒の笑いの渦に巻き込んだ。彼らは、瞬く間に幅広い若者世代の英雄になったのである。

二〇〇〇年代半ばには、ケニアの二大紙である『ネーション』と『スタンダード』がシェン語を目玉にする各種の「マガジン」（pull-out）を無料の付録にし始めた。シェン語は俄に文字をもつ全国語になり、なかでもK．J．がその卓越した使い手として権威になった。多芸多才なK．J．が、『日曜ネーション』紙の付録雑誌である「バズ」でも丸々一頁（標題は Head on *Corrishon*）を任され、自筆の辛辣な漫画と気のきいたシェン語文を駆使する紙面で、溌剌たる社会風刺を繰り広げたからである。彼の才能は忽ちの内に若者たちの心を虜にし、彼らは毎週 Head on *Corrishon* が読める日曜日の到来を待ち焦がれるようになったほどである。

そして彼は、二〇〇五年の国民投票後もこれに大敗したキバキ大統領が政権に居座ることにしたと知るや、破顔一笑する若者が腕時計の文字盤を指で差し示すカットを描いて Head on Corrishon のシンボルにし、"*VIJANA TUGUTUKE, NI TIME YETU.*"（立て我等若者よ、我等が時ぞ）というシェン語の惹句をそれに添えた。K．J．が創った"*tugutuka*"（"*tugutuke*"の原型）という単語は、先に触れた"*chanuka*"（開明する）の同義語だが、"*chanuka*"の「ＨＩＶ検査を受ける」という公衆衛生的な含意は削ぎ落されていて、政治的語義に特化したものになっている。

K．J．は「バズ」（『日曜ネーション』紙付録）二〇〇六年一月二九日号に、盲目の二老人（二大政党）が相携えて杖をつきながら、「おうさ、若者どもよついて来い。国家の展望は（我等に）ある」と言いつつ、「帰らざる際」の立札がある千仞の谷の縁へと歩みを進める漫画を載せている。彼は鋭敏にも、この時点で既に「二〇〇七年総選挙後暴動」という未曾有の悲劇（内戦）をほぼ予測して、血を吐くような警告を発していたのだ。

その後K．J．は、政治活動との混同の誹りを避けるために、総選挙の一年ほど前に芸能界から進んで潔く身を引いた。そして、二〇〇七年初めには、呼びかけの惹句を"*VIJANA TUGUTUKE, NI TIME YETU.*"（立て我等若者よ、我等が時ぞ）から、*"VIJANA TUGUTUKE, WAZEE WASTUKE."*（立て我等若者よ、目ん玉ひん剥け老人よ）に置き換えると、同僚の Redkyulass などの「セレブ」たちを総動員して全国巡回の無料野外ショーによるキャンペーンを展開した。彼らは、政党の支援は悉く断ったが、国家選挙管理委員会と連携して、ショー会場で若者の選挙人登録を行い、若者世代の立候補を鼓舞し援助し続けた。まさしくそれが、ジョン・クトゥニら「忘れられた世代」勃興の呼び水になった枢要な要因であった[5]。

なお、二〇〇七年の総選挙でも、当然ながら最大の焦点は大統領選挙であった。その選挙にほぼ半年先立つ二〇〇七年八月、アメリカ煙草社（American Tobacco Kenya）は、トヨタ車を目玉賞品として、紙巻き煙草ペル・メル（Pall Mall）[6]の販売拡大キャンペーンを大々的に繰り広げていた。その惹句が、*"Shinda Dinga Uwakilishe."*であった。この惹句には隠された政治的な意図が幾重にも込められていること、恐らくそこにはシェン語の若者層に対する圧倒的な影響力を梃子にした巨大な仕掛けが潜んでいたであろうことを、本書第3章で事細かに分析しておいた。その内容が、本章のこれ以降の論旨の展開の布石となっているので、ここであらためて再説しないけれども、読者には前章第五節の内容をここで再確認しておいて頂きたい。

三、シェン語と「国民文学」の可能性

本章の前節までを振り返って、シェン語の近年の変化を思い切って要約すれば、次のようになるだろう。

ケニアで年々深刻さの度を深めるようになった就職難は大学生たちを俄かに現実的にし、ポップなシェン語文化に

見切りを付けた（一部の）学生たちを英語や新標準スワヒリ語（*Kiswahili sanifu*）、いわば「学校スワヒリ語」へと「回心」させ、或いはシェン語の社会的意義を変質させた。その結果、二〇〇七年前後にはシェン語は、ホットな政治キャンペーンの言語から拡販競争キャンペーンの言語へと重心を大きく移しつつあった。しかしそれは単純な変化では必ずしもなく、何かの拡販競争キャンペーンの惹句には、シェン語の融通無碍な表現力を巧みに利用して埋め込んだ、政治的で意味深長なメッセージが密かに託されている場合が見られるようになった。

さてこの事実は、半面では、シェン語が現代ケニアの市民生活に一層深く関わる独特の力を獲得しつつあり、ケニアの「国民文学」形成のメディアとなる可能性にも繋がっていることを示唆している。またその力は、シェン語が草創期からもっていた属性である「ストリート性」に、やはり通底していると思われる。

1．スワヒリ語・シェン語の「付合」

さて、本書の第3章の最後で論じたように、空間のあり方を「場所」と「非‐場所」の対概念で捉える文化人類学者マルク・オジェのシェマが、右の仮説を検証する恰好の糸口を与えてくれそうだ。

マルク・オジェが述べた通り、場所とは、①自己との関係、②他者との関係、③共通の歴史との関係を三重に象徴する空間（α）であると同時に、またその三重の関係それ自体（β）でもあるとすれば、暮らしのための言語（ここではシェン語）の属性にも、当然、③「共通の歴史との関係」を紡ぐ空間としての場所性を見い出すことが可能だろう。本節では、この視点に立って、本書の第3章第二節で取り上げた、ライラ・オディンガの言葉、“*Tingatinga imanguruma.*”にもう一度立ち返って、さらに詳しく立ち入った検討を加えてみたい。

第3章第一節で取り扱ったペル・メル煙草の宣伝広告の惹句“*Shinda Dinga uwakilishe.*”の分析では、例えば

"*shinda*"という単語のスワヒリ語とシェン語の間の意味の斜行的なズレ、および「コード（言語記号体系）の切り換え」(code switching)によって生まれるメビウスの帯的な逆説の緊張感を先ず提示した。次いで、*tingatinga*、*tinga dinga*、Odinga、Oginga等の言葉相互の多重な関係が作り出す意味の複合と多声的な交響を読み解いた。

ただし、今ここで問題とするのは*tingatinga*ではなく、逆に"*Tingatinga inangururma.*"の文の後半部に当たる"*inangurma.*"中の動詞"*ngurma*"なのだ。しかも、"*ngururma*"の語に引喩的・換喩的に関連する語との重なりとズレという、言語内現実を直に取り扱おうというのでもない。今試みたいのは、動詞"*ngurruma*"が文中に使われていて、しかも（ライラ・オディンガの有名な）"*Tingatinga inangururma.*"という「秀句」との（日本の連句でいう）「付合」関係を織り成している、他の幾つかの広告文の表現との比較考量、つまり「共通の歴史との関係」の検証である。また、それを通じて、その「共通の歴史との関係」が「付合」で形作られていく「場所」としての、シェン語の社会的側面でもある。

実に、"*Tingatinga inangururma.*"の言葉としての面白さと鋭さを、商品の販売促進キャンペーンに巧みに援用した惹句がある。それは、あたかも、二〇〇二年総選挙での史上初の政権交代の実現に資した"*Kibaki Tosha !*"を真似て、"*Radio Citizen tosha !*"が叫ばれた状況を思い起こさせるのである。すなわち、「東アフリカの巨人」と呼ばれるケニアの携帯電話通信会社サファリコムが、二〇〇六年一二月頃、"*Ngurruma na* pickup."（ピックアップで鼓動を響かせよ）という惹句を鍵とする、一大キャンペーンを実施したのだった。

新車を手にすることは、一般に貧しいケニア庶民の見果てぬ夢（高嶺の花）である。このキャンペーンの最高賞品であるピックアップを射止めた幸せ者の張り裂けんばかりの胸の高鳴りと、光輝く新車の心頼もしいエンジン音とを重ね合わせる言語効果が印象的な、見事な惹句だと言えるだろう。なお、ピックアップもトラクター同様に、一種の

"*tingatinga*"（振動音を発する機械）であるのは言を俟たない。

ここで、第３章第一節では敢えて素通りしておいた、"*Tingatinga inangurumu.*" の一層深い含意を浮かび上がらせてみよう。この言語表現でライラ・オディンガが試みたのは、雷を媒介項にトラクター（彼が主宰していた政党であるＮＤＰの党章）と若雄鶏（政権党ＫＡＮＵの党章）の二者の類似と相違に関する、彼なりの象徴的対比を試みることだった。"*ngurumu*" は、ライオンやヒョウの唸り声の叙述に常用されるスワヒリ語の動詞で、太くて大きな音声を轟かせることを意味する。無論、雷鳴やそれに似たトラクターとか自動車のエンジン音の描写にもしばしば用いられる。だから、"*ngurumu*" する点では、トラクター（ＮＤＰの党章でオディンガを象徴）は雷に似ている。一方、若雄鶏（ＫＡＮＵの党章）がけたたましい声で鳴くのには、"*wika*" という動詞が使われるのであって、決して "*ngurumu*" は用いない。要するに、若雄鶏は "*ngurumu*"（聴覚）に関しては、雷にまるで似ていないのである。

ところが、事はそれほど単純ではない。スワヒリ語や（海岸地帯の）スワヒリ文化とは全く無関係に、オディンガの出身民族であるルオ人（西ナイル語系）やカレンジン人（南ナイル語系）を初めとするケニア内陸部の多くの民族の伝承では、雷獣は真っ赤な鶏冠をもち、激しく羽ばたいてけたたましく鳴く巨大な雄鶏として形象されてきた。つまり、この意味（視覚）では、（ライオンやヒョウではなく）若雄鶏こそが雷に似ているのだ。

トラクター（小さな野党であるＮＤＰ）が若雄鶏（政権党であるＫＡＮＵ）に飲み込まれると囃し立てられ、揶揄された オディンガが、即座に "*Tingatinga inangurumu.*"（トラクターがエンジン音を轟々と響かせている）とやり返した時、内陸部の人々は恐らく伝統的な雷と雄鶏の観念複合を心に鮮やかに蘇らせたことだろう。こうしてオディンガの一言は、それをＮＤＰとＫＡＮＵの合同に重ね合わせて再解釈して反撃に転じ、まんまと窮境を脱することに成功したのだった。若雄鶏（ＫＡＮＵ）はけたたましく鳴く（"*wika*" する）だけであって、その腹の内側からトラクター（ＮＤ

P）が唸り声を大きく轟かせ（"*ngurumа*"）て雄鶏の鳴き声を圧倒し去ることになるのだ、と。

ケニアの人々は、この一幕の政治劇を印象深く記憶に留めている。だからこそ、"*Nguruma na* pickup."（ピックアップで鼓動を響かせよ）キャンペーンが、言語内現実（当選者の高鳴る心臓音と賞品の車のエンジン音の巧みな比喩）の叙景で歓心を煽ることを遙に超えて、言語外現実である社会の次元、すなわち選挙キャンペーンで成功を収められたのだと言える。つまり、ライラ・オディンガの政治・文学的才能に衆人が目を見開き、彼の政治家としての声望を一気に高めることになった、現代ケニア政治史の鮮やかな一頁（言語外現実）が説得的な背景となって、"*Nguruma na* pickup." キャンペーンの成功に大きく寄与したのである。

恐らくそれゆえにこそ、"*Nguruma na* pickup." は、二〇〇七年三月に、もう一度繰り返されることになったのだ。ただし、今度は変奏され、"*Nguruma tena !*"（鼓動を響かせよ、もう一度！）とキャンペーンの名を変えて。この後者の惹句は、即座に "*Kibaki tena !*"（キバキでキマリ！）という、（当時同時進行中の二〇〇七年総選挙キャンペーンにおける）キバキ陣営のキャッチフレーズを連想させたのだった。

なお、"*Kibaki tena !*" の惹句もまた、二〇〇二年の総選挙でケニア史上初の政権交代劇を導いた惹句 "*Kibaki tosha !*" のパロディーであることは、既に述べた通りである。当時半官半民の会社であったサファリコム社が、今度は東アフリカの巨人として、オディンガの政敵に変貌した現職のムワイ・キバキ大統領への密かな支援（変節）を表明した惹句だったと言えるだろう。

さらにサファリコム社は、民営化直後の二〇〇八年五月に始めた新拡販キャンペーンを、"*Bonyoka na* pickup."（持ってけピックアップ）と銘打って展開した。"*Nguruma na* pickup."（ピックアップで鼓動を響かせよ）の "*nguruma*" を "*bonyoka*" に置き換えただけだから、"*Nguruma na* pickup."（ピックアップで鼓動を響かせよ）との音の響き合いと意味の重なり合いがしっかりと確保されている。そして、"*Ngurumu na* pickup." を仲介項として、オディンガが "*Tingatinga inangurumu.*" の名文句を吐いた歴史的なシーンもまた、マルク・オジュの言う「共有の歴史との関係」として繋がりをもつことになるのである。

2．枕詞、掛け詞、語呂合わせ

さて、ここまで、政治や拡販のキャンペーンに使われるシェン語とスワヒリ語の惹句の力を、具体例に即して分析してきた。ただしその目的は、シェン語の個別性・特殊性を論じることにはなく、むしろ逆に、その一般性を明らかにすることにある。

人類学徒である筆者は、シェン語こそがケニアを国民（nation）的統合へと向わせる力を持っている言語だと強く感じている。この目覚ましい可能性は、新標準スワヒリ語（国語）にも、英語（公用語）にも、また――現代アフリカ文学の旗手の一人であるグギ・ワ・ディオンゴの母語であるギクユ語も含めた――ケニアのどの民族語にもないものだ。本章は、ここまで、その可能性の検討へと螺旋状の航跡を描きながら徐々に焦点を絞り込んできた。

先に、「場所」としてのシェン語に「共通の歴史との関係」形成の契機を探るのに際して、日本の文芸の伝統である連句の「付合」の概念を作業仮説として援用した。今ここでも、特殊日本的と見られがちな縁語や掛け詞などを参照して、シェン語の文芸的な側面を浮上させてみたい。この意味で、豊かな霊感による示唆を与えてくれるのが、大野晋と丸谷才一が文体を縦横に論じた或る対談である。ここで暫く二人の議論に耳を傾けつつ、論を進めてみよう。

大野は、古代文学で掛け詞や縁語、特に枕詞が成り立っていたのは、「ひとつの単語が必ずしも常にひとつの意味だけをもつのではない、という約束」があったからだと言う（大野・丸谷 1977: 84）。現代の日本人は非常に早口だが、以前はずっとゆっくりで、「ひとつの音からひとつの意味だけを思い浮かべないで、相手の発言を終わりまでまって」いた（大野・丸谷 1977: 85）。「だからこそ、上からのつながりではAの意味になるはずなんだけど、下からの繋がりではBであるといった、そういう掛け詞の表現ができた」のであって、それらは「基本的にはやはり文字がない言語生活の社会で使われる技術」だという（大野・丸谷 1977: 86）。

大野のこの指摘は、筆者がこれまでに具体的に展開してきた様々なシェン語の惹句相互間の意味連関、ならびにそうした意味連関が成り立つ口語的環境、ことに頻繁にコード・スイッチングが起きるという状況にもよく当てはまることは明らかだ。

大野は、以上のような認識に基づいて、ジェームズ・ジョイスの文体について、次のような示唆的な評を下す。「言葉を目で見てすたすた読んでいくというのは、言葉が、印刷された文字に縛られた状態ですね。そういう軛から言葉を解きはなって、もっとゆるい状態において、絶えず二重の意味を喚起していく、素朴な原始性のある活動力みたいなものを回復しようとあの作家は思っていた」（大野・丸谷 1977: 86-87）。

ジョイスが実現しようと希求したと大野がいう「もっとゆるい状態において、絶えず二重の意味を喚起していく、素朴な原始性のある活動力」とは、ケニアのシェン語が（オジェがいう）「場所」として実現しているものを彷彿とさせるだろう。私が取り上げたシェン語の惹句は、政治的なものであれ、拡販用のものであれ、新聞という活字メディアよりもむしろTVやラジオに一層頻繁に登場する。ケニアの農村部では、新聞は日ごとに村人の幾人か、大抵は近くの学校か役場に勤める者が買ってそれを他の村人たちが回し読みする程度の普及状況だし、電気がまだ届かない地域も多く、そうでなくともTVの普及率は低い。乾電池で事足りるラジオ放送こそが、真に大衆的なメディアなのである。そして人々が熱中する選挙キャンペーンでは、対面的な口語のコミュニケーションが絶大な影響力を保っている。

丸谷は、ジェームス・ジョイスが暗に張り合おうとしていたシェイクスピアの言葉は、奇矯な語も沢山あるほど造語性が強く、また洒落も多いことが特徴だという。そして、語呂合わせが必ずしも滑稽なものではなかったという点では日本の古典文学と同じだと、重要な指摘をしている。要するに、「言葉の多元的な、多層的な機能によって言葉の力を増幅しようとする態度」が当時の文学の大前提だったと見ているのである（大野・丸谷 1977: 87）。既に取り上げたシェン語の事例でも語呂合わせが決して滑稽ではなかったように、シェン語の惹句の語法にはシェイクスピアやジョイスの言葉使いにも通じる一面があることは間違いない。

さらに、ジョイスも、或る意味では、シェイクスピアの時代に通じる言語環境を生きていた、と丸谷は言う。ダブリンでは、英語（侵略者の言語）の他に、事実上は死語で、ナショナリズムの一表現でしかないゲール語、カソリック教国として教会で常用されるラテン語、それから、人々が愛好したオペラのイタリア語が、耳から入ってきた。でも、そのどれもが本当の意味では自分たちの言葉ではないがゆえに、人々は幾分距離を置いてそれらの言語と接することになり、「それら相互のあいだの関係、ないし無関係を利して駄洒落がいくらでも言える」のだった。ジョイスは、そんな「奇妙に複雑な言葉の富」と「耳で聞く言葉の楽しさを生かしたいと思って」、独特の作品を書いたのだ（大野・丸谷 19772: 87-88）。これが丸谷のジョイスの作品に関する一般評である。

3．多言語空間としてのダブリンとナイロビ

丸谷によるジョイスの時代のダブリンの多言語的な環境の叙述は、私がここまで縷々書き綴ってきた現代のナイロビの言語環境、ことに居住エステートに生まれ育った人々を取り巻く言語環境を彷彿とさせないだろうか。

まず、単純なアナロジーを用いれば、オペラのイタリア語は、若者の間で人気が高いヒップホップの言葉であるアメリカ黒人の米語口語であり、死にかけたゲール語は、親たちが話す民族語（固有語）である——この場合は、ステート・ナショナリズムではなく、エスノ・ナショナリズムのための言語になるが。そしてラテン語に当たるのは、日常生活の言語メディアではなく、つまるところ学校の授業と試験だけのための言語だと観念されている新標準スワヒリ語にやや近いだろうか。こうして、「奇妙に複雑な言葉の富」はまた、ナイロビの庶民のものでもあったのだ。

しかし、当然ながら、本質的な違いもある。ナイロビにはまだジョイス（に匹敵する文豪）が現れていない。しかし、ダブリンにはそもそも自前の生活言語がなかった。では希望は、はたしてどちらのものか。ダブリンでは、「これだけいろいろの国語が耳から入って来て、しかもどれも本当の意味での自分の言語じゃない」（大野・丸谷 1977: 87-88）のだが、シェン語はケニア人の国語でも公用語でもないものの、「本当の意味での自分の言語」なのだ——つまり、それによって思考する言葉、すなわち第一言語である。試験のため（だけの）言葉である英語も新標準スワヒリ語も自分自身の言葉ではないが、寄宿学校時代に第一言語となったシェン語は、それ以来紛れもなく自分自身の内面を形作ってきた「自分の言語」なのである。

ちなみに、沖縄出身の若い小説家池上永一は、執筆をすべて東京で行うそうだ。「小説のことばを獲得したのが東京だったから、沖縄に戻ると言語の抽象性が高校生ぐらいに落ちて、ほんとに書けなくなる」からだと言う（『朝日新聞』二〇〇八年九月二七日）。富山弁を母語（mother tongue）とする筆者も、それで思考したり、抽象性の高い文章を綴ることはできない。同様のことが、現代ケニアの高学歴の若者たちの間で起きているのだ。ただし、彼らはシェン語で発想した内容を（大学でも）そのままシェン語で話すが、文章化する際には、英語か新標準スワヒリ語に移し換えることを求められているのである。

ダブリンでは「耳で聞く言葉の楽しさ」は、（極端に言えば）文才に恵まれたジョイス一人のものであったかも知れない。だがナイロビでは、オディンガの秀句 “*Tingatinga inangururma.*”（トラクターがエンジン音を轟々と響かせている）に “*Ngurma na* pickup.”（ピックアップで鼓動を響かせよ）が、さらにそれに “*Ngurma tena !*”（鼓動を響かせよ、もう一度！）が、かてて加えてまたそれに “*Bonyoka na* pickup.”（持ってけピックアップ）の「付合」が連鎖状に続いて行った。しかも、“*Ngurma tena!*”（鼓動を響かせよ、もう一度！）は、“Kibaki tena !”（キバキでキマリ！）の「付合」でもある。このように、「耳で聞く言葉の楽しさ」が万人のものであるばかりか、「口で話す言葉の楽しさ」もまた、疑いなく万人のものになっているのである。

連句の「付合」では、先行する句が後続の句を一方的に導き出すだけではない。後続の句が、先行する句の意味を新たな、より大きな文脈に置き換えつつ変えてしまうという、重大な作用が同時に反対方向に生起する。しかも、新たな句が絶えず連句全体の意味を少しずつ変えながら全体を再統合させて行く。これに対応する例には、“*Ngurma tena !*”（鼓動を響かせよ、もう一度！）が、ライラ・オディンガの秀句 “*Tingatinga inangururma.*”（トラクターがエンジン音を轟々と響かせている）から根本的な力を引き出しながらも、“Kibaki *tena !*”（キバキでキマリ！）の文脈、つまり（二〇〇七年総選挙ではオディンガの政敵となった）ムワイ・キバキの二〇〇二年総選挙での勝利の文脈へと、巧妙に場面転換を図っていることを挙げることができよう。

4. スワヒリ語文学の伝統

前章の終りで、英語や新標準スワヒリ語で交流するナイロビ都心は、属性において「非-場所」だから、そこを「場所」（象徴性を実現する空間）へと変えるべき心情の必然に促されて、シェン語（の話者）が郊外やスラムから都心へと日々流れ込み続けるのだと述べた。しかしながら、新標準スワヒリ語は、決して一方的にナイロビの多言語環境を「非‐場所」に変えるだけのものではないことにも、冷静に言及しておく必要がある。

第3章第一節で、ペル・メル煙草の宣伝広告用惹句 "*Shinda Dinga Uwakilishe.*" を分析した際に指摘したのは、動詞 "*wakilisha*" が同時にスワヒリ語でもシェン語でもあり得、且つスワヒリ語とシェン語では微妙に意味がずれるがゆえに、隠れた意味を、いわば「魔鏡」のように背後に密かに忍ばせることができることだった。シェン語は、新標準スワヒリ語の確固たる権威を前提として初めて、活き活きとその力を引き出せているのだと言えよう。この意味では、新標準スワヒリ語もナイロビの多言語環境を「場所」にする力としても、同時に作用しているのである。

大野は、「ひとつの単語がひとつの意味しか持たないという意味での明晰さを求めるという発想法だけじゃなしに、言葉を多層的に使うことが、言語の技術として、もっと正当な位置を占めていい」と述べた（大野・丸谷 1977:90）。それに対して丸谷は、言葉のそうした贅沢な遊びが行える条件として、言語の成熟がどうしても必要だと応じている（大野・丸谷 1977:90）。それには大野も賛意を表して、次のように言う。「ある言語社会で、そのひとつひとつの言葉の意味の決め方がしっかりしているとか、言葉がそうした成熟した状態にならないと、それを引っ繰り返すとか、兼ねて使うとか、そういうことの楽しみができない」（大野・丸谷 1977:91）。

丸谷は、右の文脈では、日本の古代や中世の言語環境に比べて現代日本語の成熟が不十分だと、かなり悲観的な見方をしている。ただし、丸谷のこの発言は、本稿の文脈に起き直せば、シェン語の置かれた言語環境の豊かさと一層の可能性を逆照射する積極的なものとなってくれると言えよう。タンザニアは、標準スワヒリ語を現代的な言語へと練り上げることを国策として、新標準スワヒリ語作りを強力に推進してきた。そして、国民形成に最も成功した（というよりは、ほとんど唯一の）アフリカ国民となった――一九六四年以来連邦を形成する、島嶼部のザンジバルとの政治的な対立が残りはするものの。

そのうえ、アラビア人が東アフリカ沿岸の島嶼部に定住した結果、混血して七世紀頃に成立したスワヒリ語には、アラビア文学に通じる長い伝統がある。即ち、母語としての海岸スワヒリ語（Coastal Swahili, *Kiswahili cha kipwani*）諸方言がその担い手であり、ウテンジと呼ばれる、形式の整った詩文に代表される様々なジャンルの文学がアラビア文字と幾つかの補助記号による文字体系で書き表されてきた。また、この豊かな伝統は、シャバン・ロバート等、スワヒリ近代文学の作家群をも輩出させる土壌となってきたのである（小馬 2005b: 94-100）。

だが、植民地期に形成された混成通用語（lingua franca）である内陸スワヒリ語（Upcounry Swahili, Kiswahili cha kibara）の話し手には、海岸スワヒリ語の慣用性も正書法も、また文学の伝統も、その全てが重荷になり、且つ生活には無縁の要素だった。海岸スワヒリ語の話者が内陸スワヒリ語をピジン視して軽蔑したことへの反発が、内陸スワヒリ語ナイロビ方言を独自のシェン語へとさらに変成・発展させる触媒ともなったのは、恐らく間違いない。こうした経緯は、シェン語がスワヒリ語の長い伝統と成熟を土台にして初めて、「それを引っ繰り返すとか、兼ねて使うとか、そういうこととの楽しみ」（大野・丸谷 1977: 91）をバネにして発展し、キャンペーンの言葉へと近年目ざましく発展出来たことを裏書きしている。

本章の読者には、シェン語のちょっと気の利いた惹句に対して筆者が途方もなく誇大な評価を与えている、と思えるかも知れない。しかしながら、「現代アフリカ文学」という概念に一般的に付き纏う二律背反、あるいは恐ろしいほどの「不可能性」を思い合わせてみれば、私の見解が不当ではないことが分かって貰えるだろう。

その一助として、本章の第２章第二節第２～３項で詳しく論じた一九八六年のノーベル文学賞をめぐるエピソードを敢えてここでもう一度想起しておきたい。

この年のノーベル文学賞をことさら特別なものにしたのは、受賞者であるナイジェリアの詩人、ウォレ・ショインカが、受賞直後のインタヴューで、ケニアの作家で、もう一人の有力な候補であったグギ・ワ・ディオンゴをわざわざ名指して、彼が作家活動を英語から母語のギクユ語に切り換えたことを激しく非難した出来事だった。グギの「転向」は、単に話題作りと人気取りのポーズだというのである（小馬 2005b: 90）。

ショインカと同じナイジェリア人で、全アフリカのカリスマ的な作家であるチヌア・アチェベも、同年の別の文学集会で、「英語を追放しろと、英語で声高に叫んでいる」グギの「おめでたさ」を痛罵した。「現実は複雑だ。複雑なものをそのままに把らえるのが文学である。現実を単純化して考える例が、たとえば言語の問題だ。教条主義的な考え方では何の役にも立たない」と（宮本 1991: 196）。

グギのように母語へと立ち返るのは、確かに一つの最もラディカルな意志のスタイルだが、一方では別の誠に深刻な困難を導くことにもなる。彼の母語であるギグユ語で書かれたグギの作品は、ケニアの他民族の人々の理解を拒絶するからである。彼は伝えるために書くのか、それとも分け隔てるために書くのか。「英語を追放しろと、英語で声高に叫んでいる作家」というアチェベの批判は、真っ直ぐにこの一点に突き刺さる。

二〇〇四年、グギが長い亡命生活の後で久しぶりに暫くケニアに戻った折にも、グギは各地の講演で昔のままの持論を愚直なまでに熱心に繰り返した。アフリカ人作家は（まず）母語で書くべきだと。しかし、この時、グギが全く想像もしていないこと、そして若者世代があまりにも自明過ぎて彼に語ろうともしなかったことがあった。それは、彼らの第一言語が今やシェン語なのだという事実である。

おわりに

シェン語には、アチェベやショインカとグギとを両極端に乖離させてしまった、アフリカ文学の宿命的な逆説を克服して、真の意味でのアフリカ文学を生み出す可能性さえも潜んでいると思う。つまり、アチェベやショインカが重視する「内容のアフリカ性」だけでなく、グギが回帰して固着した「形式（言語）のアフリカ性」をも、シェン語は同時に確保できるのだから。そして、この特性は、文学を幅広い庶民を巻き込んで、掛値なしの国民の物にする。

ただし、この可能性がスワヒリ語の可能性を土台としていることも忘れてはならない。ショインカは、スワヒリ語を将来のアフリカ共通語にするべきだという見解を、早くから繰り返し表明してきた。事実、スワヒリ語は、サハラ以南の言語として初めて、アフリカ連合（AU）の公用語の一つとなった――それに続く言語は、今のところまず考えられない。そして、現にアフリカ各地からジャーナリストがタンザニアを訪れて新標準スワヒリ語を熱心に学んでいる。実際、BBCが毎日ラジオ放送する番組「アフリカ・ネットワーク」にはアフリカ各地の人々（放送関係者か?）が登場して、流暢なスワヒリ語で現地事情を伝え、論評している。

しかし、新標準スワヒリ語はケニアの人々には、それでもやはり外国語なのだ。だから、彼らの国民的な文化や文学の媒体となり得るのは、第一言語としてのシェン語だけであろう。実際、近年『クワニ?』という大部なシェン語作品を重視する文芸雑誌が創刊され、不定期ながら、年に何冊かが刊行されている――同誌に匹敵する本格的文芸雑誌は、ケニアには他に存在しない。[7] 標題のクワニ（*kwani ?*）とは、スワヒリ語で「何故」の意味の "*Kwa sababu gani ?*"（どんな理由で?）や、"*kwa niny ?*"（何ゆえに?）の短縮形であり、シェン語もこの形を借用している。子供の詩も含めた、幅広いジャンルの実験的な作品が収録されている同誌の実際の内容が、その雑誌名に託された問の答えだということになるだろう。

だが、発行部数は数百部と極めて少なく、ナイロビの、教科書以外の書籍も販売する、ごく少数の書店でしか入手できない。かなり贅沢な作りや庶民には高額な頒価も残念である。それ以上に問題なのは、多くの作品の文学青年的な韜晦趣味の方である。むしろ、ケニアの「国民文学」の活発な営みの揺籃は、政治や拡販キャンペーンのシェン語の惹句、または主力日刊紙各紙の付録「マガジン」(pull-out) の文章、あるいはラジオ、TVでキャスター等が使う自由闊達なシェン語にこそあるだろう。そこでの言語表現は、誰にも大きく開かれていて、彼らの広範な希求に応じて日々目ざましく発展し続けているからである。

このような混成言語(まぜこぜ言葉)であるシェン語は、言語という人間活動の旺盛な生成過程をまさしく眼前で活き活きと見せてくれる。そして人々の実際の用に即して絶えず変化して止まない、言語の自然な体系性ともいうべき「言葉の力」をあらためて教えてくれるのである。

注

(1) シェン(Shen、または Sheng)という名称は、スワヒリ語(Swahili、または *Kiswahili*)と英語(English)からそれぞれ "S" と "h"、ならびに "en(g)" を借りて結合して作られたとする説がある(Mbaabu and Nzunga 2003a: i)。だが、English という単語を音位転移(metathesis)して作られたと考えるのが妥当だろう(小馬 2004: 128)。音位転移が、シェン語の造語法に広く見られるからである。また、ケニアでは、憲法で英語を公用語(official language)と規定しているのだが、シェン語がその音位転移による命名である事実には、いわば「庶民の公用語」という含意があると考えられるからでもある。

（2）次節で述べるように、「二〇〇七年総選挙後暴動」でこの事実が端なくも露になった。

（3）この時の総選挙では、国会議員選挙と地方議員選挙は、一二月二七日中に概ね平穏に完了した。だが、同三〇日、大幅に遅れていた大統領選挙の集計結果を中央選管が公表し、当選者とされた現職の大統領ムワイ・キバキが、即刻、形ばかりの就任宣誓式を強行すると、その直後（数分後）にケニア各地で激しい民族抗争が一斉に勃発した。そして、死者千名余、負傷者約数万、国内難民数十万を数える、未曾有の危機に陥ったのである。ケニアでは、この事件を「二〇〇七年総選挙後暴動」と呼ぶ。アフリカ諸国が欧米の協力も得て介入に踏み切り、前国連事務総長のコフィ・アナンがすぐに調停に乗り出したが、その後三月半ばの大連立政権発足に到るまで、予断を許さない緊迫した危機状態が続いた。「二〇〇七年総選挙後暴動」は、端的に言えば、TV中継で「盗まれた大統領選挙」を目の当たりにしたケニア国民が、グローバリゼーション下で昂進した経済格差への絶望感をいよいよ深め、ついにナショナリズムの不全をエスノ・ナショナリズムに訴えて償おうとした結果起きたと言える。この暴動は、アフリカ諸国に極めて強い衝撃を与えた。ケニアは、資源小国でありながら、政治的安定を唯一の「資源」として先進諸国や国際機関から安定的に資金援助を受け、地域大国としての地歩を確実に固めてきたからである。ケニアは、独立以来二度の政権交代も平和裡になし遂げ、ソマリアやコンゴ（旧ザイール）の内戦の調停にも尽力して、アフリカ諸国の手本と目されるようになっていたのだ。

（4）ちなみに、“*Malizakulipa/ malipopapo/ hapokokote/ ulipomalipo/ papohapo.*”（払おう／即金で／どこでも／その料金／そこで即）という惹句の早口言葉性をさらに強めることも簡単にできる。それには、“*hapokokote*”を“*hapopopote*”に変えれば良い。意味はほとんど違わない。

（5）「二〇〇七年総選挙暴動」と「若者革命」がケニアの国家、社会、民族、そして世代とそれらの相互関係にどんな影響を及ぼしたかというテーマは、本稿では扱わない。それについては、別稿（小馬 2008a、2008b）参照。
（6）英国英語ならペル・メルだが、米国英語ではポール・モールと発音される。
（7）『クワニ？』誌以前は、A五判のごく薄いパンフレット状の『シェン』誌（*Sheng*：写真2）や『レーダー』誌（*Radar*：写真3）が僅少部数発行されて街頭の露店の一商品として売られていて、少数のシェン語の単語などが紹介されていた（Moga 1994、1995c）。ただし、出版者でもあるモガが『レーダー』誌の数頁に連載形式で書いた物語である"*Chokora*"（ストリート・チルドレン）は英語で綴られている（Moga 1995a、1995b）。

第5章　ＴＶ劇《ドラマ》のケニア化とシェン語
――ストリート言語による国民文学の新たな可能性

はじめに

ケニアのストリートの言語（都市混成語）であるシェン語は、プリント・メディアの分野では、二〇〇〇年代の終盤からやや退潮傾向が見えるようになった。しかしながら、この「まぜこぜ言葉」には新たな「文学的な」発展があり、その最前線をＴＶ劇のケニア化に見出すことができる。

ＴＶ劇がシェン語で制作されるようになったのは、当然のことながら、ケニアの人々が嘘偽りのない心情を最も自然な形で表現できる言語によって日々の暮らしを営んでいるからに他ならない。ＴＶ劇がケニア化されて若者たちがそれに熱狂するようになったのには、ＴＶ劇中の科白が、種々雑多な言葉を巧みに入り交じらせて、暮らしの趣とリズムを活写する自在で闊達な「混ぜこぜ言語」、シェン語でなされている効用が大きい。

こうしてシェン語は、ＴＶ劇のケニア化の始まりと共に、選挙キャンペーンや商品販売拡大キャンペーンの宣伝広告用の言語という従来のあり方（社会機能）を超えて、若者たちと共にもう一度ケニアのスクリーン上の「ストリート」に、そしてまた現実のストリートにも力強く立ち戻ってきたのだ。

この意味で、シェン語の現下の新たな展開は、我が国を含めて、歴史上数多くの国民国家の形成過程で見られた、国家の政策による計画的な国語発展の経路とは趣を異にしている。それは、草の根の次元からの国民文学形成と言語統一の次元へと、自生的な形で滑らかに繋がって行こうとしているように見える。この点で、タンザニアに於ける新標準スワヒリ語（*Kiswahili sanifu*）の役割と鋭い対照をなす。しかし、国民統合への大きな足掛かりとなり得るケニアの国民「文学」の形成に、シェン語が貢献し得る可能性を見過ごすことなく、正しく評価しなければならない。

つまり、シェン語の最新の質的な変成が、表面的な「衰退」とは裏腹に、国民「文学」形成の展望を切り開くように深く作用し始めていることを、本書のこの第5章で具体的に論じたい。

一、シェン語とエンシュ語再考

まずこの第一節では、若者たちのアイデンティティ・マーカーとしてのシェン語の機能の一面を再検討しておこう。そして、シェン語が並行的に内包させている都市性と国民性、あるいはエリート性と庶民性という、一対をなす相反的な属性群の間に生じる捩じれの存在と、その捩じれの存在そのものが、むしろそれゆえにこそこの混成言語に結果的に付与することになる、独特のダイナミズムのあり方を明らかにする。

その前提として、筆者が本書の第4章までにシェン語の形成過程をどのように論じてきたかを敢えて要約して、シェン語の現況分析のための足場を確保しておくべきであろう。その内容を、以下、第1項に纏めてみた。

1．シェン語の形成と発展

シェン語（*Sheng* または *Shen*）は、ケニアの国民言語であるスワヒリ語で（そしてシェン語それ自体でも）「街路の言語」（*lugha ya mtaa*）、つまりストリートの言葉と呼ばれ、ケニアの庶民（特にナイロビ等の大都市住民）が日常的に常用する言語である。ただし、憲法が規定する国語（national language）、公用語、民族語、外国語のどれにも該当しないがゆえに、公式には一貫して「姿なき言語」として、つまり、あたかもどこにも存在しない言語であるかのように扱われてきた。それゆえ、ケニア国外では（ごく少数の言語学者を除いて）その実態はおろか、存在もほとんど知られてはいない。

しかしながら、シェン語は、ケニアの人々にとっては今や日々の生活上必要不可欠な言語である。だからこそ、たとえば勃興目ざましい都市ＦＭ局の放送語として、また選挙や商品拡販のためのキャンペーン活動の言葉としても、一九九〇年代から絶大な威力を国民に感じさせてきた。ことに、若者による支持は圧倒的で、母語（mother tongue）ではないのだが、彼らにとっては思考する時に脳裏で生きて働く言語、つまり第一言語（first language）になっているのである（小馬 2004a、2005a、2005b、2008b、2009a、2009b）。

シェン語は、ケニアの独立（一九六三年末）前後からケニア各地を本拠地とする諸民族の人々が首都ナイロビに急激に流入して混住した、ナイロビ縁辺部の「居住エステート」で成立した。つまり、庶民が日常生活で相互に最低限の意志疎通を図るべく、スワヒリ語の文法構造を母胎として生み出した、新たな都市混成言語だった。

ただし、この都市混成言語の骨格として用いられたのは――ケニアとタンザニアのインド洋沿岸部に住む諸民族の母語で、長い文字伝統ももつ典雅な海岸スワヒリ語ではなく――ピジン的な内陸スワヒリ語の破格な「文法なき文法」であった。またその語彙は、基幹としてのスワヒリ語とそれを補う英語を中核としながらも、ケニアの諸民族語からも旺盛に借用、あるいは流用されている（小馬 2004a）。

このような来歴も手伝って、当初、ストリート・チルドレン等の悪ガキが仲間内で使う符牒言葉（code language）、つまり陰語だと揶揄されもした。また、僅かな日銭を稼いで生きている乗合自動車マタトゥ（*matatu*）の運転手や車掌やターン・ボーイ（*mamamba*）たちが、やはり客や警官を欺くために発達させた符牒言葉だと言われもした。しかし、市民の上層部の一部で使われる（シェン語の）社会方言であるエンシュ語（Engsh、またはEnsh）が生み出されたことも手伝って、学生（特に大学生）のアイデンティティ・マーカーとなって、全国に広まって行った。

さらにその後、一九九〇年代初めにＦＭ放送が自由化されると、シェン語を自在に駆使する各局のプレゼンターたちの人気が沸騰する。この一連の発展過程を通じて、シェン語は着実に全国に広がり、若者が自前で推進する民主化運動や、若者に向けられたエイズ撲滅運動のツールともなって、目ざましい発展と変成を遂げた（小馬 2005a、2005b）。

長らくシェン語を無視し続けたケニア政府は、それが非現実的だと悟ると、今度は公用語（英語とスワヒリ語）の普及と公教育の発展に対する最大の脅威と見做し始め、その抑圧に着手し始めたと噂されている。実際、ＦＭラジオ放送によるシェン語の使用頻度が落ちたように感じられる。

ただし、有力企業の熾烈な拡販競争に限れば、シェン語のキャッチフレーズが益々多用され、むしろ実用性が高まったとも言える一面がある（小馬 2008b、2009a）。それは、この領域のシェン語表現が、スワヒリ語や諸民族語との間のズレを逆手に取る機知に富み、音と意味の綾を幾重にも重ねて生気に満ち溢れていたからだった。その結果、一時は、シェン語が庶民的で快活な国民「文学」を準備しつつあるように思えた（小馬 2008b、2009b）。

以上が、シェン語の形成・発展と国民「文学」形成への寄与に関する、筆者の従来の見解の大まかな骨子である。

2．庶民とエリートのアイデンティティ・マーカー

ただし、上記の見解には、今ここで率直な反省を加え、それを基に多少の見直しを図っておきたい部分がある。それは、①シェン語話者の少数の上層が生み出した社会方言といえる、「ハイ・ブロー」なエンシュ語（Ensh）が実際に成立した時期と、②エンシュ語の形成がシェン語の近年の変成に及ぼした影響の価値評価、という二点である。

前項で要約した通り、首都ナイロビの上層部の若者層からエンシュ語が生み出されたことが、シェン語が学生たちの広範なアイデンティティ・マーカー化することに一役買ったのだと、筆者は従来考えてきた。しかしその後、より精密な調査を推し進めてみると、むしろ事実関係は逆らしいように思える。

つまり、次のような道筋で捉え直すべきなのだ。まず、首都ナイロビの若者たち全般が、シェン語を都市性やエリート性を帯びた恰好のアイデンティティ・マーカーと見做すようになり、その態度が、全国の大学生や寄宿制高校の生徒にも波及して行った。すると、ナイロビの（特にウェストランズ地区に住む）一握りの本当のエリート層の若者たちが、この展開を逆にシェン語の脱エリート化過程として受け取った。そこで反発を覚えた彼らは、その反動形成として、シェン語とは正反対に、英文法を骨格にしてスワヒリ語や諸民族語の単語を稀に組み込むエンシュ語を意図的に創り出そうとしたのだ、と。

つまり、エンシュ語は、筆者が従来推定していたよりも幾分新しい時期に形成されたらしいのである。しかも、シェン語が全国の若者一般のアイデンティティ・マーカーとなる過程は、それ以前にシェン語を自らのアイデンティティ・マーカーとして上昇させてきた、ナイロビの一部上層の若者たちにとっては、シェン語が自らのアイデンティティ・マーカーでなくなる、一面では危険な過程でもあったのだ。それゆえ、エンシュ語は、いわばシェン語の急速な普及に対する反動形成（新たに自分たちのアイデンティティ・マーカーとなる社会方言作り）として展開した現象だったと

写真 13　Standard 紙日曜版の附録 Teens' Talk の人気欄 Teens' *Tannoy* には沢山のシェン語表現が見られる

見られるのである。

この本節第2項では、以上の点に関する修正を加味しながら、以下でシェン語のごく最近の変成過程を二、三の事例を挙げて具体的に再論してみたい。

一九九〇年代初めにFM波が自由化されてシェン語が全国に一気に広がると、シェン語はすぐにプリント・メディアで、特に風刺漫画の台詞や商品広告のための言語として多用されるようになった。その結果、シェン語が一種の（低次の）エリート性（ないしはセレブ性）を俄に獲得し、田舎の寄宿制高校の生徒たちの間でも、鮮やかなシェン語を操る都会育ちの生徒が急に脚光を浴びるようになったのである。そして彼らは、シェン語で“*Wamechanuka.*”（彼らは開明した）とか、スワヒリ語で“*Wameona mwangaza.*”（彼らは光を見た）と言及されるようになる。一方、シェン語によく通じていない田舎育ちの生徒たちは、スワヒリ語で“*washamba*”（田舎者たち）と揶揄されて辱められ、大概の高校でイジメの対象にさえなったのである。

このようにシェン語が「文明化」の恰好の表象と見られるようになると、シェン語を巧みに操る中学生たちも、自らをすすんで「開明している」者とか、「光を見た」者と呼び始めた。しかも、このようなスノッブな文化現象に迎合して社会変革の目的を達成しようとする実際的な観点から、"*chanuka*"の語がエイズ撲滅運動のキャッチ・フレーズのキー・ワードとして広く採用されるようになり、この語に一層の注目が集まったのである。

ＦＭ放送の自由化は、販売拡大キャンペーンに大々的に乗り出した競合企業間の（莫大な賞金・商品で人目を驚かすことで購買意欲を煽る）沸騰するがごとき広告合戦をも、即座に招いた。（他のアフリカ諸国と同様）若者人口の比率が圧倒的に大きいケニアで、企業が若人の心を掴もうとして、この機にシェン語人気に飛びつかないわけがなかった。

特にマス・メディアは目敏く、シェン語の活気溢れる表現が俄に生み出した多幸症とでも呼ぶべき、大衆的な熱気に、即座に便乗した。有力な日刊各紙は、各々ＦＭ曲のどれかと資本系列を共にしており、若者人気の獲得を目指して、すすんでシェン語による記事作りに紙面を割いた。特にこの時期には、付録の幾種類もの「折り込みマガジン」(pull-out) の中に若者向けのシェン語の一面大のコラムを創設するか、あるいは既存のシェン語コラムを拡大して、若者向けのコンセプトをシェン語で紹介しようとする積極的な姿勢が際立った。そして、この目的のために効果的に活用されたのが、風刺漫画だったのである。

すると、その風刺漫画の中で次々と生み出される新たなシェン語表現の人気が、シェン語の地位をさらに高めて行った。清涼飲料水メーカーや携帯電話サーヴィス会社のように若者を主要な顧客としている部門は固より、必ずしもそうではない自動車会社や酒造会社、煙草会社までもが、一斉に商品拡販を目指して、競ってシェン語で広告し始めたのである。

3. 若者向け保険商品の場合

こうした活発な動きは、金融業界や保険業界などでも若者向けの新商品を開発して、それをシェン語で宣伝しようとする動きを次々に誘発した。ここでは、その一例として、マディソン保険会社の例を紹介したい。

同社は、"*Bima dada*" という名称で、若い女性向けの貯蓄機能付き保険商品をいち早く売り出して成功を収めた。その特典の一つには、女性に特有の病である子宮頸癌の検診を無料で受けられることがある。若いアフリカ女性の横顔のシルエットをデザインしたシンボルマークもこのキャンペーンには適切で、鮮やかな印象を与えて好評だった。

さて、"*Bima dada*" という商品名には、いかにもシェン語らしい遊び心が潜んでいることを示してみよう。"*bima*" はスワヒリ語で「保険」。"*dada*" は「姉妹」が原意だが、この場合には、親しみをこめて若い女性を「お嬢さん」("*dada*") と呼ぶ語感を生かして使われている。"*ma-*" は、スワヒリ語では、数多いクラス接頭辞の複数形の一つに過ぎない。だが、シェン語では、名詞の複数形を示す唯一の、それゆえ（多数の名詞のクラスを横断して使用できる）汎用性のある接頭辞である。そこで、シェン語表現で多用され、それゆえにいかにもシェン語的だという強い印象を与えるこの "*ma-*" に注目して、"*Bima dada*"（の形態素）を "*Bi madada*" と分節し直したうえで、その "*Bi*" を（同じ発音の）英語 "*Be*" に置き換えれば、"*Be madada*"「たくさんの若い女性たち（の一人）であれ」というシェン語の文が俄に、且つ鮮やかに浮上してくる。

しかも、そう合点した瞬間、この "*Be madada*" が、実は "*Be madada wa "Bima dada"*."、つまり「"*Bima dada*" 保険に加入している『若い女性たち』の一人であれ」という表現の縮約形として意図されているのだと、合点がゆく。"Be *madada wa "Bima dada"*." という句が帯びている、印象深い再帰的な表現を声に出してみて欲しい。そして、実際にその響きに耳を傾けてみれば、このシェン語文の遊び心が作り出している早口言葉（tongue twitter）

を思わせるリズムの楽しさを、誰もが容易に飲み込めるはずである。

なお、“*Bima dada*” 販売キャンペーンの大成功にすっかり気を良くしたマディソン保険会社は、若い男性たちを次のターゲットにした。そして程なく、“*Bima chali*” という名称で、男性に特有の病である前立腺癌の無料検診が受けられるという特典も含めて、“*Bima dada*” にそっくりの、男性（若者）向けの保険商品を開発して売出したのである。なお、“*chali*” は、シェン語で若者男性を意味する単語である。この「“*Bima dada*” 男性版」である “*Bima chali*” もまた、見事に成功を収めたのだった。

4．対抗的「シェン語」としてのエンシュ語

ところが、右のようなシェン語による商品販売拡大キャンペーンの隆盛は、一つの強く逆説的な捩じれ現象を生み出した。というのも、シェン語が人気を得て田舎の寄宿制中学校にも急速に広がり初め、都市の生まれだろうが農村育ちだろうが関係なく、若者ならその多くがそれなりのシェン語を話せるという状況が急速に現出したからである。すると、それまでは選ばれた少数の「文明化した者」・「光を見た者」であることを強く自認してきた者たち、すなわちエリート高校生たちや大学生たち、特に後者、分けても首都ナイロビの（ウエストランズやムタイガ等の）高級住宅地区に住む若者たちが、自分たちのアイデンティティ・マーカーと見做してきたシェン語に次第に愛想を尽かし始めたのだった。

そこで、シェン語に再度最先端の都市性と（その都市性が保証する）エリート性を回復しようとする、新たな動きが現れた。つまり、大幅にお色直しした別の新たな都市混成語が、ナイロビ（特にウエストランズ）に住む上層の若者たちの一部の手で、新しいアイデンティティ・マーカーを目指して創られたのである。それが、他ならぬエンシュ語だっ

た。

　しかしながら、エンシュ語は、シェン語がもっていたようなアイデンティ・マーカーとしての偉力を長く維持し続けることができなかった。というのも、エンシュ語が、統語法（文法）の骨格を、（シェン語の場合のようにスワヒリ語ではなく）英語に依存していたからだ。それは、観念的にはシェン語の社会方言と受け取られながらも、実際には、シェン語やスワヒリ語よりもむしろ米語のスラングに近いものだからである。つまり、庶民の暮らしの中でその掌中にある馴染んだ言語ではなく、まさにスノッブな外国語だったのである。

　もっとも、通常のシェン語でも、事情によっては、実はむしろスワヒリ語よりも英語の構文に近い表現が、偶々生まれることがあり得る。手近な例を示せば、先に挙げた"*Be madada.*"がその一例なのである。一方、エンシュ語では、逆にスワヒリ語に似た構文になる方が（皆無ではなくとも）むしろ例外的で、ここに両者のきわめて重大な統辞的な差異がある。

　そこで、"You can not just *katia dat dem dat* way."という、エンシュ語のごく短くて単純な文を一例として取り上げて、この点を確認しておこう。このエンシュ語文の意味は、英訳すれば、"You can not just seduce that girl that way."である。原文は、本質的において、英語（米語スラング）の訳文の焼き直しであり、"seduce"をシェン語の"*katia*"に、また"girl"を同じく"*dem*"に、"that"を"*dat*"に置き換えた表現であるに過ぎない。しかも、シェン語の単語である"*dem*"の語源は、英語の"dame"なのである。

　もっとも、数少ないエンシュ語の使い手（むしろ作り手）の中でも最も著名な文筆家である、スミッタ・スミットゥン（Smatta Smitten. 本名はTony Mochama、よりシリアスな事柄を英文で書く場合の別の筆名はNight Runner）の文章は、地口を多用する他にも、（ロシアの大学へ留学した経験を仄めかして）ロシアの人名に固有の語尾（例えば -sky）を交えるなど、洒落っ気の強い、凝りに凝った文体が特徴である。つまり、スミッタ・スミットゥンに典型的に見られるような独善的なエリート意識、ないしはスノビズムこそが、植民地時代には召使いの言葉と呼ばれたスワヒリ語ではなく、米語のスラングを文法（統辞）的な基盤として選ばせた原因なのだ。そして、その結果、シェン語に代わる（または発展的な異版としての）新たな都市混成言語の話者となる可能性のあった若い庶民たちを、寛いだ創意と自律性を欠く、単なる追随者に止めてしまったのである。

5．シェン語の先祖返りからスワヒリ語優先へ

すると、乗合自動車の運転手や助手（turn-boy）や客引き（*mamamba*）等、ナイロビの一部の若者たちが、この状況に甘んじていないで、対抗的な（つまり反動形成の）動きを旺盛に展開して行った。すなわち、再度シェン語に発生当時の符牒言葉（code language）としての性格を回復しようとして、シェン語それ自体を過激に変化させ始めたのだ。このようにして、一時期、単語の異形を作り出すシェン語らしい仕方の一つである「単語内の成分の逆転」(inversion) による造語が、目立って多用されるようになった。

例えば“*kejaa*”（小屋、部屋）を“*jaake*”に、“*mathe*”（母親）を“*thema*”に、“*mbao*”（20ケニア・シリング硬貨）を“*omba*”に変えた。なお、“*omba*”はスワヒリ語では「請う」の意味の動詞であって、シェン語の新造語である“*omba*”とは無縁の全く別の単語（動詞）なのである。ただし、カネが絡む脈絡では全くの無縁でなく、或る意図（せびり）を感じさせるとは言えるだろう。

また、スワヒリ語の単語内成分を同じように逆転させて、シェン語化することも忘れなかった。“*mbele*”（前）から“*lembe*”（または“*lembue*”）を、また“*nyumba*”（家屋）から“*mbanyu*”を導いたのなどが、その一例となる。

このような単語の広範な「転倒」の試みが、いわば子供たちの逆さ言葉遊びのようにして行われた。その結果、なるほど、シェン語にもう一度符牒言葉性がそれなりに回復されたと言えるかも知れない。しかし、エンシュ語形成の場合と同様、こうした動きの直接の当事者である少数の者たちのことさらな作為は、それ以外の多数の若者たちをやはり再び背後に置き去りにしてしまったのである。

すると、その結果として、高学歴の若者たちの多くが、エンシュ語の形を採ったシェン語への反動形成と、またそのエンシュ語の動きへのシェン語それ自体による反動形成（逆さ言葉化）という二つの動きのいずれにも、強い疎隔感を抱くことになってしまった。その二重の反動形成の否定的な相乗効果で、それらの動きへの明らかな不服従や反抗の印として、彼らが今度は、「純粋な」英語やスワヒリ語をむしろ積極的に使い始めたのである。それもまた、若者たちの一つの強烈な自己主張であって、決して就職難を乗り切るための打算的な選択だったとばかり見て済ますべきではない。

筆者は、本書第4章で、比較的最近、ケニア政府がシェン語封じ込め政策を取ったと言われていると報告した。事実、有力な政治家の一人であるジョージ・サイトティ（George Saitoti）は、彼が文部大臣だった時期に、シェン語の蔓延を声高に批判し続けたことがあり、それがそうした巷間の噂の有力な根拠となったものと思われる。

しかしながら、冷静に再調査を続けてみると、上述のごとく、事情は必ずしもそのように単純でも、また一方的でもなかったらしいと（自戒を込めて）言わざるを得ない。

大学生やエリート高校生たちのかなりの部分が、シェン語を捨てて「純粋な」英語やスワヒリ語に乗り換えた現象の背後には、シェン語話者たち各層の間の独自の自意識や利害に沿った、自発的で主体的な働きかけがやはりあり、またそれが相互的に作用し合う複雑なダイナミズムが少なからず介在していたのである。

６．シェン語コラムやポップスの歌詞の変質

前項で見たようなシェン語話者各層の間の対抗的なダイナミズム、あるいは「政治学」は、（有力英字日刊紙が販売拡張戦略として競い合って充実させてきた）各種の付録誌（pullout）の目玉だったシェン語コラムの頁（またはシェン語コーナー）にも、色濃く陰を投げかけている。この節では、その一つの事例を簡潔に報告し分析してみよう。

ケニアの二大有力英字紙の一つであるStandard紙の姉妹紙で、いわばその日曜版に当たるSunday Standard紙（二〇一〇年に両紙は再統合されて、Standard紙となった）の若者（或いは子供）向け付録誌として有名なものに、“Generation Next”がある。“Generation Next”のシェン語コラムの部分は、“Teens' *Tannoy*”と銘打たれていて、ケニアを代表する（政治）漫画家の一人であるキッド（Kiddo）が執筆し、自ら編集してきた。

従来キッドは、“Teens' *Tannoy*”の総論（editorial）に当たる短い覚書で、若者たちの心を捉えている最新の事象について、シェン語でコメントを書いてきた。そのキッドが、二〇〇九年半ばから、そうした覚書だけでなく“Teens' *Tannoy*”に自分自身が描いている漫画に添える短い文章にも、純粋な英語を用い始めたのである。

それればかりか、キッドは、“Generation Next”二〇〇九年五月三一日号（の“Teens' *Tannoy*”の頁）で“Teens' *Tannoy*”内に“Sheng *Hazards*”（シェン語の危険性）と銘打った小さな欄を創設することを敢えて宣言し、六月七日号から実際に連載し始めた。彼は、その“Sheng *Hazards*”欄で、シェン語が新旧両世代間に創り出したコミュニケーション・ギャップを、毎週シニカルなタッチで描き出している。また、“Teens' *Tannoy*”の総論では、近年シェン語一般の単語内成分の逆転（inversion）が頻繁に行われて来た事実をしばしば指摘し、その事態が以前は広く共有されていたシェン語の単語の意味とコミュニケーション機能をどう破壊したのかを、しばしばテーマとして取り上げて論じてもいる。次は、その一例である。

或る時、キッドは、“*Mwenda omo na tezi, bila shaka atangara.*”という表現を掲げて、上記の混乱した言語状況を象徴的に描き出そうとした。“*Mwenda omo na tezi*”は、“*Mwenda omo na tezi,* “*marejeo ni ngamani.*”（「舳〔舳先〕へ行こうが艫〔船尾〕へ行こうが、やがて戻って来るのは船室だ」）というスワヒリ語の諺の前半部である。その含意は、「あれこれやってみても、結局は落ちつく所に落ちつくものだ」である。一方、元の文の後半部の“*bila shaka*”は、標準スワヒリ語の“*bila ya shaka*”（疑いもなく）という句の内陸スワヒリ語化された形だが、“*atangara*”の部分は意味不明で、どうも（キッドが文意を効果的にするために俄に作ってみせた?）シェン語表現のようだ。

恐らく、“*atangara*”という表現によって意図されているのは、「チンプンカンプン」であろう。つまり、“*Mwenda omo na tezi, bila shaka atangara.*”とは、「舳〔舳先〕へ行こうが艫〔船尾〕へ行こうが、全く訳が分からない（どう転んでもチンプンカンプンだ）」と言うのが趣旨なのだ。すると、元の諺が予定調和的であるのに対して、モジリの方が逆に行為の破綻を基調にしていることが分かる。彼はこうして、パロディーによって、近来のシェン語の、暮らしの実態から遊離した「再inversion」本位の動向を痛罵しているのだと思われる。たとえ“*atangara*”の語が意味不明でも、実際にこのシェン語の文章を読んでみれば、実に逆説的ではあるのだが、そういう言語感覚だけは読者にもちゃんと伝わって来る。

面白いのは、キッドが“*Mwenda omo na tezi, bila shaka atangara.*”に語呂合わせを持ち込んだこともまた、誰にでもすぐに分かるという事実だ。日本語でも艫の語義〔正しくは船尾〕がしばしば舳〔舳先〕と混同されるのにも似て、*omo*も*tezi*も（海岸スワヒリ語を母語とするインド洋岸の人々の中でも漁民を除けば）日常生活には馴染みの薄い、幾分珍しい単語である。ただし現在では、*omo*の語は、圧倒的なシェアを誇る粉末化学洗剤の商標であるオモ（Omo）にぴったりと重なり合う。だから、“*Mwenda omo na tezi, bila shaka atangara.*”は、キッドの遊び心を活かすとすれば、先に試みたように、「オモ（舳先）に行ってもトモ（艫）に行っても、どの道チンプンカンプンだ」と訳すのがよいだろう。

最近のシェン語が“*mbao*”（20ケニア・シリング）を“*omba*”に変えた結果、スワヒリ語で「請う」を意味する“*omba*”にピッタリと重なって、ちょっとした混乱（或いはシェン語の闇）が深まったように、キッドは *omo*（舳）の語をシェン語化して化学洗剤 Omo へと意味転換を図って、シェン語の危険性の一つの実例とした。つまりは、“*Mwenda omo na tezi*”, *marejeo ni ngamani.*”（舳へ行こうが艫へ行こうが、やがて戻って来るのは船室だ）という、知恵に富み、また伝統的で典雅な語法に則った諺を――洗剤のオモに引っかけて――いわば「洗いざらい」ぶち壊してみせたのである。

シェン語の退潮の側面は、かつて一九九〇年代初めにケニアの自由化運動の大きな牽引力となり、マスメディア（特に放送事業）を一気に革新した感が強い（ヒップホップなどの）ポップス系の流行歌の最近の歌詞のあり方にも、くっきりと現れている。Wakimbizi、Jua Chali、Nameless、Bamboo、Deu Vultures、Kleptomaniax 等、かつてはそうした動きを精力的に先取りして、シェン語創造の旗頭と目されていた歌手（兼作詩作曲家）たちも、今では歌詞に折り込むシェン語表現の量をかなり削減している。さらに、（先に論じた）日刊各紙のシェン語コラムに限らず、プリント・メディア全般において、シェン語の使用量はここのところ徐々に減って来ていると言える。無論、この傾向は、新聞広告の分野でも例外ではない。

シェン語にとって、プリント・メディアに関するほぼ唯一の明るい材料は、一九九〇年代に“*chanuka*”（開明する）の語をキャッチ・フレーズとして大々的に展開された反エイズ・キャンペーンが、二〇〇九年になって再開されたことである。反エイズ・キャンペーンは、かつてシェン語の認知度を、若者のみならず全国民の間で飛躍的に高めることになった、決定的な要因の一つだった。しかしながら、冷静に見て、"*chamuka*"（開明する）というかつての魔術的な力を帯びた単語には、今や一九九〇年代のような輝かしいオーラを感じ取ることはできず、むしろやや古びた感じさえも付き纏うようだと言わざるを得ない。なお、そのような違和的な感覚が導かれることになった原因は、前項の説明によって既に明らかだろう。

一九九〇年代以降、ケニアには、シェン語が将来国語（national language）になるべきだと考える有力者が、多いとは言えなくとも、確実に存在してきた。その一人が、ケニア国内第二の人口をもつルイア人のリーダーだった大物政治家、ワマルワ・キジャナ（Wamalwa Kijana）だった。二〇〇二年に、野党連合ＮＡＲＣ（National Alliance of Rainbow Coalition）が、一九六三年末のケニア独立以来独裁政権を維持してきたＫＡＮＵ（Kenya African Narional Union）を敗って、国民的悲願だった政権交代を達成した。この時に、ＮＡＲＣ内の民族性の強い諸勢力の融和を実現して英雄視され、新政権では副大統領に就任したのが彼である。その後ワマルワは、シェン語の使用が国会でも認められるべきだと、堂々と国会で明言した。ところが、シェン語にとっては誠に悲しむべきことに、彼が程なく突然夭逝してしまったのであった。

また、シェン語の発展を文化的に推し進めようとしたのが、新しく創刊された文芸雑誌『クワニ？』（*Kwani ?*）である。同誌の編集長を務めるビニャヴァンガ・ワイナイナ（Binyavanga Wainaina）は、或る号の声明（editorial）で、ケニアの人々が自信をもって自分たちについて進んで語ることができるようにするには、どのような仕方が最適なのか、諸言語の関係を見直すべきだと論じた。そして、最善の言語表現を実現することを目指して、ケニア国内で使われているどんな言語がいかなるスタイルで用いられることも支持するべきであると述べた。そして、彼のこの声明は、明らかにシェン語へのオマージュだと受け止められてきたのである。同誌は、シェン語による文芸作品を初めて本格的に掲載した雑誌であり、国民のシェン語の発展に寄せる熱望を一貫して体現してきたと言える。

しかし今日、ケニアの人々は、新聞各紙のシェン語欄（やシェン語による頁）とそれに掲載される広告、さらにはポップスの歌詞に現れている、上記のような変化を目の当たりにしている。今や問題は、『クワニ？』が今日でもケニアの言語と表現様式における革命の産婆役たり得るのか、またこれからも「チェンジ」のための器となる覚悟と意志を持ち続けられるのか、という点にあるだろう。

二、ＴＶドラマのケニア化とシェン語

前節で述べたように様々な問題はあるにせよ、これまでに述べてきた諸現象は、必ずしもそのままシェン語の一方的な退潮を意味していないことを、本節で論じてみたい。

1．ケニアの人々の言葉の力

筆者は、本書第4章で、（シェン語のキャッチ・フレーズが人気を博して政治的な意志の優れた媒体となり得た）二〇〇二年総選挙と比べて、二〇〇七年総選挙の折りの政治キャンペーンでは、シェン語の陰がかなり薄かったことを報告した。その背景には、本章の前節（第一節）で詳しく論じた通り、シェン語（の話者、或るいは共同体）それ自体が内部から生み出した逆説的な問題状況があることは、確かに間違いないだろう。

しかしながら、そうした事実は、ケニアの政治の現場が活気に満ち、ウイットに富んだ言葉の戦いの開放的なア

リーナであることを止めたことを、直に意味しているわけではない。ケニアの政界でも傑出した言葉の使い手として知られるのが、二〇〇八年に成立した大連立政権の大立者で、首相だったライラ・オディンガ（Raila Odinga）である。

彼は、言葉使いとレトリックの達人として、幾つもの目ざましい逸話で知られるているが、その逸話群の一端には既に前章まででも触れておいた。ここでは、そのライラ・オディンガの鮮やかな弁舌の冴えを伝える別の逸話をもう一つだけ紹介してみよう。

二〇〇五年一一月末の、憲法改正の是非を問う（ケニアで最初の）国民投票をめぐって、それを推進するギクユ人のムワイ・キバキ（Mwai Kibaki）大統領の支持者（バナナを党派の象徴に使ったので「バナナ派」と呼ばれた）とそれを阻止しようとする野党連合ＯＤＭ（Orange Democratic Movement、同じく「オレンジ派」）が、熱狂的なキャンペーン合戦を繰り広げた。その「オレンジ派」の頭目が、ルオ人のライラ・オディンガであった。

「バナナ陣営」の大立者の一人で、（ギクユ人に言語的にも文化的にも近縁の）グシイ人のリーダーだったサイモン・ニャチャエ（Simon Nyachae）が、ある時、ライラ・オディンガが割礼慣行を伝統的にもっていない（ケニアでは例外的な民族の一つである）ルオ社会の一員であることを揶揄して、いかにも辛辣な政治キャンペーンを張ったことがある。ニャチャエは、割礼しない「ガキ」に一体どうして国家を導く資格を与えられるだろうかと、常套的な非割礼民族批判の言辞を弄して、しきりに問を人々に投げ掛け、オディンガを至る所の演説会で盛んに嘲笑ったのである。

オディンガの反撃は、いかにもスマートで鮮やかな切り返しによるものだった。彼は、或る政治集会で、略々、次のように（その場にいない）ニャチャエに向かって語りかけた。さてさてご老人（*mzee*）よ、お聞きあれ。割礼するかしないかは、私と家内の間だけで問題になり得る類の、極々内密な私事なのです。私は、実はもうちゃんと割礼を済ましましたぞ。ですが、一政治家として、私事を公事と取り違える愚を犯したくはないものです。でも、私の言うことがどうしても信じられないと仰るのなら、宜しい、何時でもあなたの奥方を私の許に送り届けて下さいな。そうすれば、私の言ったことが嘘かそれとも本当か、奥様が直接あなたに完璧に証明して下さることでしょう。今日まで敢えてそうお勧めして来なかったのは、当然最も尊敬すべきご老人であるあなたを辱めてはならないと、ひたすらそう思い定めてのことでした。もうご自由になさるのがいいらしいですな。さてさて、ではいかがなさいますかな。

オディンガは、この見事な弁舌の冴えで、民族の垣根も陣営の違いも超えて名声をさらに高め、一方、ニャチャエは官僚臭い野暮さを衝かれて、政治生命をほぼ断たれてしまった。ＯＤＭ陣営にいた（一大勢力である）カレンジン人たちも、それまでは同じ陣営のルオ人に対して、ニャチャエや、彼が代表するグシイの人々と同じく「ガキ」だとする気分を必ずしも隠そうとはしなかった。だが、この事件以来、そのような態度を完全に捨て去ってしまった。そして、オディンガにアラップ・ミベイ（*arap Mibei*、水の中にいる者の意）という愛称を恭しく奉ったのである。「水の中にいる者」とは、カレンジン人の伝統的な名前の一つだが、ここでは（カレンジン人の加入礼に組み込まれている）一種の「洗礼」に相当する必須の儀礼、つまり割礼を受けた者を示唆している。キリスト教の文脈で洗礼を受けた者が皆同胞であるのと同じく、カレンジン人と同様に割礼を既に受けたライラ・オディンガ（とルオ人）を、カレンジン人の一員として認知すると表明したのである。

これは、ケニアにおける民族関係の歴史的な大転換を画するともいえる大事件だった。その事実を強く意識して、それ以後、オディンガは、カレンジン語のＦＭ放送に出演する度に、放送の冒頭で自ら高らかにアラップ・ミベイと名乗るのが常になった。

問題は、先に論じたような危機を経た後で、シェン語に今もなお（例えばライラ・オディンガのような）機知に富む言葉を自在に操る雄弁な話者の心を確かに捉えるに足るだけの魅力があるかどうかなのである。端的に自答すれば、今もそのような魅力は確かにある。

誠に皮肉にも、シェン語のそうした偉力を例証しているものの一つが、前節第6項で取り上げた、キッドの“*Mwenda omo na tezi, bila shaka atangara.*”という表現だと言えよう。キッドは、“Sheng Hazards”欄を創設し、“*Mwenda omo na tezi, bila shaka atangara.*”を例に用いて揶揄することによって、一見、シェン語を破壊し去ったように見える。だが、先に詳しく分析してみせたように、その表現に託された論法自体が実に鋭い機知に満ちたもの、いわば、まさにシェン語的な機知そのものではなかっただろうか。

筆者は、無論、スワヒリ語にもシェン語にも、ケニア人ほどには通じていない。その筆者の決して鋭敏ではない目や耳にも、前節第6項で展開してみせた程度のことであれば、“Sheng Hazards”とされる類の言語事情の分析も決して難しくはない。長い独自の（文字）伝統をもつスワヒリ語とスワヒリ文学を下敷きにして、英語や他の外国語、それにケニアの諸民族語を交えつつ、巧みなズラシ、対照、本歌取り等を仕組んで、自由自在に表現の幅と深みを増していくシェン語。その「余分な次元」を兼ね備えた多音声的な（そして意味多重的でもある）言語効果は、やはり否定し難い魅力と威力を備えている。これこそが、シェン語がケニア人の内面をどの言語よりも自在に表現できる言語であり、それゆえに若者にとっては第一言語となっている所以なのである。

2. TVの急速な普及と台頭するシェン語

昨今、新聞や雑誌などのプリント・メディアに於いて、シェン語の退潮が幾分なりとも窺えるというのは、先述のように、それなりの事実だと言わざるを得ない。しかしながら、シェン語の持続的な発展の最前線ともいうべき領域は、現在、プリント・メディアから別の次元へと確実に舞台を移しつつある。というのも、TVの急速な普及に伴って、ＴＶドラマのケニア化もそれと並行して果敢に推し進められてきたからに他ならない。

ケニアでＴＶの普及を長らく阻んできた最大の要因は、電力供給のインフラの脆弱さに加え、何と言っても、テレビ受像機が高価なことだった。だが、今や中国製の極く安い受像機が大量に出回っていて、（特に性能を問わなければ）一万円以下でも十分に購入できる。もう一つ、ＴＶの普及を阻んでいた大きな心理的要因は、ケニア人の肌にぴったり合う魅力的な風合いをもつ番組が誠に乏しかった事実である。

初期のＴＶ番組の多くは、欧米からきわめて安価に輸入された、向こうではとっくにお蔵入りのいかにも古臭いソープ・オペラだった。小学校低学年から英語で教育を受けるのが習いであるケニア人たちは、その視聴を通じて、主に教科書を通して獲得した自分の時代がかった英語と生きた米語のコーパス（特に口語）との間に大きいギャップがあることに気付かされて愕然としたのだった。くわえて、その種のＴＶ番組の世界やコンセプトとケニア人の生活の実相や価値観との文化的・経済的な乖離が想像以上に実に大きなものであることは、誰の目にも明らかだった。ことに、（少なくともケニア人から見れば）露骨に性的な（言語的・図像的）表現は、しばしば世論の声高な非難の対象となって、喧しい物議を醸した。そして、その付け焼き刃の対策として多用されたのが、プロレスリングやサッカーを初めとするスポーツ番組の偏重だった。スポーツ番組なら、ことさらな説明はいらないので、言葉が聞き取れなくても一向に構わないし、番組内容の倫理的価値判断もまずほとんど問題にならない。

無論、ケニア人も、サッカーに熱狂する点ではアフリカ人一般の例外ではなく、その熱い思い入れには大変なものがある。しかしながら、それだけではやはり物足りない。ケニアの人々は、実に長い間、自分たちの心の機微に直に触れて来る、アット・ホームなドラマに飢えていたのである。

ところが、最近のＴＶ電波の自由化の著しい進捗は、民放ＴＶ局をも簇生させて、激しい視聴者獲得競争を生み出した。こうして、番組のケニア化（国産化）が著しく進み、ドラマを含めた幾つもの人気番組が次々に生まれるようになった——例えば、*Tushauriane*、*Tausi*、*Tahamaki*、*Vioja Mahakamani*、*Vitimbi* など。それらの番組で使われる言語（口語）は、もちろんスワヒリ語、またはシェン語である。そのスワヒリ語も、広範なケニア庶民の生活を描写する以上、（海岸地方の人々にとっての）母語である海岸スワヒリ語ではなく、リンガ・フランカ（混成共通語）としてのピジン的な内陸スワヒリ語が選ばれている——そのスワヒリ語の実態は、次に挙げる一つのエピソードが教える通り、シェン語へとなだらかに移行する性格のものである。

或るタクシー運転手が、苦笑いしながら筆者に次のように言ったことがある。「スワヒリ語はタンザニアの言葉だから、なんたってケニア人には難しいよ。だからさ、喋ると純粋なスワヒリ語じゃなくって、大まじめな積もりで話していても、自然にシェン語になっちゃうんだよ。それでケニアでは、実際上、いい年をした大人だってシェン語を話しているってわけなんだ」。

彼の言葉の内に、ケニア化された放送番組、ことにTVドラマの言語がシェン語でなければならない理由が、（事の裏側から）たくまずに表現されていると言えるだろう。実際、今やケニア化された沢山のTVドラマが、シェン語の新たな可能性を自ずと引き出していて、この混成語を別次元の社会機能をもつ有望な言語へと発展させ始めていると考えて間違いない。

なお、「スワヒリ語はタンザニアの言葉だ」という先述のタクシー運転手の発言の真意は、ケニア国内のインド洋沿いの海岸地帯に住んでいて海岸スワヒリ語を母語とする人々を無視しようということでは全くない。タンザニアは、一貫した国家政策として、二つの研究機関、すなわち国家スワヒリ語委員会（ＢＡＫＩＴＡ）と（ダルエスサラーム大学の）スワヒリ語研究所（ＴＵＫＩ）の計画的で継続的な研究・後方支援活動を強力な梃子として、スワヒリ語の近代化とその成果の普及を強力に推進してきた（小馬 2013）――まさしく国民統合の鍵として。他方、国家政府にそうした明確な言語政策が全く見られないケニアでは、人々はタンザニアが次々に作り出し、新たな辞書の編纂と刊行を通じて標準化して普及を図っている新たなスワヒリ語表現を唯々諾々と受け入れて、一方的に追随するしか手がないという、野放図な現実を庶民らしい仕方で指摘しているのである――ケニア政府に対する少しばかりの皮肉をこめて。

３．ＴＶドラマのタイトルとシェン語の効用

ところで、本書のような論文形式の文章でＴＶドラマの面白さを要領よく、しかも的確に伝えることは、誠に難しい。そこで、次のような便法を取って、その魅力の一端を紹介することにしたい。すなわち、まず敢えて思い切り視野を狭く限ってみよう。そして、或る新番組のタイトルの面白さだけでも理解して貰い、それを通じて、せめてその雰囲気の一端でも伝えたいのである。

Citizen ＴＶは、二〇〇九年一〇月から、毎週水曜日のゴールデン・タイムに“Mahaba Haba”という新番組を放送し始めた。パートナとして共同経営者だった二人の裕福な実業家が突然事故死したが、どちらも遺書を残していなかった。はて、誰が遺産を相続することになるのか……という趣向のドラマである――番組予告の新聞広告によれば。では、問題の意味不明のタイトルの含意は、一体どんなものなのか。その答は全くどこにも示されていないのだが、筆者にも、それを推測することは必ずしも難しくはない。すぐに、“*Haba na haba hujaza kibaba.*”（塵も積もれば山となる）という有名な諺がそのＴＶ番組のタイトルから容易に連想されるからである。

この諺は、例えばＡＭＲＥＦ（African Medical and Reserch Foundation）もこれを引用（「本歌取り」）し、“*Haba na haba na* AMREF（アフリカ医療研究財団と一緒に少しずつ）をキャッチ・フレーズにして、言葉巧みに募金を呼びか

けているほど有名なのだ。さらに興味深いのは、このＡＭＲＥＦの宣伝が開始されてからさほど遠くない時期に、ドラマ“*Mahaba Haba*”が始まっていることだ。この強く共時的な相互関係は、仮に直接的にではないとしても、両者がどこかで密かに呼応しあっていると思せるに足りるものであろう。

さて、“*Mahaba Haba*”というタイトルは、諺“*Haba na haba hujaza kibaba.*”の前半部である“*Haba na haba*”に対応していると思われる。すぐ気づくのは、この諺に“*haba*”（少し）が二度出てくることである。“*haba*”はスワヒリ語では（名詞に後置し、且つ活用しない点で変則的な使われ方をする、アラビア語的な）形容詞だが、“*Mahaba Haba*”のタイトルでは、“*haba*”を名詞（「少しの物」）と受け取って、シェン語の名詞複数形接頭辞“*ma-*”をそれに付けて“*mahaba*”として、シェン語化しているようだ。そこで、次に“*Haba na haba*”の──日本語の助詞「と」や、英語の前置詞“with”や接続詞“and”に略々対応する──“*na*”を（音声的に近い）“*ma-*”（名詞の複数形を作る接頭辞）に置き換えると“*Haba ma-haba*”、すなわち“*Haba mahaba*”が得られる。さらにここで、（既に見たように）シェン語で多用されている単語内の構成要素の位置の逆転（inversion）を行えば“mahaba Haba”、すなわち件のタイトルの表現“*Mahaba Haba*”が得られることになる。

もし、この推理が正しいとすれば、ドラマ“*Mahaba Haba*”の筋立てもまた、良く知られた諺である“*Haba na haba hujaza kibaba.*”（塵も積もれば山となる）によって、既にそれなりに暗示されていることが分かる。

ここで、前節第３項で取り上げた（若い女性向きの）“*Bima dada*”保険の例を思い出して、考え合わせて欲しい。“*Mahaba Haba*”では、“*Bima dada*”以上に“*a*”音が連続的に繰り返されている。また、“h”と“b”が母音“a”に挟まれて交互に現れる“*Mahaba Haba*”は、“*Bima dada*”以上に、（日本語と同様に開音節構造をもつ）スワヒリ語に独特のリズミカルな言葉遊びの面白さが窺える好例だと言えるだろう。

シェン語が多用されている（ドラマなどの）ＴＶ番組――例えば、*Vioja Mahakamani*（ＫＢＣ）、*Baba Baba*（ＮＴＵ）、*Tabasamu*（Citizen）、*Tahidi* High（Citizen）――には、ケニアのどこかの街角にざらにいそうな親近感のある人物が登場することもあって、思春期の生徒を初めとする若年層の人気が特に高かった。それゆえ、そこで用いられる新たなシェン語の表現が、ほぼ即座に、彼らの言語生活にきわめて大きな影響を与えたのである。

中でも、Citizen ＴＶが放送していた *Tahidi* High（「タヒディ高校」）は、或る想像上の都市部の高等学校の生徒たちのありふれた日常生活の機微を巧みに描く喜劇であり、格別の親近感をもって若者たちに迎えられていた。その主な登場人物は、オモシュ（*Omosh*、Omondi というルオ人名の定型的なシェン語表現）とオージェー（ＯＪ）と呼ばれる二人の男子生徒と、ワリディ（Waridi）という名前の女子生徒である。（日本の高校にほぼ相当し、*Tahidi* High（School）のように、ケニアの旧制度の惰性で今でも往々「――高校」と呼ばれる）四年制の中学校は、授業時間以外は専らシェン語の飛び交う世界である。

だから登場人物は誰も、当然、小気味のいいシェン語を操る。若者たちは、毎週オモシュやワリディが繰り出す気の利いたシェン語の斬新な会話を聞くことを、何よりの楽しみに、放送曜日の到来を心待ちにしていたのだ。オモシュやワヒディたちは、今や（或る意味で、ケニア版「セレブ」に代わって）彼ら若者たちの恰好の役割モデル（role model）になったのである。

4．シェン語と国民文学の可能性

ケニアの漫画やＴＶドラマの登場人物の言葉や所作に見られる、力まない剽軽な「可笑しみ」には、どこか日本の落語の風情にも通じるような一面がある。彼らの多くが貧しく、懸命に生きていて、その健気さのゆえに、視聴者にあらゆる行為を少しも蔑視させることはない。その実際性とは微妙にずれ合うことになる、中学校での日々の些細な暮らしの実践が、そのずれのゆえに、むしろたくまぬ「可笑しみ」を生んでいるのだ。そして教えてくれる。つらい現実は、結局自分自身でユーモアに包み込んでしまうしかないのだ、と。

このような雰囲気を、（この場合は純粋な英語の表現だが）例えば、次の広告の文言が巧みに捉えていると言える。“easyfm / number one for bluce and r & b ―― because life is hard enough”。

しかしながら、こうした「可笑しみ」を何よりもうまく伝えてくれるのは、やはり、どの言語にも益してシェン語なのだ。それは、言うまでもなく、庶民の日常の暮らしが、他でもなく、最も自然な仕方でケニア人が心情を表現できる言語によって営まれているからに他ならない。

ケニア人が最も自在に自分を表現できる言語がシェン語であることは、（先に挙げた）『クワニ?』誌の編集長、ビニャヴァンガ・ワイナイナも言明している通りである。だから筆者は、シェン語の中にこそ、ケニアの「国民文学」の可能性があると主張してきた（小馬 2009b）。

しかしながら、これまでのところ、何と言ってもケニア文学を代表する存在は、英語による創作活動を断固として捨て、（彼の出身民族であり、ケニア最大の民族でもあるギクユ人の言葉）ギクユ語の作家として早くから再出発し、夙にアフリカを代表する作家の一人として令名が高い、ングギ・ワ・ディオンゴ（Ngugi wa Thiongo）である。

とはいえ、今やケニアでは、このカリスマ的な大作家に応分の尊敬を払いながらも、大胆に異を唱える論評が目立つようになっている。その矛先は、一つには彼の「純粋ギクユ語主義」とでも名付け得るモットー（あるいは気取り）に向けられていると言える。ここでは、その一例として、エヴァン・ムワンギ（Evan Mwangi）の手になる、ングギ・ワ・ディオンゴの作品“Something Torn and New : An African Renaissance”の長文の書評（*Sunday Nation*,

June 14, 2009）から、少し引用してみよう。

グギ教授の生産的な作品では、アフリカ諸国民にとっての希望は、自分たち自身の言語を十分には理解できないガトゥリア（Gatuiria）のごとき人物像の中に宿っている。言語の元のままのスタイルの全範囲を用いることで、彼の小説はアフリカの一社会で使われている諸々の言語を活写する。彼がキクユ語（ギクユ語に同じ、筆者注）で書いた小説の中でさえも、そのナレーターや最も見事に描かれた人物たちは、混ぜこぜの言葉で話している。その話し言葉の内で、日常生活の話し言葉のリズムを捉えようと、様々な言語を自由自在に美しく入り交らせているのだ。しかしながら、評論では、グギ教授は純粋なアフリカの言語という観念に余りにも情緒的に固着している。アフリカの諸言語を発展させたり翻訳によってそれらを対話させたりすることよりも、むしろ植民地主義と西欧への抗議に一層多くの時間を割くことで、彼の遺産を台無しにし兼ねないほどまでに。

「タヒディ高校」（*Tahidi High*）の登場人物に若者たちが何よりも強く共感するのは、右に引用したエヴァン・ムワンギの文章の表現を援用すれば、「その話し言葉の内で、日常生活の話し言葉のリズムを捉えようと、様々な言語を自由自在に美しく入り交らせている」、彼らの自在な、「混ぜこぜの」シェン語なのである。

このようにして、ＴＶ時代のシェン語は、選挙や拡販競争のプロパガンダの域を遥に超えた日々の暮らしの中にある生きた言葉として、若者たちと共にもう一度ケニアのストリートに力強く戻って来つつある。

おわりに

シェン語は、歴史上数多くの国民国家が形成される過程で見られたような、上からの政策的な経路を少しも辿らず、ストリート言語による草の根からの、おのずからなる言語統一の可能性に開かれていると言える。

その何よりの魅力は、刻々生成変化する諸相を直に耳で聞き、またそれが話される現場をつぶさに目の当たりにすることができることにある。しかも、(不十分なスワヒリ語話者である)筆者でさえも、その生きた動きの直中に身を浸してシェン語で話し、その音声の交響の最中で言葉の力を感じ、その伝えるものを全身を通して掴み取ることができる。というのも、それが現に「混ぜこぜの」言葉であるからだ。「様々な言語を自由自在に美しく入り交らせている」のが、昔も今もアフリカの庶民の言葉の現実なのだ。シェン語は、そのアフリカの言語状況を現に体現しているケニアの庶民の言葉の営みに深く根ざし、そこから生命と力を不断に汲み上げているのである。

そのようにしてシェン語の中に身を置いてこのまぜこぜの言語を暫く生きてみる時、幕を開けたＴＶ時代のシェン語は、ドラマのケニア化を強力な梃子として、国民の言語への階梯をあらためて上り始め、「国民文学」の新たな可能性を生み出しつつあると深く体感することができるのである。

シェン語というストリートの言語は、今再びストリートへと生き生きと飛び出し始めたのだ。

第6章　シェン語による国民統合への道筋

はじめに

二〇一〇年八月、ケニアでは国民の待望久しかった新憲法がついに日の目を見て公布された。その後の新生ケニア（いわば第二共和制）において、シェン語は、生成初期の隠語的な性格は言うまでもなく、全国的な若者言葉としての次元をも超えて、益々広範に認知されるようになった。そして、今や国民統合の言語面での鍵へと静かに離陸し始めつつあると言えるかも知れない。

この最終章、第6章では、シェン語の逞しい生命力の由来に触れつつ、シェン語が実際に国民統合の鍵となり得るとすれば、そのために不可欠な条件となるであろう「標準化」と正書法確立の可能性について考えてみたい。

一、発展の可能性と限界

首都ナイロビのみならず、現在ではケニア人の言う「コスモポリタン」な場、つまり多民族が混住しているかなり大きな都市では、シェン語は、庶民の生活言語として既に日々の暮らしに無くてはならないものに成長している。また、以前からFM放送、選挙や商品拡販のキャンペーン、TV劇の「ケニア化」等に欠かせないメディアとして、取り分け若者をターゲットとした諸々の脈絡で、シェン語は圧倒的な威力を発揮してきた。こうして、シェン語が今や都市の若者の間で第一言語（つまり、思考している時に頭の中で働き、内話として聞こえる言語）となっている。

では、そうしたシェン語の強みは、一体何処にあるのだろうか。それは、その母体（donor）であるスワヒリ語や諸々の民族語との間に生じる用法・意味・語感の微妙なずれを逆手に取り、「倒置」(inversion)・「截断」(truncation) 等の「言葉遊び」の手法で機知や諧謔を自在に具現化し得るシェン語の「可転性＝多能性」(versatility) に負うところが大きい。シェン語は、こうして会話に於ける新鮮な刺激の源泉となって、人々の言語生活に活気と柔軟な幅を与えている。その「可転性＝多能性」は、さらに、ケニアで使われている（憲法上の）諸カテゴリー（国語、公用語、土着語、外国語）の言語間の差異を融解して、国民統合に大きく資する可能性に繋がっていると考えることができる。

世界屈指の高出生率を背景として勃興し、若年人口の圧倒的な数的優位の下に爆発的に成長・拡大し続けているケニアの新興諸都市の成長を背景とするシェン語の生命力は、何時の間にか、若々しく快活な（口語的）「国民文学」の基盤を形成しつつあると見做すことができる（本書第5章参照）。

１．変化するエリートたちの対応

筆者がケニアで最初に人類学的参与観察調査を実施したのは、一九七九年七月～一九八〇年三月であった。それ以来今日まで、ケニアへ調査に赴く度ごとに、文学者や言語学者、人類学者、歴史学者、教育学者等の研究者のみならず、政府関係者たちとも、あらゆる機会を捉えてシェン語の発展の可能性について率直な意見交換を重ねてきた。

当初、筆者のシェン語に対する肯定的で積極的な見解は、まるで冗談扱いにされ、軽く鼻であしらわれた感があった。だが、一九九〇年代に入るとそれなりの実質がある反応が返って来始めたのだが、それは一致して、否定的なものだった。彼らは、この時期、シェン語が英語とスワヒリ語の教育に及ぼす破壊的な作用を強調し、（特に都市部での）国家試験に於けるその両科目の成績の累進的な劣化の原因が、学生たちの間でのシェン語の蔓延にあると力説した。これが、長らく彼らの一般的な反応の方向性だったし、専門的な見解でもあった。ただし近年、一面では、彼らのシェン語への対応の仕方に重大な変化が見られるようになった。

シェン語は、旧憲法によるケニア国内で使われている諸言語の地位規定、つまり①国家語、②公用語、③土着語（公認された四二の民族語）、④外国語という四つの範疇のいずれにも属さず、従来はケニアには「存在しない言語」、いや「存在すべからざる言語」という扱いを押しつけられてきた。

だが、シェン語は実際に「存在する」どころか、先述のごとく、「隠然たる」という以上に大きな存在感を確立してしまった。遅くとも二〇〇〇年代に入ると、その存在を黙殺し、隠蔽することは、もはや到底現実的ではなくなった。それならば、いっそシェン語も一つの言語として認め、その上でシェン語とスワヒリ語・英語を区別する意識を生徒たちに徹底させる指導法を採るのが得策だと判断されるようになったのである。そこで彼らは、初等教育中盤以上の学校教育の媒介言語である英語・スワヒリ語と、その埒外にあるシェン語の使用を、時間的・空間的に徹底的に分離させるという、一見現実的な教育政策を鼓吹し始めたのであった。

ただし、それでも彼らがシェン語を全面的に受け入れ、一つのまともな言語として認定したわけではなかった。彼らの否認に共通するもう一つの確信的な論点は、シェン語にはいかなる標準化のメカニズムも存在せず、それゆえに真っ当な言語への発展の道筋は完全に鎖されているというものだった。この主張は、一応具体的で、且つ論理的であり、容易に論駁し難い面を持っている。

とは言え、この正統的な判断の根拠さえも再考を迫られるような目ざましい事象が、ごく最近、相呼応するかのような形で実際に散見されるようになってきている。本章は、主たる着眼点をまさにこの「ポスト二〇一〇年新憲法時代」的な諸言語事象の相関と連動の相に置いて把握し、シェン語の近い将来を肯定的な視角から「再考」するものである。

2.「最初のケニア人米大統領」オバマとそのシェン語

シェン語に関して特記するに値する近年の諸事象の中でも、庶民的で現実的な立場からシェン語を鼓舞するシェン語肯定派のケニア人が一大画期と見なした出来事が、二〇一五年半ばにあった。それは、米国の現役（当時）の大統領バラック・オバマがケニアを公式訪問し、その折に真先にシェン語を口から発して、ケニアへの親愛の情と敬意を最も効果的に表そうとした事実である。

二〇一五年七月二四日の金曜日の午後、オバマを乗せた大統領専用機 Air Force One が、ケニアの首都ナイロビのジョモ・ケニャッタ国際空港に降り立った。この訪問の場面でケニア人たちがあっと驚き、また痛く傷付きもしたのは、その水も漏らさぬ厳戒体制からケニア側の警備陣が完全に排除されていた事実だった。彼らが思いがけない屈辱を不意に噛みしめることになったこの日の夕方、オバマは長旅の疲れも見せずに晩餐会を開いて、ケニア人親族たちを招待してもてなし、楽しげに歓談した。

オバマの実父（バラック・オバマ・シニア）は、南西ケニアの大民族であるルオ人の一員で、米国留学中にオバマの母親となる白人女性人類学者と知り合って結婚した――ケニアには既に別の妻がいたが、一夫多妻制の伝統を生きていた彼に良心の呵責はなかっただろう。

大統領就任直後、オバマがそれ程間を置かずに父祖の土地ケニアを訪れるだろうという期待が、ケニアでは当初から高かった。しかし、現実は全く違っていた。それゆえに、任期最終盤になってからのオバマの訪問には、ケニアでは元々些かの失望感が伴ってもいた。ただし彼は、ケニアを訪れた最初の現役米国大統領という「勲章」だけはせめても担保して、ケニア国民の慰撫に努めようとしたのだった。それが、二〇一五年七月二四日のケニア公式訪問の大きな動機であったと言える。

一方、彼の出生地がハワイだというのは実は偽りらしく、実際はケニアのルオ人の土地で生まれたという有力な証拠があるようだ。オバマのケニア訪問時、米国のインター・ネットやソーシャル・メディアでは、「最初のケニア人米国大統領」という、誠に辛辣でほろ苦いコメントが盛んに飛び交っていた。

ところが、オバマ熱烈歓迎の最中に澱んでいたケニア側の何処か微妙に重苦しい空気を、翌七月二五日（土）にナイロビ市内で開催された「グローバル起業サミット」の開会式典でのオバマの挨拶戦略が、跡形もなく一気に吹き飛ばしてしまった。それは、快刀乱麻の、誠に見事な政治劇だったと言えるだろう。

オバマは、ほぼ開口一番、“*Jambo ?.... Niaje wasee ?....Hawayuni ?*” と、矢継ぎ早に現地ケニアの言語による挨拶を繰り出した。それを耳にした会衆は棒を呑み込んだかのごとく一瞬押し黙ったが、その驚きの風情は忽ち氷解して一斉の興奮と熱狂へと一気に取って代わられ、万雷の拍手と歓声がホールを響もし続けて暫し鳴り止まなかった。

"*Jambo* ?" はスワヒリ語の口語的挨拶の常套句で、今では世界的にもかなりよく知られている。その語感は、「お達者?」に近い。続く "*Niaje* ?" は、シェン語で最も一般的な挨拶表現である。なお、シェン語の他の挨拶言葉としては、"*Sasa* ?"（今は〔どう〕?）や "*Vipi* ?"（どうだい?）も多用される。一方、相手も "*Poa*."（"Cool"）と簡明に答を返す。

ところで、"*Hawayuni* ?" は全く耳慣れない表現だ。英語の挨拶である "How are you ?" に、海岸スワヒリ語（海岸部に住む「スワヒリ人」の母語）の複数人称接尾辞である "*-ni*" を付けて（オバマが）創った、シェン語風の新しい表現（の積もり）なのだろうか。会場の人々を暫し沈黙させた戸惑いの原因の一端が、恐らくはここにあったと思う。

その沈黙に続く破顔一笑と熱狂の謂われは、もちろん、"*Niaje wasee* ?" の方にこそあった。"*wasee*"（sg. *msee*）の語源は、スワヒリ語で「大人、老人」を意味する "*wazee*"（sg. *mzee*）なのだが、語意は「てめえら、あんたら」へとややずれていて、"*Niaje wasee* ?" の語感は、英口語の "Hi guys !" にかなり良く通じ合うものになる。

シェン語は、一九九一年末に実現したケニアの電波の自由化の下で簇生したFM放送局が、若者たちの関心を引こうとして重用した。その結果全国に急速に波及し、そのクールさがうけて、若者たちの心を忽ちの内に鷲掴みにしてしまった。もっとも、（次節で詳しく述べるように）それに先立って政治家たちも若者の歓心を買おうとして選挙時に散発的にシェン語を援用し、まんまと成功していた事実がある。

二〇一五年夏のケニア訪問では、オバマも、ケニアの政治家たちのそのポピュリスト的な姿勢の成功に学んで、彼らの轍に従ったのだろうと推定できる。だが、彼のシェン語使用は、やはり青天の霹靂だったのだ。ケニアのシェン語普及団体は、シェン語が世界の認知を勝ち得たと痛く喜んで、一時、俄に色めき立ったものだった。

3．自由化の時代の政治と報道

さて、前項で軽く触れたように、一九八〇年代末から一九九〇年代初頭にかけて、複数政党制への復帰を求める政治運動で大同団結したケニアの統一野党の政治家たちは、若者の支持を得ようと、シェン語表現に固有の強い「可転性＝多能性」（versatility）がもつ絶大な効果に戦略的に訴えて成果を収めた。先に見たオバマの画期的なパフォーマンスの下地となった一九八〇年代末から一九九〇年代初頭当時の政治シーンを、シェン語の今日的な勃興の原点と見て、本項でそれをごく簡単に振り返ってみたい。

シェン語が一九九〇年代半ばから放送媒体として急激に台頭した背景には、ケニアに於ける政治の自由化運動とそれに呼応する電波自由化の戦いがあった。長らく続いてきたＫＡＮＵ（Kenya African National Union、ケニア・アフリカ人連合）の一党独裁体制を複数政党制に改めようとする、野党ＦＯＲＤ（Forum of Restoration of Democracy、民主制回復フォーラム）の政治運動が盛んになり、一九八九年から一九九〇年代初めに沸騰した。この時に、Ｖサイン（より正確には、人指し指と中指の腹を相手に向ける示威サイン）が、その運動の象徴として盛んに用いられたのである。

ＦＯＲＤ運動では、Ｖサインの突き出した二本指は、いうまでもなく一、つまり単独政党制ではないこと、要するに二以上の複数（政党制）を明快に象徴していた。

このＦＯＲＤ運動を成功に導く前段階には、新聞・雑誌から電波放送へと波及した報道の自由拡大運動の成果があったのだが、その先陣としてモイ政権の不正を果敢に暴き続けた、恐れ知らずの放送局が、シティズン・ラジオ局だった（小馬 2012: 207）。同局のキャッチ・フレーズが、シェン語による“Citizen *tosha !*”（「シティズン局で決まり！」）である。そしてまた、ＦＯＲＤ運動でも（英語の invincible に相当する）“*unbwogable*”という「英語＋ルオ語＋英語」の混成単語由来のシェン語が汎用され、若者世代を超えて絶大な人気を博した――これには、既に前章までに色々な機会に繰り返し触れた。

さらに、二〇〇二年の総選挙では、ＦＯＲＤ運動を土台として新たに結成された統一野党であるＮＡＲＣ（National Alliance of Rainbow Coalition、虹の国民同盟）が、"Citizen *tosha !*" 同様、"*Kivaki tosha !*"（「キバキで決まり！」）を掲げて統一候補ムワイ・キバキを盛り立てて、二四年間に亘るダニエル・アラップ・モイ長期政権をついに打倒したのであった。

二、スラムの若者とシェン語

さて、この節では、前節で述べたケニアの政治シーンにほぼ重なる時期に若者たちの心に一層深くシェン語を浸透させた、もう一つ別のシェン語発展の軌跡をこれまで以上に詳細に確認しておきたい。

1. 反エイズ・キャンペーン

二〇世紀から二一世紀への曲がり角のケニアでは、新聞、雑誌、ラジオ、テレビ等、マスメディアのどれかで、しかも毎日幾度となく反エイズ・禁欲キャンペーンに出食わさない日はなかった。国の強い危機感を反映したその一大キャンペーンのシンボルマークとなったのが、Ｖサインの右側に "*chill*" の語を添えた、当時のケニア独特のＶサインのマークである。

ケニアが、いわば国家の将来を真剣に憂慮して全国で大々的に展開した反エイズキャンペーンが、公用語の英語でも国家語のスワヒリ語でもなく、なんと正書法さえ存在せず、いやいやそれどころか「何処にも存在しない」はずのストリート言語で繰り広げられた事実は、実に刮目に値する「事件」だった。そこで、シェン語という混成言語に宿る（と当時のケニアが判断した）澎湃たる迫力の秘密、即ち非文字的な言語に特有の、人心を一気に掴み取る力を、この独特のＶサインを焦点として考察してみよう。

当該のキャンペーン（便宜的に「*ku-chill* 計画」と呼ぼう）は、国際機関の援助を受けてケニア政府が大々的に展開したもので、新聞紙上では二〇〇四年一〇月、テレビでは二〇〇五年一月から組織的に開始されている。

二〇〇四年版のその新聞広告ポスターの意匠は、若者たちの群れの最前列にいる男女２人が片手と両手でＶサインを作っているもので、最上辺には、①“*Sex? Hapana, tume-chill.*”、最下辺には、②“We don't follow the crowd.”と、③“*Ni poa ku chill.*”のキャッチ・コピー、ならびに運動のシンボルである「*chill*（の添書）付きＶサイン」が描かれている（第４章、写真10）。この①と③は、各々純然たる英語とシェン語の文だ。詳しく分析すれば、①は、「英語―スワヒリ語―スワヒリ語―シェン語」という内部構成によるシェン語の文である。①は、「セックス？　まさか、僕らはクールになったんだ」、③は「クールこそ素敵だ」と訳せるだろう。

二〇〇五年には、男一人と女二人の中学生がスクールバスの窓から身を乗り出して、各々片手でＶサインを作っている意匠の新版が登場した（第４章、写真11）。文字表記は、①では否定詞がスワヒリ語から英語に、②では文全体が、“We won't be taken for a ride.”（「車で連れ出されて殺されなぞしない」）に置き換えられている。このポスターの意匠は、学校、殊に寄宿制の学校がとかく性的放縦の温床になってきた実情を仄めかしていて、巧みであろう。

一方、テレビではニュース番組の直前か途中に、同じモチーフの動画を放映していた。その動画は、色々な学校の生徒がエイズと禁欲に関する問い掛けを受ける場面が最初にあり、それから②→①→③の順番で音声が流れる、という趣向になっていた。

次に、「*ku-chill* 計画」の言語媒体として（英語やスワヒリ語ではなく）シェン語が敢えて選ばれたのは、キャンペーンのターゲットが何よりも性的な活力に最も富む生徒世代であり、ほぼシェン語が彼らの第一言語であったからだという前提で、もう少し検討を加えてみよう。

さて、同じ反エイズ・キャンペーンでも、無料のＨＩＶ感染血液検査と感染後のケアの普及を目指す団体ＶＣＴ（Voluntary Counseling and Testing Centres）が実施したもの（便宜上「*chanukeni* 計画」と呼ぼう）は、既婚者層が主な対象である。ところが、そのポスターの惹句もまた、まさにシェン語の単語が鍵になっていたのである。そのキャッチ・コピーは、（a）“*Onyesha mapenzi yako.*” スワヒリ語：あなたの愛を示そう）、（b）“My husband knows I'm HIV positive and we're still together.”（英語）、（c）“*Chanukeni pamoja.*”（シェン語＋スワヒリ語：〔夫婦で〕一緒に開明〔＝受検〕しよう）である（第4章、写真12）。

ここで特に強い印象を与える語が“*chanuka*”（の、二人称複数を示す“*-ni*”という接尾辞が付いた語形“*chanukeni*”）である。これは純粋なシェン語で、元々は伝統を脱して近代的な暮らしに移行（開明）することを意味した。だが現在では、ＨＩＶ検査を受けることがこの語の第一義となり、巧い代替語のない固有の表現として重用されている。

同様の事情は、上の二つのキャンペーンが主なターゲットとした二つの世代の中間に位置する、大学生たちの団体が始めたキャンペーンにも見出せる。例えば、ナイロビ大学生がＨＩＶ／ＡＩＤｓの蔓延を阻むべく、世人の啓蒙を目的にＩＣＬ（I Choose Life）グループを二〇〇四年後半に結成した。彼らは、国際援助団体であるＵＳＡＩＤとＦＨＩ（Family Health International）の後援を得て、二〇〇五年四月初めに首都ナイロビのナイロビ大学メイン・キャンパスで文化祭を開催した。その宣伝用ポスターとメンバーが着用したＴシャツには、“*Tia zii ni kuzii.*”というキャッチ・コピーが大書された。"*zii*"は英語のZ（zee）の借用、"*tia*"はスワヒリ語の他動詞「入れる」、"*Tia zii.*"は全体で「断る」を意味するシェン語。一方、"*ni kuzii*"は、上記「*ku-chill* 計画」のキャッチ・コピーの一部"*ku chill*"に対応する表現で、「クールになる」、つまり「（性的に）禁欲する」を意味している。この"*kuzii*"は、"*Tia zii*"と韻を踏むように、同じく英語のZからＩＣＬグループが新たに造語したシェン語の動詞である――なお"*ku-*"は、スワヒリ語、ならびにシェン語の不定詞。

以上から、一九八〇年代半ばまではストリート・チルドレンの言葉として卑しめられ、早晩姿を消すと高を括られてきたシェン語が、前世紀から今世紀への曲がり角に到ると、少年から壮年前期までの世代で、しかもエリートの間でも、広く第一言語化している事情がかなりよく窺えるだろう。

なお、「*ku-chill* 計画」のシンボル・マークである「*chill* 付きＶサイン」は、ＦＯＲＤが採用したＶサイン（より正確には、二本指の腹を相手に向ける示威サイン）の伝統を継承したものだ。ＦＯＲＤ運動では、先述のとおり、Ｖサインの突き出した二本指は単一ではなく複数（の政党）を象徴していた。それゆえ、「*chill* 付きＶサイン」には、ＦＯＲＤ運動の精神である、社会の自由を守る覇気と誇りが込められているのだとされ、若者に支持されてきた。

さて、ケニアは、若者の心を鷲掴みにする表現手段としてシェン語を反エイズ・キャンペーンの媒介言語に選んだ。眉を顰める世の親たちを尻目に、敢えて性の問題を国民の茶の間に持ち込んだのだった。国家の将来を深く憂慮した政府の、止むに止まれぬ英断だったであろう。この企ては、英語やスワヒリ語では、恐らく不可能だったと思われる。なぜなら、当時年長世代がタブー視していたＨＩＶ／ＡＩＤｓが公用語・国民語で公然と取り上げられることには、強い抵抗感があったからである。他方、若者の隠語という出自を持つシェン語は、反社会的な事象を様々なニュアンスで自由に表現するには、まさに打って付けの言語だったのだ。

2．スラムの若者のために

一九九〇年代半ば以来のシェン語勃興のまたとないきっかけとなったのが、二〇〇四年一一月末のY－FM局の開局である。この新しいラジオ局は、従来の狭い地区を聴取域とするFM局とは異なり、桁違いに強力な電波で放送した。ケニア国境を超えた領域にまで電波を送って、ウガンダ東部やタンザニア北部での受信も可能にした。それと共に、若者世代にターゲットを絞り込んで、番組やCMの一部をシェン語で放送するという、大いなる画期ももたらしたのであった（第5章参照）。

Y－FMの開設からほぼ四年後、一層ラディカルにシェン語を表看板として掲げる別のFMラジオ局が、試験的には二〇〇七年一二月、公式には二〇〇八年一月にナイロビで操業を開始して、人々の耳目を一気に奪い去って釘付けにした。それが、八九・五MHzの周波数で放送するコミュニティー・ラジオ局、ゲットー・ラジオ（通称ゲットーFM）で、ナイロビ市内とその郊外ならどこでもクリアに聴取できた。

同局は、ナイロビ郊外各地に広がるスラム街やゲットー地区の若者を真っ直ぐにターゲットとして見据え、彼らの生活実態の全てを一切隠しだてすることなく、また毫も臆することなく隅々まで取り上げて番組化した。例えば、ドラッグ、犯罪、職探しの困難、女子の早婚、児童労働等の、一般に年長世代にはタブー視され、敬遠されがちな話題を積極的に焦点とする特集も度々組み、堅実な善後策を示して聴取者に問いかけ、オープンに論じ合う姿勢を採ったのである。

アフリカの現代音楽を広く紹介して推奨するのも、シェン語でニュースを報道するのも、ほぼゲットーFMだけだ。暫く前までストリート・チルドレンとして暮らしていた、二〇歳代初めのジョセフ・カンゲゼのような飛びきり若いシェン語ヒップホップ・ミュージシャン等を度々ゲスト話者として招き、スラム住民の生の声を聞いた。また、音楽や放送分野に才能がありそうな若者たちを放送を通じて訓練し、自立の努力を鼓舞もしてきた。だから、携帯やソーシャル・メディアを通じて、聴取者から日々夥しい数の生の声がライブでゲットー・ラジオに寄せられる。また、フォロワー一〇万人以上と言われる、ケニア国内最大のフェースブックの頁を持つのも同局なのである。

このユニークなラジオ局は、開局後すぐにナイロビの若者たちからの熱狂的な支持を得たばかりでなく、程なく、放送業界でも最良の放送局の一つとしての評価を得、広範に認知されて強く支持されるようになった。今や、ナイロビの若年層が最もよく聴取するラジオ局として、庶民の間で人気が高い。ゲットーFMは、シェン語による旗艦放送局の地位を確立したと言ってよいだろう。

同局は、こうした背景から、「公式シェン語局」(the official Sheng station)、「若者の声」(voice of the youth)、「都市音楽の拠り所」(the home of urban music) というキャッチ・フレーズを堂々と自社名に冠して憚らない。なにしろ、元々、ケニアのスラムや「ゲットー」のライフ・スタイルとそれを支える固有の文化に照明を当て、その住民である若者たちの生活の水準やスタイルの向上のために、諸々の現実的な提案と援助をしようとする意図から同局が設立されたという経緯がある。事実、同局は、経営資金も、善意の個人からの募金と広告料収入の双方で構成される、半営利的な企業体なのである。

もっとも、ゲットーFMは、シェン語の他に、英語とスワヒリ語も加えた、多言語で放送している。ただし、今やシェン語を第一言語として育った若い世代が急増しているナイロビでは、シェン語こそがこの町のリンガ・フランカであって、同局の存在意義の支柱は断然シェン語放送なのだから、「公式シェン語局」という思い切った自称も決して単なる誇張や偽りではない。

三、シェン語標準化というアポリア

既に本章の第一節第2項で触れておいたように、ケニアの研究者、知識人、政府関係者たちは、一般に、(現実との妥協の技法の専門家である政治家たちとは対照的なのだが)シェン語の発展に対してきわめて強く否定的・抑圧的な態度をこれまで終始一貫して採ってきた。そして、その理論的な最大の根拠は、標準化のための制度的なメカニズムが不在であること、またその実現の方途がないことに求められてきたのである。

この第三節では、社会的な現実それ自体がそうした主張を打ち返そうとしている実際の様相が存在することを指摘し、それが示唆するシェン語の社会的意味を少し踏み込んで考察したい。

1. ゲットーFMの前駆的な試み

本章では、第二節第1項を受けて、ゲットーFMが、シェン語を創造的に展開させると同時に一面ではシェン語の標準化も試すという、一見両義的な役割を果してきた事実を紹介したい。

注目すべきは、同局の朝の時間帯の番組の一つに、「あんたのスラングを改訂しな」(“Update Your Slang”)があることだ。この番組は、ナイロビの街角(のコーパス)から最新のシェン語表現を拾い集めてきては、その用法を解説している。だが、これは決して自家撞着や矛盾には当たらない。出所の違う新旧のシェン語が競い合い、目まぐるしく交代もする状況は、こうした標準化的な作用に媒介される時、各語の意味をずらしつつ重ね合わせて堆積させ、層を成し、ニュアンスと厚みに富む範例(paradigm)を形成して行くことになるからだ。

こうしたゲットーFMの努力は確かに貴重だが、シェン語の標準化には、やはりプリント・メディアの役割がさらに大きな比重を持つことにならざるを得ない。しかしながら、ケニア政府はシェン語は存在しない、或いは存在してはならないと見る言語政策を採り続けてきた。だから、その標準化の面ではいかなる役割も果していない。むしろ中心的な役割を担ったのは、ネーション・グループ各紙（『日刊ネーション』、『土曜ネーション』、『日曜ネーション』）と『スタンダード』の二大日刊英字紙だった。両紙に連日折り込まれ、「マガジン」と称される各種の折り込み紙（pull-out）、中でもカートゥーンを多用するゴッシップやポップ音楽記事専門の記事には、一九九〇年代半ば以降頻繁に、且つふんだんにシェン語が使われるようになった。

『スタンダード』紙の毎週金曜日の折り込み紙である『パルス・マガジン』には、作家のスミッタ・スミットゥン（別名トニー・モチャマ）が、毎週、シェン語で綴る「シェン・アット」という、（挿絵のカートゥンを含めて）一頁大の愉快な読み物が載り、長年人気を博してきた。彼が使うシェン語は、下町言葉である主流のシェン語に対抗して、上流階級が住むウエストランヅの若者たちが創り出したエンシュ（Engsh、またはEnsh）という、英語を主たる母体（donor）とする特殊なシェン語の方言である。それでも、スミッタ・スミットゥンは、その年に彼が創り出したシェン語をその年の最後の回に総覧して各語を解説してきた。それゆえに、彼のこの連載記事はそれなりにシェン語の標準化に貢献してきたと言えよう。

また、日曜日の『スタンダード』紙の付録の一つに、「トゥインクル」という児童向けのマガジンがあり、「キキとカキのムチョンゴマノズ」（"Kiki Kaki in *Mchongomanoz*"という、好評のイラスト入りの言葉遊びのコーナーが、創刊以来連載を続けている。*mchongomano*とは、東アフリカ各地の諸民族が古くから行ってきた「言葉喧嘩」（verbal duel）を意味するスワヒリ語の単語で、それに英語の複数名詞化の接尾辞 "-s" に由来する "-z" を付けてシェン語化した名詞である。「キキとカキの」のムチョンゴマノズは、一貫して田舎（者）を小馬鹿にし、笑い物の種にする趣向のものである。

そして、この「キキとカカのムチョンゴマノズ」こそが、都市の若者言葉としてのシェン語の性格と表現上の特徴を、端的に、しかも典型的に示していると言えるのである。つまり、シェン語の何よりの特質は、徹底した田舎嫌いに由来するからかいにある。

なお、数年前から「キキとカカのムチョンゴマノズ」には、「このコーナーの言い回し（lingo）は娯楽のためのものです。決して学校では使わないこと！」という、作者キッドの注意書きが添えられるようになった。ただし、皮肉にもこの事実そのものが、このコーナーやシェン語の人気の根強さを裏書きしているとも言える。そして、その長年の連載が、非公式にではあれ、児童の間でのシェン語の語彙や「正書法」の標準化にかなりの程度資してきたと考えられるのである。

もう一つ挙げておくべきは、『クワニ？』（*Kwani?*）という現時点ではケニアで唯一の総合文芸雑誌が、やはり一九九〇年代半ばにナイロビで創刊され、シェン語による作品の掲載に努めてきたという事実である（第5章参照）。同誌は、その後も、毎年一、二冊、或いはそれ以上のペースで不定期に刊行され続けている。ただし、発行部数が極めて少なく、確実に取り扱う書店もナイロビ中心部の一、二に限られる。また、最近ではシェン語の作品の割合も相対的に小さくなっている。

2．シェン語雑誌の登場

この章の第二節第1項では、若者たちをターゲットとする反ＨＩＶ／ＡＩＤｓキャンペーンのための言語メディアとしてシェン語が採用され、その事実がシェン語の普及を大いに助長したことを報告した。実は、若者たちの福祉向上のためにシェン語が善用されている例が、他にもまだ存在している。

写真14　若者の啓蒙のために無料で配布されるShujaaz誌。シェン語の普及にも一役買っている

毎月最初の『土曜ネーション』紙は、『シュジャーズ』（“*Shujaaz*”）という全頁カラー刷りの（タブロイド版の半分大の）美しい多色刷りのコミック小雑誌（無料）を折り込んで売り出される。“*shujaa*”は、形容詞なら「勇敢な」、名詞なら「英雄」を表すスワヒリ語の単語である。同誌は、その名詞複数形であるスワヒリ語“*mashujaa*”と差異化したシェン語の“*shujaaz*”――この“*z*”の用法は“*mchongomanoz*”の場合と同じで、複数形を作る接尾辞――をタイトルとして選んでいる。

ただし、同紙を講読していない者でも、ケニア国内全域のマーケットに数多く展開しているM-*pesa*、代理店で手軽に無料で入手できる。なおM-*pesa*とは、ケニアの（そして東アフリカ最大で、その一円に展開している）携帯電話会社であるサファリコム社が発明した、世界中で最も効率的で且つ手数料が安価だとされる、モバイル・マネーとその運用システムのことである。

『シュジャーズ』は、東アフリカの若者たちのエンパワーメントを目指して彼らの暮らしやライフ・スタイル

写真15　Shujaaz誌よりも低年齢の層をターゲットにしている月刊のPasuka誌。販価は50シリング（約60円）

を改善する目的で、二〇一〇年二月、ケニアで創刊された。

その内容は、娯楽と教育の均衡を図りつつ、FMラジオの番組、ソーシャル・メディア、インターネットとも連携を取っている。市民感覚や寛容の精神の養成を鍵概念として、一九歳の主人公Boyie、DJB、サッカー好きのCharie Pele、mchongomanoの女王Malkia等の登場人物の物語が色とりどりに語られ、若者たちを勇気づけるのだ。その何よりの特徴が、誌面の全体でシェン語が使われている事実である。なお、或る匿名の民放局のDJが同誌の資金提供者だと言われている。

実は、『シュジャーズ』よりも一層低年齢の幼児や児童をターゲットとする、シェン語による月刊コミック誌、『パスカ』（"*Pasuka*"）が、ナイロビのNdoto World Comics社の手で最近創刊された。同誌は、カラーと白黒の頁の割合を半々にしている。幾つかのセクションに分かれているものの、ベラ・キロンゾ（Bella Kilonzo）・プロダクションが全てを制作している。

『パスカ』には、ベルゾ（Belzo）、リズィキ（Riziki）、ベルキ（Belki）、チョルワ（Chorwa）、マーズ・マーサイ（Mars Maasai）等の登場人物が毎号現れ、本の紹介、TV番組や映画の案内等々、家庭的な娯楽に関する範囲の広い話題を提供している。そのターゲットは、十代の若者、特に高学年の小学生であることは、一読して明白だ。

"*pasuka*" は、破裂する（burst）の意味を持つスワヒリ語だが、同誌のタイトルとなることで、「破顔一笑」（burst into laughter）という意味のシェン語の単語に変成した。なお、以下のように、主な登場人物が恐らくケニアの主な民族に因む名前を持っていると思われる点が実に興味深い。

Belzo は（ケニアで第五の人口を持つ）カンバ人男性に多い名であり、ベラ・キロンゾ（Bella Kilonzo）・プロダクションの主の名前でもある Kilonzo のシェン語化した別称である。Riziki はスワヒリ語の人名で、「スワヒリ人」とされるインド洋岸の諸民族の男性の間に多く見られる。Chorwa は、（ケニアで第三の人口を持つ）カレンジン人の言語で「友達」を意味する普通の単語だ。そして、Mars Maasai の造語法が面白い。東アフリカで最も有名な牧畜民であるマサイ人は、「マー」（maa）と「言う」（sai）ことによって相手に呼び掛けて会話を切り出すので、マーサイを自称としてきた民族だ。だから、Mars Maasai は「マーと呼びかけるマーサイ人」程の意味で、マーサイ人（マサイ人）性を強調した名前であると考えられる。

以上に名を挙げた諸民族は、皆「田舎者」として、*mchongomano* で笑い物の対象になってきた。ところが、『パスカ』はその彼らをことさらに主人公として選んでいて、ここにシェン語の社会的な機能の新たな発展があるように感じられるのである。従来、田舎者としてナイロビで蔑まれがちだった出自をもつ民族の人々を、今やナイロビの主人公として遇しようという空気が、『パスカ』の誌面の到る所から溢れ出ているのだ。つまり、それらの人名群は、ケニアの人々が言う、まさに「コスモポリタンな」構成を持っていると言えるだろう。

もっとも、Belki だけはなかなか類推が難しい。しかし、上の文脈を勘案すれば、それがケニアの大統領（ウフル・ケニヤッタ）と副大統領（ウィリアム・ルート）等を訴追して長年ケニア政府を苛み続けてきた、国際刑事裁判所の所在地の「ベルギーの人」（Belgian）の意ではないかと想像を逞しくしたくなる。そして、恐らくこの推測は間違っていないだろう。すると、Belki は、「コスモポリタン」なあり方や価値の多様性を擁護する『パスカ』の編集方針そのものの象徴であるかも知れない。

3．試みとしてのシェン語辞典

シェン語の標準化には、何といってもシェン語辞書の存在が欠かせまい。問題の急所も、実はここにあるのだ。とは言え、ケニアのエリートや言語の専門家、或いは教育関係者たちが一様に無視を決め込んではいるものの、実際には、既に二種類の「シェン語＝英語辞典」と一応は呼べるものが刊行されている。

シェン語辞典と銘打った最初の物は、ナイロビのジンセン出版（Ginseng Publisher）の手で一九九〇年代初等に刊行された『シェン語辞典』である。筆者の手元にある第二版（Moga, Jacho and Dan Fee 1993）は手帳大で、その実態は、三六頁に二百余りの単語を載せ、ほぼ一対一で英単語を対応させただけの、誠に簡略で小さな語彙集に過ぎない。同「辞書」はその後多少は増補しつつ版を重ね、第五版（2004）は四〇頁になり、若干の挿絵と慣用句も付け加わっている。ただし、その後新たな版は出ていない。

第二の、そして言語の専門家が編んだ最初のシェン語辞典は、ナイロビのケニヤッタ大学のスワヒリ語教員であるイレリ・ムバーブとキパンデ・ンズングが、タンザニアのダルエスサラーム大学のスワヒリ語研究所（Taasisi ya Uchunguzi wa Kiswahili, TUKI）から出版した、『シェン語＝英語辞典――東アフリカの地下言語を読み解く』（Mbaabu,

写真16　手帳大で薄いシェン語（英語）辞典の第２、第４、第５版

Ireri and Kipande Nzungu, 2003b）である。同書には、「シェン語の主要な性格――スワヒリ語と英語に及ぼす衝撃」と題する、一四頁の解題が付されていて便利だが、本文は三九頁と誠に薄手で、収載語数も千数百と、僅かなものに過ぎない。各項目の説明もジンセン出版の辞書とそれ程変わらず、極めて簡単なものに終始している。

　シェン語のように、まだ急激な形成と変化の過程を辿り続けているストリート言語の辞書を作るには、周知の通り、標準化に関する自家撞着的な問題が付き纏うことになる。辞書の内容が絶えずコーパスによって出し抜かれて、日々陳腐化して行くからであり、その辞書が曲形にも生命力を保つためには、不断の増補・改訂が欠かせない。そこで登場してきたのがネット上の辞書なのだが、残念ながらそれらはまだジンセン社版に比べても遙かに貧弱で且つ未熟、無論ＴＵＫＩ版のような専門性も一貫性も備えてはいない。

　シェン語の標準化の達成には、少なくとも、ケニアのエリート層の一層寛容でリベラルな理解と、より包括的で組織だった継続的な支援が将来得られなければならないだろう。

四、ショーケースとしてのカンバ民族

実は、シェン語の標準化について、バラック・オバマ米大統領が断行したシェン語によるケニア国民への（ポピュリスト的で一回限りの）挨拶以上に、もっと力強く、またずっと実際的な応援の言葉を発し続ける大物が、オバマのケニア公式訪問の翌年、二〇一六年にケニアに現れて人々の耳目を引きつけている。そして、彼の言動を支持または非難するかれこれの論評が、時折新聞紙上やソーシャル・メディアを賑わしている。

その珍しくも開明的な大御所とは、二〇一〇年に公布されたケニアの新憲法によって創設された最高裁判所の初代長官となり、七五歳の定年を一年前倒しにして二〇一六年六月に退官した、ドクター・ウィリー・ムトゥンガ、その人である。

1．最高裁長官とシェン語メール

最高裁長官ムトゥンガは、退官の意志を表明した前後、個人として、ツィッターで盛んに若者たちに呼びかけ始めた。しかも、ケニアの現在の二つの公用語である英語でもスワヒリ語でもなく、ストリート言語でしかなく、憲法上は存在さえしていないシェン語でツィートするのである。大胆な改革派として知られる彼のその目論見は、彼自身が公言している所に拠れば、一般市民には縁遠く、とかく敬遠されがちな法や裁判と裁判所を何とか庶民にも馴染み易いものにして、臆することなく利用して貰うことにある。

彼を批判する数々の声は、最高裁長官のような卓越した存在は国民全体のロールモデルであって、公用語である英語やスワヒリ語の能力を高める国家的な重責を負っているとし、彼の言動に起因する学校教師に到るまでの諸権威の

失墜を嘆くのである。しかし、ムトゥンガは、少しも怯まず、ナイロビの人口の優に過半を占めるスラム住まいの人々、ならびに同じくその六割を超える若者たちの目の高さにまですすんで下りてきて、彼らと同じ言葉で親しく意思疎通を図ろうと努めて来たのである。

ムトゥンガのツイッター上のキャッチ・フレーズは、「若者に霊感を与えて、より良い明日を作り出そう」である。若者たちの驚きと感激は誠に大きく、彼の発言に刺激され、鼓舞された、ムトゥンガの数多くのフォロワーたちは、彼を前例のない庶民第一のヒーローとして喜び迎えている。

ムトゥンガは、ソーシャル・メディアに寄せたシェン語による退任の辞で、次のように述べた。「人々は、闘い続ける限りは退職と言うには当たらないのだと言います。私もまたそう信じているのです。私は、あなた方の全てと共にあり、退職した最高裁長官の資格であなた方に仕え続けます。あなた方と来るべき世代のために、私が最高裁長官としてどう司法を導いたのか、その物語を書き記す積もりです」。そして、そのシェン語文の掉尾で、「まだシェン語の学徒である私には、言葉が足りません。どうか、英語とスワヒリ語で締め括らせて下さい」と書いている。

確かに、ムトゥンガのシェン語は、最も古典的なタイプのシェン語である。しかし、彼はシェン語に親しみ、心からの喜びを感じているように思われる。例えば、二〇一六年五月七日、古いビルが突然崩壊して三五名もの死者を出した、ナイロビのフルマ地区の事故現場を弔問に訪れた時に、彼はシェン語で声明を発表した。彼の鋭い言語感覚が窺えるそのシェン語文を、先ず次に引用してみたい。"*Huruma imetanda mtaani Huruma na kwa wenye huruma wawaonyeshe huruma kwa kuwaami wakazi wa Huruma.*"。次いで、これを自由訳してみよう。「同情心（*huruma*）に満ち溢れるフルマ（Huruma）のストリート（街区）よ、（同情）心ある人々よ、フルマのストリートの人々に（同情）心を寄せられよ」。原文は、早口言葉にも似るが、むしろ詩的な空気を湛えていると言えよう。ムトゥンガがシェン語を心から愛していることがよく伝わってくる心優しい声明だと思う。

ここで一つ注記すれば、ムトゥンガはカンバ人である。ギクユ人を主体としてケニア独立のために英国植民地政府と戦ったマウマウ戦争には、ギクユ人と近縁で、且つその東側の隣接地に住むカンバ人も数多く参加していた。ムトゥンガは、マウマウ闘争の英雄であるデダン・キマズィに深く感化された人物だと言われている。その彼の想いが、ケニアの貧しい若者たちや、彼らの生活の言葉であるシェン語を努めて重視しようとする彼の一貫した振る舞いに、恐らくは反映しているのであろう。

2. シェン語とカンバ人の相性

前項を第三節の第2項と重ね合わせてみると、偶然を遙に超えた一つの共通要因を見出すことができそうだ。それは、ムトゥンガのみならず、児童向けのコミック誌『パスカ』を制作するプロダクションの主宰者キロンゾ（Kilonzo）もまたカンバ人であることだ。

実は、そう気づく時に、本書の読者の脳裏に或る重要な事実が蘇って来たのではないだろうか。その事実とは、（第4章第二節で詳しく論じたように）“*Unbwogable*”（≒ invincible）というルオ語由来のシェン語の惹句が大ヒットした二〇〇二年の総選挙で、野党FORDの副大統領候補だったスティーブン・カロンゾ・ムショカが、（“*Kibaki Tosha !*” と並んで支持者に喜び迎えられた）“*Kalonzo Tosha !*” を連呼した事実である。さらに、そのカロンゾは、キバキ（現職、PNU）、ライラ・オディンガ（野党NARKの統一候補）と三つ巴で争った二〇〇七年の大統領選挙では、自分のファースト・ネームであるスティーブンを「ステボ」（Stevo）とシェン語の表現に変えて連呼して、若者の甘心を買い、熱狂を誘ったのだった。

くわえて、次の事実も浮かび上がって来よう。カロンゾが「ステボ」（*Stevo*）を名乗ったその二〇〇七年当時、諸々の政治家たちや時の人を誠に巧みなパロディーで風刺して、瞬く間に国民的な人気者となったリディキュラスというコメディー集団があった。ギクユ人のキアリエ・ジョン（Kiarie John）、通称K・Jが、大学の同窓生であるトニー・ンジュグナ（Tony Njuguna、ギクユ人）とニャンバネ（Nyambane、グシイ人）を誘ってこのコメディー集団を創設した。一方、後から加わった人物に、カンバ人のカジャイロ（Kajairo）がいる。彼は、番組の全時間でシェン語を話し通す者として際立っていた。しかも、『日曜スタンダード』紙の人気のカラー漫画版「マガジン」である「トゥインクル」の名物コラム、"*Mchongomanoz*"の言葉書きの作者としても有名だったのである（本書第3章第三節参照）。

このように諸事実を並べてくると、シェン語に寄せる親密な感情はカンバ人に普く行き渡っているのではないかと強く思われてならない。筆者は、この点で、カンバ人に少しでも匹敵しそうな他の民族を全く心に思い描くことができないのである。

しかしながら、カンバ人は、『パスカ』の主要な登場人物の出自である他の諸部族と共に、ナイロビの住民からシェン語（殊に*mchongomano*）によって、田舎者として嘲弄されてきた部族の一つだったはずである。では、今や上記のカンバ人たちがなぜシェン語に対して親しい感情を持ち得たのだろうか。ここで、それが問われなければなるまい。

3．シェン語化されたカンバ語

恐らく、前項の事情の背景を成すのは、カンバ語に「シェン語化されたカンバ語」（shengnized Kamba）が既に生まれているという、昨今の目ざましい言語事情であるだろう。

その名前からカンバ人であることがすぐに分かる社会言語学者キオコが、最近の論文で、「シェン語化されたカンバ語」について、カンバ人の土地の中心地であるマチャコスの例を取り上げて、かなり具体的に論じている（Kioko 2015）。今詳しく立ち入って検討する紙数はないが、ごく簡単にその事情に触れておかなければならない。

シェン語の「民族的なレジスター（言語形態）」である「シェン語化されたカンバ語」は、シェン語の文法構造をそっくりそのまま取り入れているわけではない。「シェン語化されたカンバ語」は、シェン語が操作に用いている戦略そのものを採用し、シェン語自体がそうしてきたごとく、単にスワヒリ語や英語由来の単語を単純に用いているだけではない。それは、ナイロビで話されているシェン語の諸々の変異態（地域方言）に由来する諸々の語も直接的に組み込んでいるのだ。すると、この仕組みがシェン語の場合と酷似している以上、「シェン語化されたカンバ語」も、それ自体がシェン語の異版の一つであるとする見方が可能になるはずだ（Kioko 2015: 142）。

この斬新で実践的な見方は、マチャコスでの観察例から得られたものだが、ナイロビ（や他の大きな町）のシェン語が、シェン語化された民族語を通じて地方の母語に浸透して行く過程一般、つまり言語の都市・地方間の循環的な動態を考えるうえで、極めて重要な理論的な示唆を与えてくれるものであると言える（Kioko 2015: 143）。

この際特に重要なのは、次の指摘である。英語もスワヒリ語も解さない、まだ若くて初なカンバ語の話者は、シェン語由来の語句を仲間内の者が無意識的に使用する場面に繰り返し曝された場合、その語句を何の疑いもなく「本物の」カンバ語として解することになるだろう。これと同じ仕方で、英語やスワヒリ語が主要な母体（donor）である事実には少しも気付かずに、カンバ人（や他の民族の）幼児は、自分自身の第一言語としてシェン語を学んで行くことになるのである（Kioko 2015: 145）。

キオコは、略々このようにして、シェン語の第一言語化と、カンバ語のシェン語化の仕組みの同一の構造を解明してみせている。確かに、カンバ人の伝統的な居住地域は比較的ナイロビに近く、またナイロビの最大人口を誇るギクユ人の土地にも隣接している。それゆえに、ナイロビとカンバの土地（*Ukambani*）の日常的な交流は、カレンジン人やマサイ人を初めとする遠隔地に住む他の民族に比べるとかなり密である。しかし、その社会、文化、経済的な交流とそれが言語の変成過程に及ぼす影響は、カレンジン人やマサイ人の場合と論理的な同形性が高いだろう。

ここにこそ、ムトゥンガやキロンゾたちが、シェン語の標準化を現代ケニア、とりわけ「ポスト二〇一〇年新憲法公布後時代」のケニア喫緊の政策課題だと考える根拠があるのだろうと考えられるのである――無論、キオコが示してくれたような、言語社会学的な理解を意識的に達成しているわけではないとしても。

おわりに

ムトゥンガが、二〇一六年五月七日にフルマ地区を訪ねた。最後に、その際に住民と会食した後で彼が書いたツィートを引用して、本章を――そして本書全体を――閉じたい。"*Ukibanda sembe na mboga ikiwa na maraia uko mbele tu sana ! Imagine nikiretire tuanzishe kaachuo ka Sheng* ☺ *Lol.*"（自由訳：ウガリと野菜を庶民の方々と食べてみると、あなた方の方がずっと進んでいるのでした。私が退職した暁には、シェン語の小さな学校を建てるべきだと思いませんか。愛を込めて）。

ムトゥンガが、まだ英気を存分に残しながら一年も早く退職したのは、一体何故だったのだろうか。或いは、右のツィートで示唆されているシェン語の学校を設立し、その効用としてシェン語を或る程度標準化して、スラムの若者たちに明るい未来の展望を約束する努力を具体的に始めるためなのかも知れない。

ところで、高名な漫画家キッド（Kiddo）が、『日曜スタンダード』紙の若者向け付録誌である“Generation Next”のシェン語コラムの部分を“Teens' *Tannoy*”と銘って執筆してきた。近年、彼が、“Teens' *Tannoy*”内に“*Sheng* Hazards”（シェン語の危険性）と言う小欄を設け、シェン語では単語内成分の逆転（inversion）が頻繁に行われた結果、共有されてきたシェン語の単語の意味とコミュニケーション機能が破壊されたとして、シェン語の未来を悲観していたことを（本書第5章第一節）、ここで思い出して欲しい。しかしながら、この第6章で明らかにしたように、シェン語は、キッドの懸念を乗り越え、質的な変成を遂げながら、ケニアの国民統合の鍵となり得る言語へと成長してきたと確かに言えるのである。

我々は、カンバ人の土地（*Ukambani*）にシェン語の母なる大地が既に開け始めようとしていて、やがてそれがケニア全土に広がって行き、ストリート言語でありながらも公的には「どこにも存在しない言語」であったケニアの若者たちの「まぜこぜ言葉」が、無理のない自然な形でケニア国民を形成して行く日を夢見ることができるかも知れないと思う。

もしそうなれば、隣国タンザニアが、英国植民地政府が植民地統治の便法として発明した「標準スワヒリ語」を受け継いでさらに発展させた「新標準スワヒリ語」（*Kiswahili sanifu*）を徹底して普及させる強力な政策によって、アフリカでは希有な国民建設を導いた事実とは、誠に鋭い対照を見せてくれることになる。

【参考文献】

Abudlaziz, M. H. and Ken Osinde

1997 "Sheng and Engsh: Development of Mixed Codes among the Urban Youth in Kenya", *International Journal of Sociology of Language*, 125: 43-63.

Alego-Oloo

1987 "Why Local Languages Are Important", *Standard*, October 14.

Amidu, Assibi Apatewon

1995a "Kiswahili: People, Language, Literatute and Lingua Franca", *Nordic Journal of African Studies*, 4(1): 104-125.

1995b "Kiswahili, a Continental Language: How Possible Is It? (Part I)", *Nordic Journal of African Studies*, 4(2): 50-72.

1996 "Kiswahili, a Continental Language: How Possible Is It? (Part II)", *Nordic Journal of African Studies*, 5(1): 84-106.

Beck, Rose Marie

2015 "Sheng: An Urban Bariety of Swahili in Kenya", in Nassenstein N. Andrea Hollington (eds.) *Youth Language Pracitces in Africa and Beyond*, Berlin/Boston:Walter de Gruyter, pp.51-80.

Gicheru, C. and Gachuhi, R.

1984 "Sheng: New Urban Language Baffles Parents", *Daily Nation'*, March 14.

Githingi, Peter

2005 *Language Attitudes: Nairobi People and Sheng* (master's thesis), Michigan State University.

Githiora, Chege

2002 "Sheng: Peer Language, Swahili Dialect or Emerging Creole?", *Journal of African Cultural Studies*, 15(2): 159-181.

Greenberg, Joseph H.

1966 *The Languages of Africa*, Bloomington: Indeiana University.

Iraki, X.

2002 "Benefits of Progressing from the EAC to Swahili Republic", *People Daily*, September 23.

Jonson, Frederick (ed.)

1939a *A Standard Swahili – English Dictionary*, London: Oxford University Press.

1939b *A Standard English – Swahili Dictionary*, London: Oxford University Press.

Kariku, Patriku

2001 "Kiswahili Is Exciting When Hosts Are Not Showing Off", *Daily Nation*, August 16.

Kenya National Bureau of Statistics

2010 *Population Distribution by Administrative Units (2009 Kenya Polulation and Housing Census*, Vol. 1)

Khalid, Abdullah

1978 *The Liberation of Swahili from European Appropriation*, Nairobi: Kenya Literature Bureau.

King'ei, Geoffery K. and Paul M. Musau

2002 *Utata wa Kiswahili Sanifu (toleo la kwanza)*, Nairobi: Didaxis.

Kioko, Eric M.

2015 "Regional Varieties and 'Ethnic' Register of Sheng", in Nassenstein N. Andrea Hollington (eds.) *Youth Language Practices in Africa and Beyond*, Berlin/Boston:Walter de Gruyter, pp.119-147.

Kioni, Kinya

2002 " 'Sheng' Takes Its Toll on Performance of Languages", *Kenya Times*, March 26.

Krapf, Ludwig

1969 (1982) *Swahili-English Dictionary*, New York: Negro University Press.

Lieberg, Ali A.

1994 "Language Colonialism and Development — And the Case of Kiswahili as the Official Language", *Standard on Sunday*, December 30.

Mayama, Geoggrey M.

1988 " 'Sheng' Could Develop into a Faster Novel Language", *The Standard*, January 14.

Mazurui, Ali/ Mazurui, Alamin

1998 *The Power of Babel — Language & Governance in the African Experience*, Chicago: University of Chicago Press.

1999 *Political Culture of Language — Swahili, Society and the State*, NewYork: Institute of Global Culture Studies, State University of New York at Bringhamton.

Mbaabu, Ireri and Kipande Nzunga

2003a "Sheng — Its Major Characteristics and Impact on Standard Kiswahili and English" — Introduction to *the Sheng-English Dictionary (vide infra.)*

2003b *Sheng — English Dictionary: Deciphering East Africa's Underworld Language*, Taasisi ya Uchunguzi wa Kiswahili, Chuo Kikuu cha Dar es Salaam.

Moga, Jacko

1994 "Sheng Language", *Radar*, 1: 3-17.

1995a "Chokora", *Sheng*, 1: 4-6, 10-11, 13-14, 17-20.

1995b "Chokora", *Sheng*, 2: 4-6, 10-12, 14, 21, 23.

1995c "Sheng", *Radar*, 2: 11-16, 21-23.

Moga, Jacko & Dan Fee (eds.)

1995 (1993) *Sheng Dictionary*, 2nd ed., Nairobi: Ginseng Publishers.

2000 *Sheng Dictionary*, 4th ed. (Magazine ed.), Nairobi: Ginseng Publishers.

2004 *Sheng Dictionary*, 5th ed., Nairobi: Ginseng Publishers.

Mukama, R. J.

1991 "Recent Development in the Language and Prospects for the Future", in Hansen H. B. and M. Twaddle (eds.) *Changing Uganda*, London: James Currey, pp. 334-350.

Mungu, Joe

2001 "For Ngugi, the Centre Does Move", *Daily Nation*, March 17.

Mutahi, Karega

1980 "Language and Politics in Kenya (1900-1978)" (Seminar Paper), Department of History, University of Nairobi.

Mwansoko, H. J. M.

2003 "Swahili in Academic Writing", *Nordic Journal of African Studies*, 12(3): 265-276.

Ngithi, M. E.

2002 "The Influence of Sheng among the Kenyan Youth on Standard English" (submitted in partial fulfillment of the requirement for the degree of bachelor of arts), Department of Linguistics and African Languages, University of Nairobi.

Njogu, Kimani

2001 "Why We Must Elevate the Role of Kiswahili", *East African Standard*, August 10.

Ochien, Philip

2004 "English as a Spear the Enemy", *Sunday Nation*, September 29.

Oduke, Charles

1988 "Sheng's Very Special Role", Daily Nation, February 4.

Ogech, Nathan Oyori

2003 "On Language Rights in Kenya", *Nordic Journal of African Studies*, 12(3): 277-295.

Repablic of Kenya

1994 *Kenya Population Census 1989*, vol.1.

2001 *1999 Population and Housing Census*, vol.1.

Richard, Harrison

1984 "Choosing the Right Kind of Kiswahili for Kenya", *Daily Nation*, January 6.

Rodwell, Edward

2001 "When Kiswahili Was Still Young", *East African Standard*, March 21.

Rono, R. K.

2001 "We Have No Respect for Kiswahili", *Kenya Times*, March 7.

Roy-Campbell, Z. M.

1995 "Does Medium of Instruction Really Matter? — The Language Question in Africa: Tanzanian Experience", *Utafiti* (New Series), 2(1-2) : 22-39.

Ruo, Kimani

1984 "Kiswahli Role Is Underscored", *Daily Nation*, September 13.

Samper, David A.

2002 "Talking Sheng: The Role of a Hybrid Language in the Construction of Identity and Youth Culture in

Nairobi, Kenya", (Ph. D. dissertation), University of Pennsylvania.

Shinagawa, Daisuke

2006 "Particularities of Sheng in Written Texts", *Journal of Studies for the Integrated Text Science* (Graduate School of Letters, Nagoya University, Japan), 4(1): 119-137.

2007 "Notes on the Morphosyntactic Bias of Verbal Constituents in Sheng Texts", *Hersetec* 1(1): 153-171.

Ssekamwa, J. C. / Lugumba, S. M. E.

A History of Education in East Africa, Kampala: Fountain Publishers.

Sserwanda, G.

1993 "V-P Raps Swahili — Kisekkan on Swahili Language", *The New Vision*, March 17.

Tasisi ya Uchunguzi wa Kiswahili

1996 *English-Swahili Dictionary – Kamusi ya Kingereza — Kiswahili*, Dar es Salaaam: Chuo Kikuu cha Dar es Salaam.

2001 *Kamusi ya Kiswahili – Kingereza (toleo la kwanza)*, Dar es Salaam: Chuo Kikuu cha Dar es Salaam.

wa Goro, Kamau

1994 "Writers and the Cultural Conflict", *The People*, Febrary 27 - March 5.

Wandeto, J.

1994 "He Vowed Never to Speak Swahili", *Sunday Times*, January 30.

Whiteley, W. H. (ed.)

1974 *Language in Kenya*, Nairobi et. al.: Oxford University Press.
アンダーソン、ベネディクト
1997『増補　想像の共同体――ナショナリズムの起源と流行』（白石さや・白石隆訳）、ＮＴＴ出版。
ゲルナー、アーネスト
2000『民族とナショナリズム』（加藤節訳）、岩波書店。
梶　茂樹
2009a「多言語使用と教育用言語を巡って――コンゴ民主共和国の言語問題」、梶茂樹・砂野幸稔（編）『アフリカのことばと社会――多言語状況を生きるということ』（三元社）225-248頁。
2009b「アフリカにおける言語と社会」、梶茂樹・砂野幸稔（編）『アフリカのことばと社会――多言語状況を生きるということ』（三元社）9-30頁。
川田順造
2004『コトバ、言葉、ことば――文字と日本語を考える』青土社。
小馬　徹
1978「E. N. Hussein "Wakati Ukuta" の形式的側面に見られる伝統的特性」、『一橋研究』2（4）: 140-155。
1979「〝象（テンボ）は鼻が長い〟か?――スワヒリ語の総主論序説」、『一橋研究』4（3）: 115-132。
1980「〝象は鼻が長い〟構文の提題性をめぐって――スワヒリ語の総主論ノート」、『一橋研究』5（2）: 145-154。
1992「アフリカの教育」、日野舜也（編）『アフリカの文化と社会』〔アフリカの21世紀　第1巻〕（勁草書房）139-191頁。

2002「国家と民族——多文化の中の自他意識」、江渕一公・松園万亀雄（編）『改訂文化人類学——文化的実践知の探究』放送大学教育振興会、100-123頁。

2004a「ケニアの勃興する都市混合言語、シェン語——仲間語から国民的アイデンティティ・マーカーへ」、『年報人類文化研究のための非文字資料の体系化』（神奈川大学21世紀プログラム「人類文化研究のための非文字資料の体系化」研究推進委員会）2: 125-135。

2004b「ma が差した話——スワヒリ語のレッスン」、『言語』33(8): 4-5。

2005a「グローバル化の中のシェン語」、梶茂樹・石井溥（共編）『アジア・アフリカにおける多言語状況と生活文化の動態』（東京外国語大学アジア・アフリカ言語文化研究所）、87-114頁。

2005b「Sex? *Hapana, tumechill* ——『非文字』の混合言語、シェン語のVサイン」、『非文字資料研究』（神奈川大学二一世紀プログラム「人類文化研究のための非文字資料の体系化」研究推進委員会）9: 10-13。

2005c「小さな田舎町という場の論理から見た民族と国家」、松園万亀雄（編）『東アフリカにおけるグローバル化過程と国民形成に関する地域民族誌的研究』（国立民族学博物館）、39-58頁。

2008a「ケニア『2007年12月総選挙後危機』におけるエスノ・ナショナリズム自由化の波及」、中林伸浩（編）『東部および南部アフリカにおける自由化とエスノナショナリズムの波及』（神奈川大学人間科学部）33-77頁。

2008b「『盗まれた若者革命』とエスノ・ナショナリズム——ケニア『二〇〇七年総選挙』の深層」、『神奈川大学評論』61: 2-14。

2009a「隠語からプロパガンダ言語へ——シェン語のストリート性とその発展的変成」、関根康正（編）『ストリートの人類学』上巻（国立民族学博物館）、349-383頁。

2009b「宣伝広告から『国民文学』へ――ケニアの新混成言語シェン語の力」、神奈川大学日本常民文化研究所（編）『歴史と民俗』（平凡社）、25: 123-171。

2009c「キプシギスの成年式と学校教育」、中村和恵（編）『世界中のアフリカへ行こう――〈旅する文化〉のガイドブック』岩波書店、40-59頁。

2011「TV劇のケニア化とシェン語――ストリート言語による国民文学の新たな可能性」、神奈川大学日本常民文化研究所（編）『歴史と民族』（平凡社）、27: 215-247。

2012「放送、新聞、メディア――政治と報道の自由への戦いのなかの『国家と民族』」、津田みわ・松田素二（編）『ケニアを知るための55章』（明石書店）、205-209頁。

2013「スワヒリ語による国民国家建設と植民地近代性論――その可能性と不可能性をめぐって」、永野善子（編）『植民地近代性の国際比較――アジア・アフリカ・ラテンアメリカの歴史経験』御茶の水書房、247-278頁。

2016a「寸鉄も帯びず、寸毫も怖じず――勃興するケニアの調査ジャーナリズム」、『神奈川大学評論』85: 136-149。

2016b「オバマもすなる『シェン語の挨拶』考――語源と語感への誘い」、『NEWSLETTER』（神奈川大学言語センター）41: 1-2。

2018a「ストリート言語から国民形成の鍵へ――ケニアのシェン語の生成と展開」、関根康正（編）『ストリート人類学――方法と理論の実践的展開』（風響社）399-432頁。

2018b『「女性婚」を生きる―キプシギスの「女の知恵」を考える』神奈川大学出版会。

2019『「異人」としての子供と首長―キプシギスの「知恵」と「謎々」』神奈川大学出版会。

レヴィ＝ストロース、C.

2001『悲しき熱帯Ⅱ』(川田順造訳)、中央公論新社。
宮崎久美子
2003「ウガンダにおける言語政策の推移」、『スワヒリ&アフリカ研究』(大阪外国語大学地域文化学科スワヒリ語・アフリカ地域文化研究室)13: 93-107。
2009「多民族・多言語社会の諸相―ウガンダにおける言語政策と言語使用の実態」、梶茂樹・砂野幸稔(編)『アフリカのことばと社会――多言語状況を生きるということ』(三元社)349-384頁。
宮本正興
1991『ことば・文学・アフリカ世界』(大阪外国語大学アフリカ研究室)。
2009『スワヒリ文学の風土――東アフリカ海岸地方の言語文化誌』(第三書館)。
宮本律子
2012「言語事情―ことばのメルティング・ポット」、松田素二・都田みわ(編)『ケニアを知るための55章』(明石書店)227-231頁。
西江雅之
1974「スワヒリの詩――ムワナクポナの詩」、『言語別冊1 アフリカの文化と言語』、167-190頁。
オジェ、マルク
2002『同時代世界の人類学』(森山工訳)藤原書店。
大野晋・丸谷才一
1977「言葉と文体」、丸谷才一『言葉あるいは日本語』構想社、56-94頁。(『すばる』一九七四年六月号から再録。原題は「ことばと文体」）

品川大輔

2009「言語的多様性とアイデンティティ、エスニシティ、そしてナショナリティ――ケニアの言語動態」、梶茂樹・砂野幸稔（編著）『アフリカのことばと社会――多言語状況を生きるということ』（三元社）309-348頁。

2013「アフリカの言語動態および都市言語に関する研究の動向――日本のアフリカニストの業績を中心に」、『香川大学経済論叢』、86(2): 235-246。

竹村景子

1993「多民族国家における国家語の役割――タンザニアのスワヒリ語の場合」、『スワヒリ語&アフリカ研究』（大阪外国語大学地域文化学科スワヒリ語・アフリカ地域文化研究室）4: 34-99。

2005「スワヒリ語は植民地民族語の記憶を負えるのか――タンザニアにおける「超民族語」とその他の諸民族語の相剋」、『神奈川大学評論』51: 88-95。

竹村景子・小森淳子

2009「スワヒリ語の発展と民族語・英語との相剋――タンザニアの言語政策と言語状況」、梶茂樹・砂野幸稔（編）『アフリカのことばと社会――多言語状況を生きるということ』（三元社）385-418頁。

田中克彦

1978『言語からみた民族と国家』、岩波書店。

1981『ことばと国家』、岩波書店。

ワ・ジオンゴ、グギ

1985『アフリカ人はこう考える』（宮本正興・アフリカ文学研究会訳）第三書館。
2010『増補新版　精神の非植民地化』（宮本正興・楠瀬佳子訳）第三書館。
米田信子
1997「民族語に対するタンザニアの言語政策」、『スワヒリ語&アフリカ研究』（大阪外国語大学地域文化学科スワヒリ語・アフリカ地域文化研究室）7: 34-50

あとがき

スワヒリ語の独習を始めたのは、大学院に進学してから間もない頃だから、スワヒリ語とは、それ以来随分長い付き合いになる。

この言語を学ぼうと思った理由は、文化人類学徒として、将来東アフリカのどれかの民族の間で参与観察によるフィールドワークを行いたいという夢をもっていたからだった。その当時、東アフリカのどの民族語であれ、日本にいながらそれを学ぶ手だては全くなかった。だから、運良くフィールドワークの夢が叶ったとしても、現地調査を実際に実施しながら、それと同時進行で調査対象民族の言語を日々現場で学んで身につけて行く必要があった。

そこで、現地調査のみならず、対象言語の学習の能率を上げる戦略として、日本でもそれなりに独習できた、東アフリカのリンガ・フランカであるスワヒリ語を予め学んでおこう、その方が後々有利に違いないと考えたのだった。

私が主に調査してきたキプシギスの人々の言語（キプシギス語）は、バントゥ諸語の一つに分類されるスワヒリ語とはすっかり系統が異なる、南ナイル語系の言語である。だから、キプシギスの人々はスワヒリ語が苦手だったのだが、それでもスワヒリ語を曲形にも使えたお陰で、フィールドワークも、キプシギス語の修得も、実際かなり順調に進んだと思う。多少はスワヒリ語の分かる数少ない女性を含めて、（英語に通じていない）多くの人々とコミュニケーションがすぐに可能だったからである。

それでも、キプシギス語が或る程度まで上達すれば、その後スワヒリ語から徐々に遠ざかっても大きな不都合はなかっただろう。それにも拘らず、スワヒリ語にそれからも関心をもち続けたのは、ナイロビ滞在中に何かと役立つからのみならず、いやむしろそれ以上に、シェン語という、スワヒリ語を母体（donor）とする若々しい都市混成語に出会って、すっかり魂をもって行かれてしまったからであった。

ただし、最初は片思いのようなものだった。と言うのも、出会った頃には、シェン語はまるで将来性のない隠語とされていた。新聞紙上にごく稀に興味本位の記事が載ったが、屑でもあるかのように言い做されるのが常だった。しかし、この「まぜこぜ言葉」の将来性の大きさを直観的に感じ取っていた私は、その変成と成長の節目節目で機会を逃さずに調査を積み重ね、シェン語に関する論文を何本か書いてきた。やがて、シェン語は急速に成長しつつ変成して行くのだが、その姿を刻々目の当たりにしながら、その過程を貫き通しているに違いない一本の糸を丹念に追い求めるのは、スリリングで楽しく、胸の踊る経験だった。

だからこそ、本来はキプシギス民族のフィールドワークの小さな副産物でしかなかったかれこれのテーマも、フィールド・ノートが積み重なって、それなりに広がりと厚みのある研究となって行った。それが一書として本書に結晶したのは、本当に幸運だったと思う。

しかも、シェン語の成長・発展と変成のそれぞれの位相は、現代ケニアの各時代の社会と政治の動きと軌を一にしていて、その姿を如実に映し出す鏡でもあった。だから、キプシギス民族の社会と文化を考察するうえで無くてはならない、ケニアの国家情勢の背景を理解するための重要な鍵ともなってくれたのである。

読者に、馴れ初めを右に記してみた私の胸の高鳴りが少しでも届いてくれ、シェン語の生きた生命に直に触れる楽しみを、その生の感触ごと感じ取って頂けたとすれば嬉しい。

筆　者

【付記】

シェン語の長期的な生成・発展過程の諸相をその折々の参与観察を基に論じた本書の各章は、本来独立した論文としてかなりの間隔を置いて書いた。それゆえ、各章ごとに完結した論旨があり、どの章から読み始めて頂いても構わない。なお、一書に纏めるに当たり、全体の流れに配慮して元の論文にかなり手を入れたが、各章ごとの一貫性を損なわない留保をした結果、論旨の反復を免れない所がやや残った。通読時に既視感を覚える箇所があれば、当該部分を読み流して先に進んで頂きたい。

二〇一八年九月一五日

#《初出一覧》

第1章　『年報　人類文化のための非文字資料の体系化　第2号』（神奈川大学二一世紀COEプログラム研究推進会議、二〇〇四年）所収「ケニアの勃興する都市混合言語、シェン語——仲間言葉から国民的アイデンティティ・マーカーへ」（一二五－一三五頁）

第2章　『アジア・アフリカにおける多言語状況と生活文化の動態』（梶茂樹・石井溥共編著、東京外国語大学アジア・アフリカ言語文化研究所、二〇〇五年）所収「グローバル化の中のシェン語——ストリート・スワヒリ語とケニアの国民統合」（八七～一一四頁）

第3章　『ストリートの人類学　上巻（国立民族学博物館調査報告　第八〇号）』（関根康正編）所収「隠語からプロパガンダ言語へ——シェン語のストリート性とその発展的変成」所収（三四九～三八三頁）

第4章　『歴史と民俗　25』（神奈川大学日本常民文化研究所編、平凡社、二〇〇九年）所収「宣伝広告から『国民文学』へ——ケニアの新混成言語シェン語の力」（一一三～一七一頁）

第5章　『歴史と民俗　27』（神奈川大学日本常民文化研究所編、平凡社、二〇一一年）所収「TV劇のケニア化とシェ

ン語――ストリート言語による国民文学の新たな可能性」（二一五～二四七頁）

第6章　書き下ろし

索　引

A-Z 行

あ行

か行

さ行

た行

な行

は行

ま行

ら行

わ行

ん行

茶の水書店（共著）2012、『植民地近代性の国際比較』御茶の水書房（共著）2013、『境界を生きるシングルたち』人文書院（共著）2014、『文化を折り返す―普段着でする人類学』青娥書房 2016、『フィールドワーク事始め―出会い、発見し、考える経験への誘い』御茶の水書房 2016、『「統治者なき社会」と統治―キプシギス民族の近代と前近代を中心に』神奈川大学出版会 2017、『「女性婚」を生きる―キプシギスの「女の知恵」を考える』神奈川大学出版会 2018、『帝国とナショナリズムの言説空間』御茶の水書房（共著）2018、『ストリート人類学―方法と理論の実践的展開』風響社（共著）2018、『「異人」としての子供と首長―キプシギスの「知恵」と「謎々」』神奈川大学出版会 2019、『子供はみんな天才人類学者―文化人類学事始め』御茶の水書房 2019、など多数。

この他に、『川の記憶』〔田主丸町誌第 1 巻〕（共著、第 51 回毎日出版文化賞・第 56 回西日本文化賞受賞）1996、『家族のオートノミー』早稲田大学出版部（共編）1998、『河童』〔怪異の民俗学 3〕河出書房新社（共著）2000、『系図が語る世界史』青木書店（共著）2002、『宗教と権威』岩波書店（共著）2002、『生と死の現在』ナカニシヤ出版（共著）2002、『ポストコロニアルと非西欧世界』御茶の水書房（共著）2002、『日向写真帖　家族の数だけ歴史がある』〔日向市史別編〕（共著、第 13 回宮崎日々出版文化賞受賞）2002、『日向　光満ちるくにの生活誌』〔日向市史民俗編〕（共著）2005、『鬼の相撲と河童の相撲――大蔵永季の相撲と力を歴史人類学で読み解く』日田市豆田地区振興協議会・日田市城町まちづくり実行委員会 2008、『海と非農業民』岩波書店（共著）2009、『ライオンの咆哮のとどろく夜の炉辺で』青娥書房（訳書）2010、『河童とは何か』岩田書院（共著）2014、『富山の祭り――町・人・季節輝く』桂書房（共著）2018 など、日本の民俗や地方史など、人類学以外の諸領域の著述も多数ある。

《著者紹介》

小馬　徹（こんま　とおる）

1948 年、富山県高岡市に生まれる。一橋大学大学院社会学研究科博士課程修了。大分大学助教授、神奈川大学外国語学部教授を経て、現在神奈川大学人間科学部教授。文化人類学・社会人類学専攻。1979 年以来、ケニアでキプシギス人を中心とするカレンジン群の長期参与観察調査を実施、現在も継続中。

文化人類学・社会人類学の比較的最近の著作に、『秘密社会と国家』勁草書房（共著）1995、『人類学がわかる』〈アラエムック〉朝日新聞社（共著）1995、『異文化との出会い』勁草書房（共著）1995、『ユーミンとマクベス—日照り雨＝狐の嫁入りの文化人類学』世織書房 1996、『コミュニケーションとしての身体』大修館書店（共著）1996、『アフリカ女性の民族誌』明石書店（共著）1996、『紛争と運動』岩波書店（共著）1997、『国家とエスニシティ』勁草書房（共著）1997、『今なぜ「開発と文化」なのか』岩波書店（共著）1997、*Conflicut, Age & Power* Oxford: James Currey, Nairobi: E.A.E.P., Kampala: Fountain Publishers, Athens: Ohio University Press（共著）1998、『笑いのコスモロジー』勁草書房（共著）1999、『開発の文化人類学』古今書院（共著）2000、『贈り物と交換の文化人類学—人間はどこから来てどこへ行くのか』御茶の水書房 2000、『近親性交とそのタブー』藤原書店（共著）2001、『カネと人生』雄山閣（編著）2002、『文化人類学』放送大学教育振興会（共著）2004、『新しい文化のかたち』御茶の水書房（共著）2005、『放屁という覚醒』世織書房（筆名Ｏ・陵呂で）2007、『やもめぐらし—寡婦の文化人類学』明石書店（共著）2007、『世界の中のアフリカへ行こう』岩波書店（共著）2009、『解読レヴィ＝ストロース』青弓社（共著）2011、『グローバル化の中の日本文化』御

神奈川大学言語学研究叢書 10
ケニアのストリート言語《げんご》、シェン語《ご》——若者言葉《わかものことば》から国民統合《こくみんとうごう》の言語《げんご》へ
2019 年 3 月 20 日　第 1 版第 1 刷発行
著　者——小馬　徹
発行者——橋本盛作
発行所——株式会社 御茶の水書房
〒 113-0033　東京都文京区本郷 5-30-20
電話　03-5684-0751（代）
組版・印刷・製本——東港出版印刷株式会社
Printed in Japan
ISBN978-4-275-02104-5　C3036